Liebe Schülerin, lieber Schüler,

nun hast du dein neues Geschichtsbuch aufgeschlagen. Jetzt beginnt für dich eine Entdeckungsreise in die Vergangenheit. Beim Durchblättern fallen dir gleich die vielen Bilder, Karten, Tipps und Texte auf. Es sind ganz schön viele; sie sollen dir helfen, deine Fragen zur Vergangenheit zu beantworten.

Wohin geht deine Entdeckungsreise mit „Geschichte und Geschehen" im kommenden Jahr genau? Du kannst
- nach den ersten menschlichen Spuren in Afrika suchen,
- nachschauen, wer die Pyramiden in Ägypten baute und
- einen Athener durch seine griechische Heimatstadt begleiten.

Ist das alles? Natürlich bietet das Buch noch mehr. Denn dich interessiert sicher auch, wie die Menschen ohne die Technik von heute arbeiteten, wie sie ihre Konflikte lösten, Kriege führten oder wie Mädchen und Jungen, Frauen und Männer ihren Alltag verbrachten.

Auf der Entdeckungsreise durch die Geschichte ist das Buch dein wichtigster und ständiger Begleiter. Wir, die Autorinnen und Autoren deines Buches, bieten darin sehr unterschiedliche und abwechslungsreiche Möglichkeiten an, Vergangenes zu entdecken.

Heute ist für dich der Umgang mit dem Internet und CD-ROMs genauso selbstverständlich wie das Lesen eines Buches. Daher gibt es zu „Geschichte und Geschehen" zusätzliche Materialien, die die Beschäftigung mit der Vergangenheit bereichern und erleichtern.
- Im Internet unter der Adresse „www.klett.de/extra" findest du u. a. Angebote, die zum Bauen historischer Gegenstände, zum Schneidern alter Kleidung oder zum Surfen im Internet anregen.
- Die CD-ROM zum Buch ist eng auf die Kapitel von „Geschichte und Geschehen" abgestimmt. Historische Computerspiele, anschauliche Videos, Spaziergänge durch 3-D-Räume und vieles mehr ermöglichen dir faszinierende Einblicke in die Vergangenheit.

Bei deiner Reise durch die Zeit wünschen wir dir viel Spaß!

Die Autorinnen und Autoren

Inhaltsverzeichnis

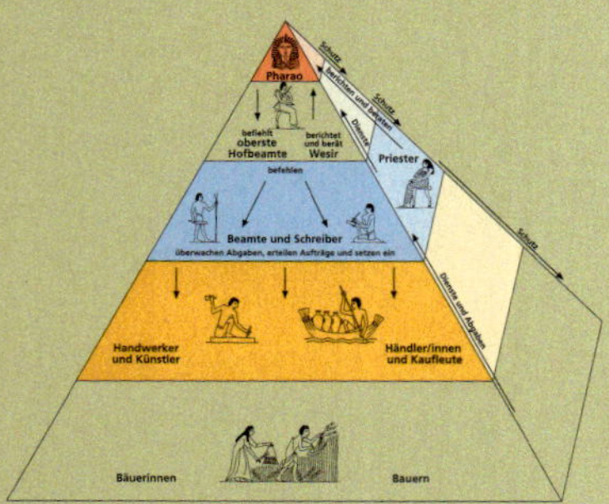

Die griechischen Wurzeln Europas 74

Liebe Schülerin, lieber Schüler,

dein Schulbuch wird dich von nun an im Geschichtsunterricht begleiten. Auf dieser Doppelseite möchten wir dir kurz die unterschiedlichen Seiten und Elemente in „Geschichte und Geschehen" vorstellen. Weil die Vergangenheit so vielschichtig und spannend ist, begegnen dir im Buch verschiedene Medien: Die Bilder, Grafiken und unterschiedlichen Texte stehen beispielhaft für die vielen Wege, auf denen man etwas über die Geschichte erfahren kann, sowie für die Möglichkeit sich mit ihr zu beschäftigen und das Wissen über sie weiterzugeben.

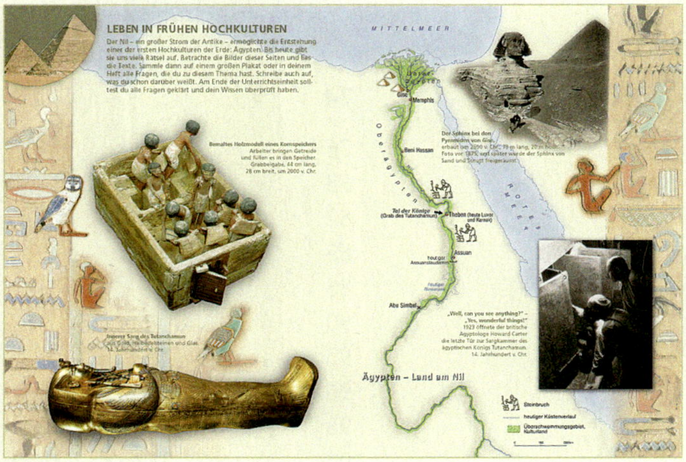

Dieses Buch umfasst fünf Themeneinheiten. Jede beginnt mit zwei besonders gestalteten Seiten, den Auftaktdoppelseiten (ADS). Bilder, Karten, Texte und Grafiken sollen den Spannungsbogen eines Themas aufzeigen und Interesse wecken. Die Auswahl der Materialien gibt dir auch schon einen Hinweis, was in den nachfolgenden Kapiteln behandelt wird.

Die Autoren haben für dich unterschiedliche Materialien zusammengestellt. Mit einem Q sind Quellen (z. B. Texte, Bauwerke, Bilder) gekennzeichnet, die uns unmittelbar über die Vergangenheit Auskunft geben oder bei denen die Menschen aus längst vergangenen Zeiten selbst zu Wort kommen; ein D steht bei Darstellungen (z. B. Schaubilder, Karten), die von heutigen Geschichtsforschern oder von den Autoren dieses Buches geschaffen wurden und die die Verfassertexte ergänzen. Zur besseren Orientierung sind in jedem Kapitel die Quellen und Darstellungen durchnummeriert.

Einige Kapitel beginnen mit einer Zeittafel. Hier findest du die wichtigsten Daten zum Kapitelthema auf einen Blick. Geschichte hat ja etwas mit Zeit zu tun, deshalb braucht man auch Daten, um zu wissen, wie geschichtliche Ereignisse miteinander zusammenhängen, was vorher und was nachher war.

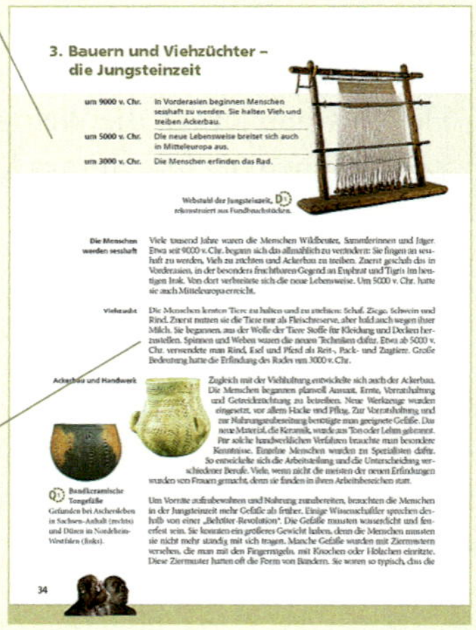

Alle Verfassertexte (VT) haben Schulbuchautoren (meist Lehrerinnen und Lehrer) geschrieben. Die Verfassertexte informieren dich zusammenhängend über geschichtliche Sachverhalte und werden am Rand durch Marginalien gegliedert. Am unterschiedlichen Stil kannst du auch erkennen, wie verschieden Geschichte dargestellt werden kann.

Wenn eine Seite „Gewusst wie“ heißt und oben einen breiten farbigen Balken hat, weißt du sofort, hier wird eine Methode vorgestellt. Auf diesen Seiten wird gezeigt, wie du an ein bestimmtes Material (Texte, Schaubilder, Karten) herangehst, um ihm Informationen zu entlocken. Natürlich kannst du diese Methode gleich anwenden und selbst probieren.

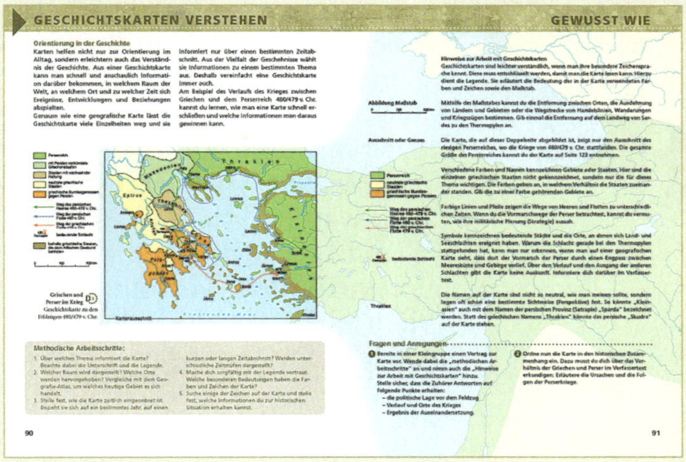

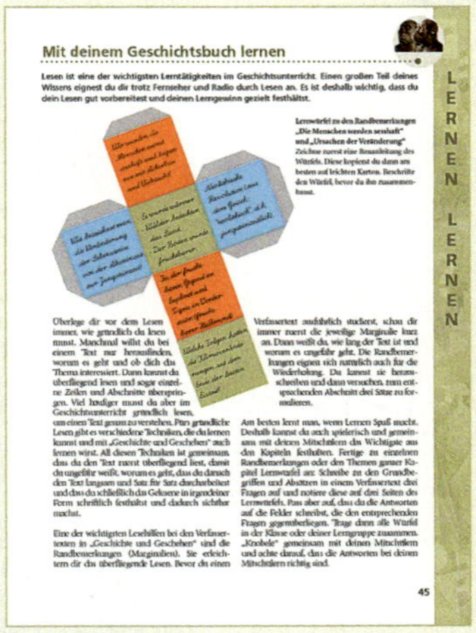

Ebenfalls einen breiten Farbbalken am oberen Seitenrand haben die Werkstattseiten. Dort kannst du, von den Autoren angeleitet, interessante Themen zur Vergangenheit selbst erkunden und erklären. Es bietet sich stets an, dass ihr die Fragen in kleinen Gruppen bearbeitet und löst.

Lernen zu lernen ist mit diesen Seiten einfach. Konkrete Tipps zeigen dir, wie du erfolgreich lernst und dein historisches Wissen behältst.

Kleine Symbole sollen dir helfen, dich in dem Buch leichter zurechtzufinden:

Bis heute streiten sich Menschen über die Geschichte. Mit „kontrovers“ sind Texte gekennzeichnet, die sich widersprechen.

Besondere historische Grundbegriffe sind in einem Kasten erklärt. Du findest sie auch, indem du am Ende des Buches im Verzeichnis der Personen, Sachen und Begriffe nachschlägst. Dort sind sie durch fette Buchstaben besonders hervorgehoben.

Das Buch bietet dir Literaturtipps sowie Ideen und Anleitungen für kleine Projekte an.

Zusätzlich gibt es Empfehlungen für die Nutzung des Internets. Auf der Website http://www.klett.de/extra haben wir weitere Angebote für dich aufbereitet. Gib dazu im Feld „Extra-Link“ die Nummer 411050-0000 ein.

Zu welchen Themen es Module auf der Software gibt, erkennst du an der kleinen CD-ROM bei den „Fragen und Anregungen“.

VON MENSCHEN, ZEIT UND GESCHICHTE

„Früher war alles anders" – so ähnlich hast du es bestimmt schon einmal von Menschen gehört, wenn sie über die Vergangenheit berichtet haben. Und tatsächlich haben die Menschen mit jedem Tag, der vergangen ist, etwas auf der Erde verändert. Wie sich die Welt im Laufe von Jahrhunderten und Jahrtausenden gewandelt hat, wie die Menschen zu unterschiedlichen Zeiten gelebt haben und warum unser Leben heute so aussieht, wie wir es kennen – damit beschäftigt sich das Fach Geschichte. Die Bilder geben dir einen Eindruck von einigen geschichtlichen Themen. Vielleicht kennst du ja schon manche der Personen, Bauwerke oder Erfindungen?

Neuzeit

Mittelalter

Antike

Frühe Hochkulturen

Ur- und Frühgeschichte

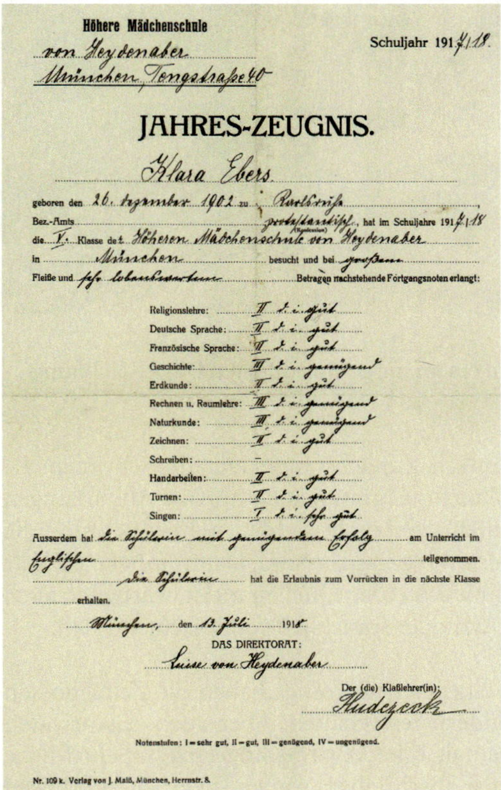

Höhere Mädchenschule
von Heydenaber
München, Tengstraße 40

Schuljahr 1917/18.

JAHRES-ZEUGNIS.

Klara Ebers

geboren den 26. Dezember 1902 zu Karlsruhe, Bez.-Amts .... protestantisch (Konfession), hat im Schuljahre 1917/18 die V. Klasse der Höheren Mädchenschule von Heydenaber in München besucht und bei großem Fleiße und sehr lobenswertem Betragen nachstehende Fortgangsnoten erlangt:

Religionslehre:	II d. i. gut
Deutsche Sprache:	II d. i. gut
Französische Sprache:	II d. i. gut
Geschichte:	III d. i. genügend
Erdkunde:	II d. i. gut
Rechnen u. Raumlehre:	III d. i. genügend
Naturkunde:	III d. i. genügend
Zeichnen:	II d. i. gut
Schreiben:	–
Handarbeiten:	II d. i. gut
Turnen:	II d. i. gut
Singen:	I d. i. sehr gut

Ausserdem hat die Schülerin mit genügendem Erfolg am Unterricht im Englischen teilgenommen.

Die Schülerin hat die Erlaubnis zum Vorrücken in die nächste Klasse erhalten.

München, den 13. Juli 1918.

DAS DIREKTORAT:
Luise von Heydenaber

Der (die) Klaßlehrer(in):
Hudeczek

Notenstufen: I = sehr gut, II = gut, III = genügend, IV = ungenügend.

Nr. 109 k. Verlag von J. Maiß, München, Herrnstr. 8.

2. Wie finden wir etwas über Geschichte heraus?

Q1 Ein altes Schulzeugnis

Quellen erzählen über die Vergangenheit

Wie bei der Quelle eines Flusses entspringt das Wissen über die Geschichte aus Quellen. Darum wird alles, was von der Vergangenheit übrig geblieben ist oder überliefert wurde, „Quelle" genannt. Wer etwas über die Vergangenheit herausfinden will, ist also auf Quellen angewiesen. Deshalb sind sie das wichtigste Arbeitsmittel von Geschichtsforschern. Anstelle von „geschichtlich" kann man auch das Wort „historisch" verwenden. Der Begriff kommt aus dem Griechischen und Lateinischen. Geschichtsforscher heißen demnach Historikerinnen und Historiker.

Mündliche und schriftliche Überlieferung

Wissen über die Vergangenheit wird oft mündlich überliefert. Zeitzeugenbefragungen z. B. sind eine gute Möglichkeit, die Erinnerungen vieler Menschen aufzuzeichnen und damit für die Zukunft zu bewahren. Doch unser Gedächtnis verändert sich ständig: Neues kommt hinzu, Altes vergisst man oder man erinnert sich nur noch ungenau. Oft werden Erzählungen aber auch ausgeschmückt, man übertreibt ein bisschen oder lässt etwas weg. So können sich, absichtlich oder unabsichtlich, Fehler und Ungenauigkeiten einschleichen. Sicherer wurde die Überlieferung, seit die Menschen die Schrift erfunden hatten. Nun konnten sie alles aufschreiben, was ihnen wichtig war, z. B. das Wissen über die eigene Geschichte. Zuerst schrieb man auf Stein und Holz, dann stellten die Ägypter aus der Papyruspflanze eine Schreibgrundlage her; nach dem Papyrus ist das heutige Papier benannt. Das später erfundene Pergament aus dünnen Tierhäuten ist viel kostbarer als Papyrus. Es kann mehr als tausend Jahre lang lesbar bleiben. Schriftliche Quellen haben für die Arbeit der Historikerinnen und Historiker große Bedeutung. Vieles, was sie wissen, haben sie aus ihnen erfahren.

Textquellen	Bildquellen	Überreste
Akten	Fotos	Bauwerke
Briefe	Gemälde	Gräber
Gesetzestexte	Höhlenmalerei	Kleidungsstücke
Inschriften	Karikaturen	Möbel
Memoiren	Mosaike	Schmuck
Tagebücher		Statuen
Urkunden		Waffen
Verträge		Werkzeuge
Zeitungen		Müll

D1 Zeugnisse über die Vergangenheit, hier eine Auswahl.

1 Faustkeil
aus Feuerstein, gefunden in Frankreich, um 1 Mio. v. Chr.

2 Pflug
aus Eichenholz, gefunden in Duisburg-Rheinhausen, um 2500 v. Chr.

3 Leben in einem jungsteinzeitlichen Dorf, Zeichnung

Schriftliche Quellen müssen entschlüsselt werden!

Alte Texte zu lesen ist oft gar nicht so einfach. Zunächst muss man die Schrift entziffern und die alte Sprache verstehen. Manchmal gibt es auch unklare Abkürzungen oder Bezeichnungen, die heute nicht mehr gebraucht werden. Schließlich sind die Texte oft nicht vollständig, weil Teile verloren gegangen sind. Damit möglichst viele Menschen die alten Texte verstehen können, werden Quellen meist bearbeitet; auch viele Quellen in diesem Buch sind gekürzt oder sprachlich vereinfacht worden.

Bildquellen

Wichtige Ereignisse wie die Krönung eines neuen Königs haben die Zeitgenossen oder spätere Generationen oft auf Bildern festgehalten. Aber auch aus privaten Gründen haben Menschen Wände bemalt oder Porträts angefertigt. Schriftliche Quellen konnte man immer wieder neu abschreiben, sodass sie erhalten blieben; viele Bilder aber verblassten im Laufe der Jahrhunderte oder wurden zerstört. Sehr alte Bilder sind selten und damit besonders kostbar.
Um aus Bildern etwas über die Geschichte zu erfahren, ist es wichtig, sie genau anzuschauen: Wie hat der Maler das Bild gezeichnet? Was hat er vielleicht nicht dargestellt? Häufig haben Gegenstände, Pflanzen oder Tiere auf Bildern eine besondere Bedeutung, die man erst entschlüsseln muss.

Fotos – Tonaufnahmen – Filme

Seit mehr als 150 Jahren können die Menschen fotografieren. Vor ungefähr einem Jahrhundert haben sie außerdem Tonaufnahmen und Filme erfunden. Mit den neuen Techniken entstand eine neue Art von Quellen, in denen nun z. B. längst verstorbene Menschen zu sehen bzw. zu hören waren. Trotzdem berichten auch diese modernen Quellen nur unvollständig von der Vergangenheit. So sieht man in einem Film auch nur das, was die Filmkamera eingefangen hat – alles andere fehlt.

Überreste

Alte Gebäude, Geldmünzen, Möbel, Kleidungsstücke und zerbrochenes Geschirr, aber auch ungewöhnliche Funde wie Reste von Mahlzeiten (Knochen oder Getreidekörner) sind Quellen. Alle Gegenstände und Bauwerke, die von der Vergangenheit übrig geblieben sind, bezeichnen Historikerinnen und Historiker als Überreste.

Die Geschichte darstellen

Historikerinnen und Historiker müssen wie Detektive arbeiten: Aus verschiedenen Quellen versuchen sie so viele Informationen wie möglich zu sammeln und sie sorgfältig zu prüfen. Die Themen und Ereignisse, über die das Geschichtsbuch berichtet, sind lange Zeit erforscht worden. Viele Forscher haben dabei gegenseitig ihre Ergebnisse immer wieder verglichen. So wird die Wahrscheinlichkeit geringer, dass etwas falsch oder ungenau dargestellt wird. Alles, was Historikerinnen und Historiker über die Geschichte herausbekommen haben, fassen sie am Ende zusammen und präsentieren es anderen interessierten Personen in Büchern, Ausstellungen, Museen oder Filmen.

Quellen

So werden alle Texte und Gegenstände genannt, die aus vergangenen Zeiten übrig geblieben oder überliefert sind und aus denen sich Kenntnisse über die Vergangenheit gewinnen lassen. Historikerinnen und Historiker unterscheiden mündliche und schriftliche Quellen, Bild-, Ton- und Filmquellen sowie Überreste. Quellen, die in diesem Buch abgedruckt sind, sind mit einem „Q" gekennzeichnet.

Darstellungen

Das, was man über die Vergangenheit herausgefunden hat, kann auf verschiedene Art und Weise dargestellt werden: Historikerinnen und Historiker schreiben meistens Bücher oder Aufsätze – und so auch Schulbücher. Geschichtliche Ereignisse können auch in Karten, Filmen, Schaubildern oder Tabellen veranschaulicht werden. Solche Darstellungen erkennst du in diesem Buch an einem „D". Darstellungen wie die Verfassertexte dieses Geschichtsbuches zeigen auch, wie die Autoren über die Geschichte denken.

4 Heutige Straßenansicht in Pompeji nach den Ausgrabungen

5 Szene aus dem Spielfilm „Die letzten Tage von Pompeji" von 1959

Fragen und Anregungen

1. Beschäftigt man sich mit der Vergangenheit, nimmt man die Informationen aus ganz unterschiedlichen Medien auf. Historiker erkennen sofort, ob sie eine Quelle oder eine Darstellung vor sich haben. Diese Unterscheidung zeigen wir in deinem Geschichtsbuch, indem wir alle Quellen mit einem **Q** und alle Darstellungen mit einem **D** gekennzeichnet haben. Auf dieser Seite findest du Materialien zu zwei Themen, mit denen du dich später noch beschäftigen wirst: zur Steinzeit und zur römischen Stadt Pompeji. Hier fehlen die Angaben **Q** und **D** noch. Entscheide, welche Materialien mit einem **Q**, welche mit einem **D** versehen werden müssen.
2. Untersuche das Zeugnis (Q1) und vergleiche es mit deinem eigenen und den Zeugnissen deiner Eltern.
3. Ein Historiker möchte in 100 Jahren etwas über dein Leben erfahren. Welche Quellen kann er nutzen? Was könnte er herausfinden?

Zeitzeugen erinnern sich

Auf den ersten Blick ist besonders die Vergangenheit interessant, die noch nicht allzu lange von unserer Gegenwart entfernt ist. Wer sich mit einem geschichtlichen Zeitraum beschäftigt, der noch nicht so lange zurückliegt, kann Menschen befragen, die damals schon gelebt haben. Man nennt sie „Zeitzeugen", da sie eigene Erinnerungen mitteilen können. Zeitzeugeninterviews eignen sich gut, um mehr über den Alltag der Menschen früher herauszubekommen. Wie du selbst eine Zeitzeugenbefragung zum Thema „Familienleben im Wandel der Zeit" machen kannst und worauf du dabei achten solltest, erfährst du auf dieser Seite.

Q2 Familie eines Zigarrengroßhändlers vor ca. 100 Jahren
Foto, um 1910.

Q1 Familienleben früher und heute

Herr Karo ist 68 Jahre alt und Rentner. Über die Familie berichtet er:

Früher war die Welt noch in Ordnung: Der Mann hatte seine Arbeit, dann wurde geheiratet und es kamen Kinder. Die Mutter war zu Hause und kümmerte sich um die Erziehung. Das bedeutet für mich „Familie". Heute lebt jeder mit jedem zusammen, wie er will. Und wenn's einem nicht mehr passt, haut man einfach ab. Außerdem wollen alle nur viel Geld verdienen. Wie die Kinder klar kommen, ist ihnen meistens egal. Das kann nicht gut gehen!

Zit. nach: Bundeszentrale für politische Bildung (Hg.), Informationen zur politischen Bildung 206, Die Familien in der Bundesrepublik Deutschland, Bonn 1985, S. 2.

Q3 Eine Familie vor 40 Jahren
Alltag beim Abendessen. Foto, um 1960.

Q4 Eine Familie heute
Vorbereitungen zum Essen. Foto, um 1999.

D1 Generationen einer Familie
In jeder Familie werden Ereignisse aus der eigenen Geschichte mündlich weitergegeben. Das Schaubild zeigt, wie weit die persönliche Erinnerung von Zeitzeugen normalerweise zurückreicht. Wie weit geht die Erinnerung in deiner Familie zurück?

Methodische Arbeitsschritte:

Vorbereitung:

1. Überlege, welche Person etwas über ein von dir gewähltes Thema berichten kann.
2. Formuliere deine Fragen und überlege, in welcher Reihenfolge du sie stellen willst.
3. Sollen Tonband oder Kamera mitlaufen oder reichen Stichwortnotizen? Wer soll mitschreiben?

Tipps zur Gesprächsführung:

4. Bleibe während des Interviews freundlich und ruhig. Du kannst das Gespräch auch mit einem oder zwei Mitschülern führen; mit einer größeren Gruppe solltest du einen Zeitzeugen aber nicht „überfallen".
5. Auf viele Fragen kann man nur „Ja" oder „Nein" antworten. Formuliere darum lieber offene Fragen, z.B.: „Wie waren die Aufgaben in Ihrer Familie früher verteilt?"
6. Manchmal kommen Zeitzeugen „ins Erzählen". Oft sind „Abschweifungen" interessant. Versuche jedoch immer die Erzählenden durch deine Fragen zum Thema zurückzuführen.
7. Wenn du die Reihenfolge deiner Fragen ändern musst oder nicht alle Fragen stellen kannst: Überlege, welche Fragen am wichtigsten sind.

Das Gespräch auswerten:

8. Ordne deine Aufzeichnungen und ergänze, was du nicht mitschreiben konntest und welche neuen Fragen sich aus dem Gespräch ergeben haben.
9. Vergleiche die Interviewaussagen mit Darstellungen in Geschichtsbüchern oder auf alten Fotos.
10. Nun solltest du die Ergebnisse deinen Mitschülern präsentieren. Finde dafür eine geeignete Form.

Fragen und Anregungen

1. Befrage deine Eltern oder Großeltern zu ihrer Familiengeschichte. Du kannst das Interview mit der Aussage von Herrn Karo (Q1) beginnen. Bitte deinen Gesprächspartner, sich dazu zu äußern.
2. Beschreibe die Fotos aus den verschiedenen Zeiten (Q2–4). Was kannst du daraus über das Familienleben früher und heute ablesen?
3. Vergleiche die Ergebnisse deines Interviews mit den Informationen, die du aus den Fotos herausbekommen hast (Q2–4). Wo gibt es Gemeinsamkeiten, wo Unterschiede?
4. Fasse zusammen, was das Familienleben früher von heute unterschied. Diskutiert in einem Streitgespräch in der Klasse die Ansicht von Herrn Karo: „Früher war die Welt noch in Ordnung" (Q1).
5. Ganz gewöhnliche Frauen und Männer können genauso Zeitzeugen sein wie bedeutende und berühmte Persönlichkeiten (z.B. Politiker oder Künstler). Überlege, welche Personen über welche Themen etwas berichten können.
6. Stelle in einer Tabelle Vor- und Nachteile von Zeitzeugenbefragungen zusammen.

3. Orientierung in der Geschichte – Zeitrechnung und Epochen

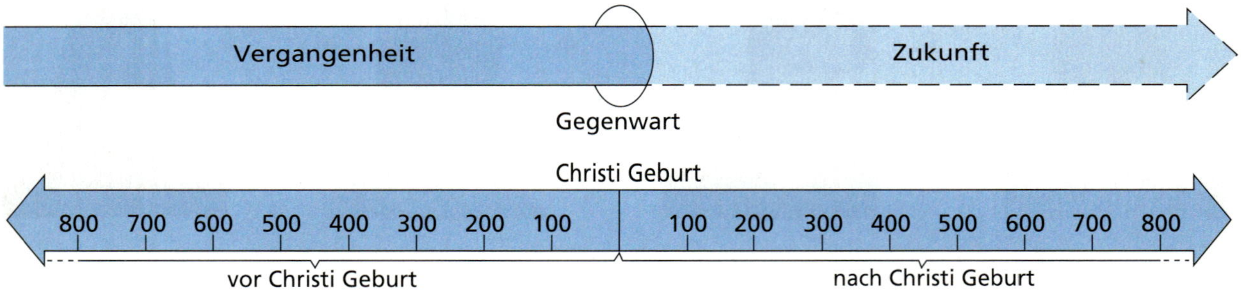

D1 **Zeitleisten zum „Strom der Zeit“ (oben) und zur christlichen Zeitrechnung (unten)**

Leben mit und in der Zeit

Heute morgen um sieben Uhr hat Sarahs Wecker geklingelt. Gleich – genau gesagt, in einer Stunde – ist sie mit ihrer Freundin verabredet. Sie wollen besprechen, was sie in den Ferien unternehmen könnten, die in drei Wochen beginnen. Die Zeit dient den Menschen als Orientierung im Alltag, aber niemand kann sie anhalten oder die Uhr zurückdrehen. Und so entscheidet sich an der Zeit, ob etwas schon Vergangenheit ist, zur Gegenwart gehört oder noch in der Zukunft liegt.

Zeitrechnung: Ordnung für die Vergangenheit

Zeit kann man messen. Aus der Beobachtung der Natur haben die Menschen eine Einteilung der Zeit in Jahre, Monate und Tage abgeleitet: Die Zeit, die vergeht, bis die Erde einmal um die Sonne gekreist ist, beträgt ein Jahr. Nach den zwölf Mondphasen wurden die Monate festgelegt – so entstand der Kalender.
Zeit- und Jahresangaben erleichtern nicht nur den Alltag, sondern auch den Überblick in der Vergangenheit: Lebte Caesar früher oder später als Karl der Große? Wann fuhr Kolumbus Richtung Amerika – vor oder nach dem Dreißigjährigen Krieg? Was wurde eher erfunden, das Auto oder die Eisenbahn? Um vergangene Ereignisse ordnen zu können oder anzugeben, wann eine historische Person genau gelebt hat, benutzen die meisten Menschen eine Zeitrechnung, die Chronologie.
Die Zeitrechnung, die wir benutzen, beginnt mit dem Jahr, in dem Jesus Christus geboren worden sein soll. So können wir z. B. schreiben, dass der Römer Julius Caesar im Jahr 44 vor Christus (abgekürzt 44 v. Chr.) ermordet wurde.
Für längere Zeiträume gibt es eine besondere Schreibweise: Die ersten 100 Jahre, also die Jahre 1, 2, 3 bis 100 – ein Jahr 0 gibt es nicht – werden als das erste Jahrhundert bezeichnet. Damit ist die Zeit von 101–200 das zweite Jahrhundert und das 21. Jahrhundert, in dem wir leben, umfasst die Jahre von 2001–2100.

Chronologie

(griech.: „chronos“, d. h. Zeit) ist die Lehre von der Zeitrechnung. Die Chronologie bringt eine Ordnung in die Geschichte. Mit ihrer Hilfe kann man beschreiben, in welcher zeitlichen (chronologischen) Reihenfolge geschichtliche Ereignisse passiert sind. So werden Zusammenhänge zwischen verschiedenen Entwicklungen deutlich. Zeitrechnungen unterteilen die Vergangenheit durch eine Jahreszählung. Die meisten Zeitrechnungen beginnen an einem bestimmten Zeitpunkt, von dem aus die Jahre vor und zurück gezählt werden.

Die christliche Zeitrechnung wird heute von den meisten Menschen benutzt. Doch andere Kulturen oder Religionen rechneten lange Zeit nicht vom Jahr der Geburt Christi aus, sondern nahmen andere Zeitpunkte als Ausgang ihrer Zählung.

Viele Kulturen – verschiedene Zeitrechnungen

- Die Römer der Antike, die ja vor Christi Geburt lebten, rechneten von dem Zeitpunkt aus, an dem der Sage nach die Stadt Rom gegründet wurde. Nach unserer Zeitrechnung entspricht das dem Jahr 753 v. Chr. Nach römischer Zeitrechnung wurde Caesar also im Jahr 709 ermordet.
- Einen noch früheren Zeitpunkt nehmen die Juden als Ausgang ihrer Zeitrechnung, 3761 v. Chr. nach unserer Zeitrechnung. Für dieses Jahr hatte ein jüdischer Schriftgelehrter die Erschaffung der Welt errechnet. Der 1. Januar 2000 war nach dem jüdischen Kalender der 23. Tevet 5760.
- Die islamische Zeitrechnung beginnt erst mit dem Jahr 622 n. Chr., als der Prophet Mohammed nach Medina floh. Und so schrieben Muslime am 1. Januar 2000 den 24. Ramadan 1420.
- Es gibt auch Kulturen, die gar keinen Beginn für ihre Zeitrechnung kennen. Dann kann es Zeitangaben geben wie „im 5. Jahr der Herrschaft des Königs Wiedemund“.

Historische Epochen

Seit jeher bemühen sich Historiker, die vielen verschiedenen geschichtlichen Ereignisse, Personen, Daten und Fakten nicht nur in die richtige chronologische Reihenfolge zu bringen, sondern auch in größeren Abschnitten zusammenzufassen. Europäische Historikerinnen und Historiker haben die Geschichte darum in Zeitalter eingeteilt, die historischen Epochen:

- Die **Ur- und Frühgeschichte** fängt mit der Entstehung der Welt an. In diese Epoche gehören die ersten Tiere und die ersten Menschen.
- Das **Altertum** beginnt mit dem Zeitpunkt, seit dem es die ersten schriftlichen Aufzeichnungen aus der Vergangenheit gibt (ca. 3000 v. Chr.). Zu dieser Zeit gehören die ersten Staaten, z. B. in Ägypten. Die Zeit der Griechen und Römer wird **Antike** genannt. Das Altertum (Antike) endet mit dem Zerfall des römischen Weltreiches um ca. 500 n. Chr.
- Das **Mittelalter** reicht vom Ende der Antike bis etwa zum Jahr 1500 n. Chr.

Q1 Die Zeitrechnung der Azteken im heutigen Mexiko, 15. Jahrhundert
Die Azteken glaubten, die Welt sei viermal erschaffen worden und wieder untergegangen, sie lebten im fünften Weltzeitalter. In der aztekischen Zeitrechnung bestand ein Jahrhundert aus 52 Jahren und ein Jahr aus 18 Monaten mit je 20 Tagen. Wenn ein Jahrhundert zu Ende ging, feierten die Azteken den Abschied. In Skulpturen wie diesem Zeitbündel (links) stellten sie den Tod des vergangenen Jahrhunderts dar. Die Mitte des Kalendersteins (rechts) zeigt das Gesicht ihres Sonnengottes. Um ihn herum sind in eckigen Rahmen die vier untergegangenen Welten dargestellt. Außerdem enthält der Stein Zeichen für die Tage eines Monats. Die steinerne Scheibe hat einen Durchmesser von vier Metern.

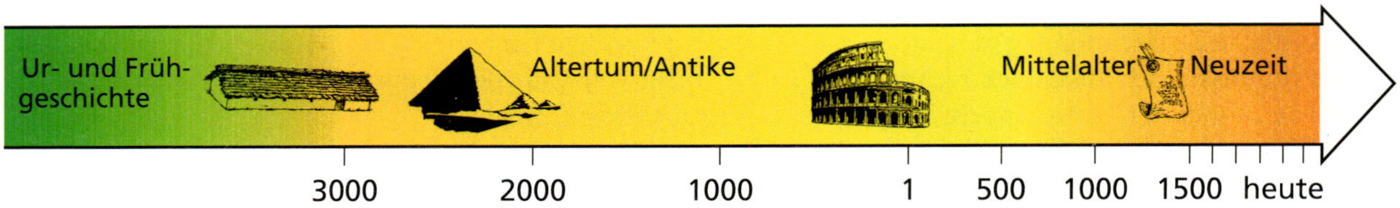

D2 Zeitleiste zu den historischen Epochen

– Dem Mittelalter schließt sich die **Neuzeit** an, die bis in die Gegenwart reicht. Die Neuzeit dauert mittlerweile schon mehr als 500 Jahre und vieles hat sich seither verändert. Daher wird sie genauer unterschieden: Etwa bis zum Jahr 1789 n. Chr., in dem die Französische Revolution begann, reicht die „Frühe Neuzeit“. Die Zeit seitdem wird „Neueste Zeit“ genannt und die Zeit, in der wir heute leben, heißt „Zeitgeschichte“.

Wann beginnt und wann endet eine Epoche?

Die Übergänge zwischen den einzelnen Epochen sind nicht immer genau festzulegen. Historikerinnen und Historiker orientieren sich darum an Ereignissen oder Entwicklungen, die den Verlauf der Geschichte besonders stark verändert haben. Dazu gehörten z. B. die Amerikafahrt von Christoph Kolumbus, die Erfindung des Buchdrucks oder die Spaltung der Christen in Katholiken und Protestanten zur Zeit von Martin Luther. Alle diese Entwicklungen ereigneten sich kurz vor oder nach dem Jahr 1500; darum meinen die meisten Historiker, dass um dieses Jahr herum das Mittelalter endete und die Frühe Neuzeit begann. Schon oft hat es Kritik an der Einteilung der Epochen gegeben und es wurden auch andere Vorschläge gemacht. Bis jetzt hat sich aber keine andere Einteilung als sinnvoll erwiesen, und so sind die meisten Historiker dabei geblieben.

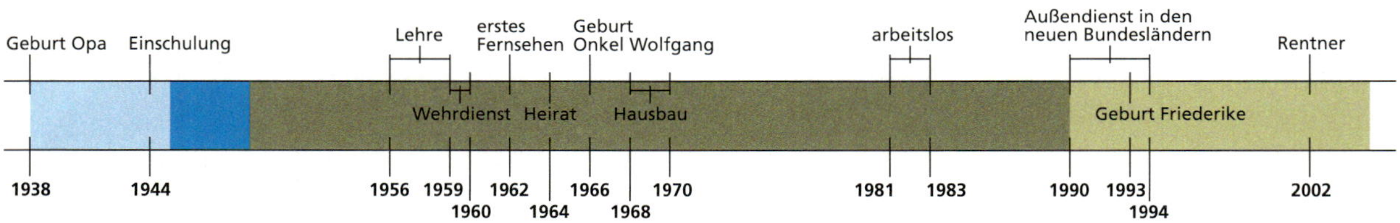

D3 Zeitleiste zur Familiengeschichte

Auch die Geschichte einer einzigen Person kann man in einer Zeitleiste darstellen. Hier wurden die wichtigsten Daten und Abschnitte im Leben des Opas eingezeichnet. Außerdem sind verschiedene Abschnitte der Neuesten Geschichte und der Zeitgeschichte farbig markiert.

Fragen und Anregungen

1. Rechne aus, in welchem Jahr du nach jüdischer Zeitrechnung geboren wurdest. Die Umrechnung in die islamische Zeitrechnung ist etwas komplizierter, es gilt diese Faustformel: islamisches Jahr = (christliches Jahr – 622) x 1,03.
2. Erkläre, welchen Einfluss der Glaube der Menschen auf die Zeitrechnung hat (VT, Q1).
3. Beschreibe, welche Bedeutung bestimmte religiöse Ereignisse und Vorstellungen für die verschiedenen Zeitrechnungen hatten (VT, Q1).
4. Zeichne ein Bücherregal mit sechs Fächern: Vorgeschichte, Altertum (Antike), Mittelalter, Frühe Neuzeit, Neueste Zeit und Zeitgeschichte. Trage Personen oder Ereignisse, von denen du schon gehört hast, in die Fächer ein. Wenn du nicht sicher bist, in welcher Zeit die Personen gelebt haben oder wann ein Ereignis genau stattfand, kannst du in einem Lexikon nachschlagen.
5. Zeichne selbst eine kleine Zeitleiste mit den wichtigsten Daten aus deiner Familiengeschichte.

Eine Zeitleiste erstellen

Im Verlaufe des Geschichtsunterrichts wirst du dich mit einer Vielzahl von Ereignissen beschäftigen und eine Reihe von Personen in ihrer Zeit kennen lernen. Damit dir das Lernen im Fach Geschichte leichter fällt, solltest du selber Zeitleisten entwickeln.

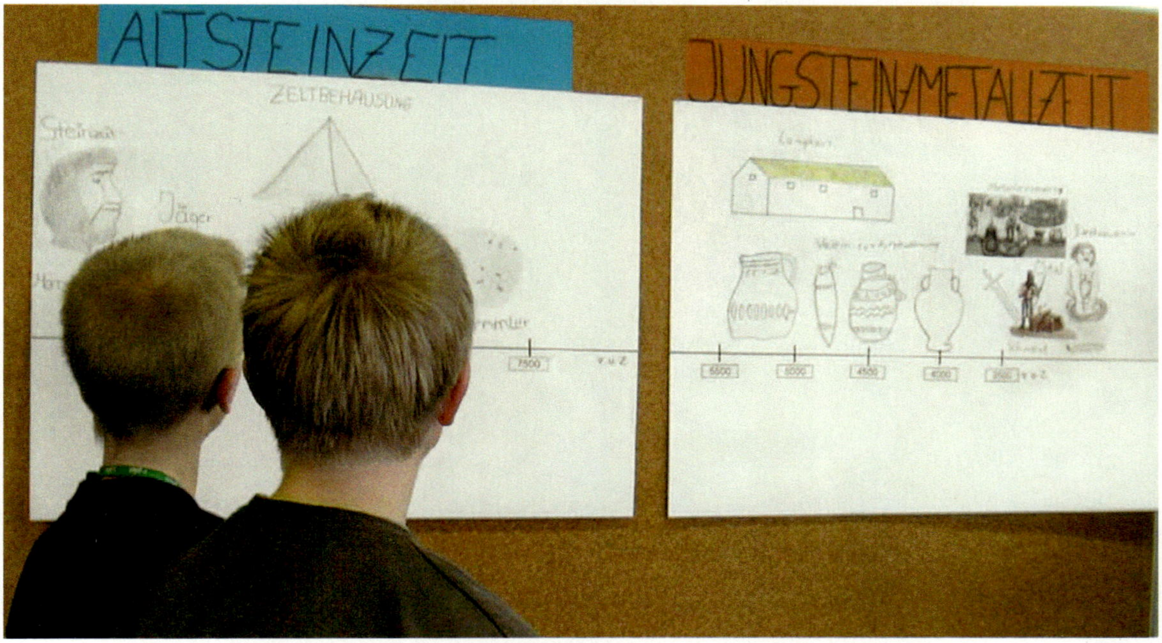

Zeitleiste der Klasse 6a des Kopernikus-Gymnasiums, Niederkassel. Foto, 2002.

Zeitleisten veranschaulichen den Ablauf der Zeit und dienen als Gedankenstütze. Sie können unterschiedlich aussehen. Oft zeichnet man auf ein Blatt Papier einen Pfeil von links nach rechts oder von unten nach oben und dazu schreibt man Jahreszahlen als Orientierungshilfe. Es gibt aber auch Zeitleisten auf Plakaten, als Tabellen, im Internet usw. Günstig ist, wenn du mit einer Gruppe oder der ganzen Klasse eine Zeitleiste für euren Klassenraum gestaltest.

Ein Problem stellt sich bei der Entwicklung einer Zeitleiste, wie immer sie auch gestaltet sein mag: die Frage des Maßstabs. In einer Zeitleiste könnt ihr gleiche Zeiträume immer durch gleiche Abstände abbilden oder auch nicht. Ihr müsst deshalb vor Beginn der Arbeit entscheiden, bei welcher Jahreszahl eure Darstellung beginnen und wo sie enden soll. Die Zeitleiste kann nicht nur das Nacheinander von Geschichte anschaulich machen. Es ist auch möglich, das Nebeneinander festzuhalten. Wenn beispielsweise in derselben Zeitleiste dargestellt wird, was gleichzeitig in Deutschland und in China passierte, wird sichtbar, dass in denselben Zeiträumen an verschiedenen Orten ganz Unterschiedliches geschah.

Bei der Themeneinheit „Von Menschen, Zeit und Geschichte" entwickelt ihr eine Zeitleiste zu den Epochen der Menschheitsgeschichte. Eure Zeitleiste sollte bis ins Jahr 2000 gehen. Folgende Epochenbegriffe müssen vorkommen: Ur- und Frühgeschichte, Altertum (Antike), Mittelalter, Frühe Neuzeit, 19. Jahrhundert, 20. Jahrhundert. Eure Zeitleiste kann nur ausgewählte Ereignisse darstellen. Achtet darauf, dass ihr nicht ausschließlich politische Ereignisse abbildet, sondern z. B. auch wirtschaftliche oder technische Aspekte berücksichtigt. Außerdem solltet ihr noch Menschen eurer Wahl auf der Zeitleiste „einordnen". Die Zeitleiste wird sofort attraktiver, wenn ihr Bilder aufklebt oder selbst Zeichnungen anfertigt.

Osteuropa

Hütte aus Mammutknochen und Tierhäuten, errichtet von Jägern in der ukrainischen Steppe.

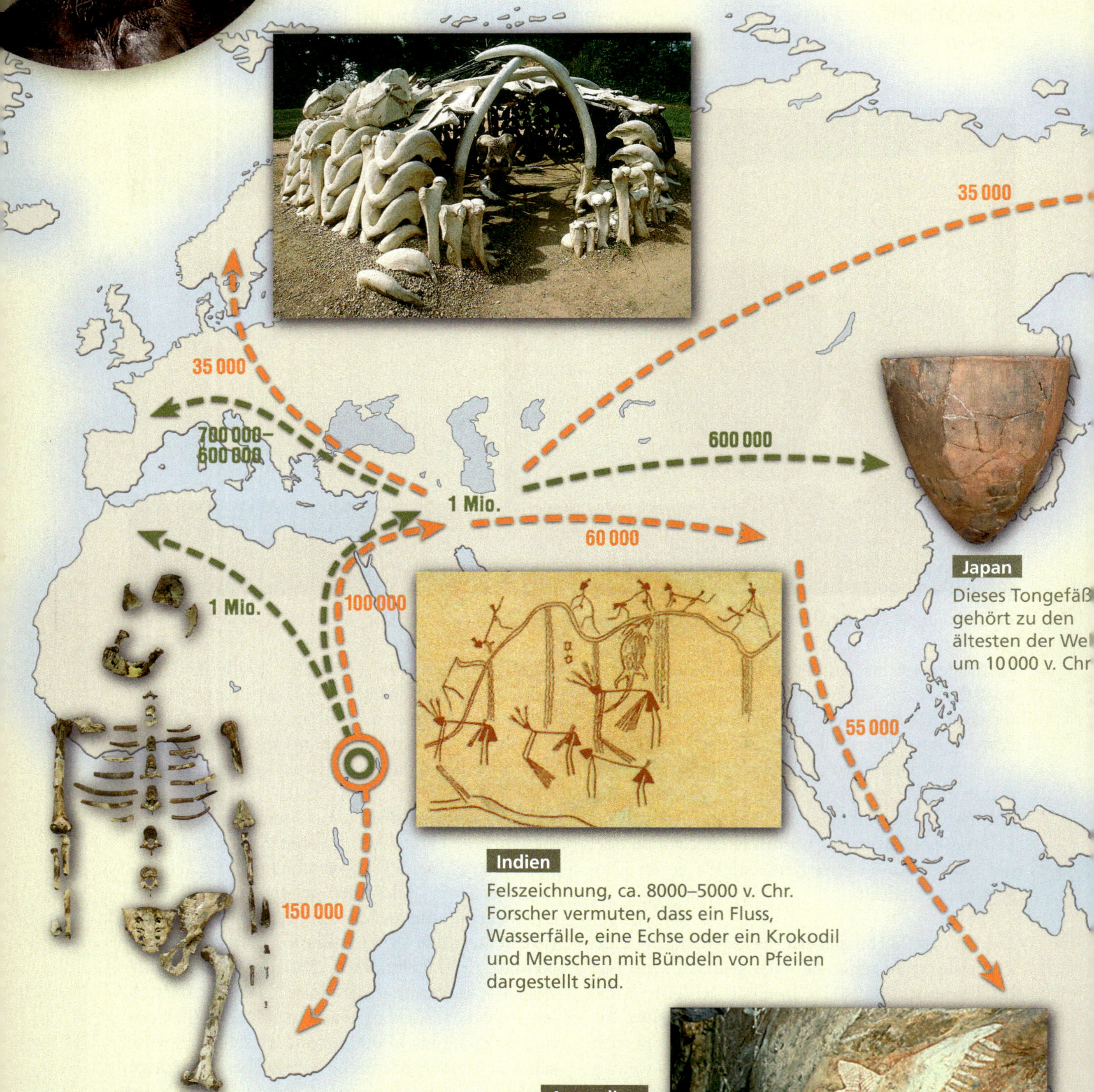

Japan

Dieses Tongefäß gehört zu den ältesten der We um 10 000 v. Chr

Indien

Felszeichnung, ca. 8000–5000 v. Chr. Forscher vermuten, dass ein Fluss, Wasserfälle, eine Echse oder ein Krokodil und Menschen mit Bündeln von Pfeilen dargestellt sind.

Afrika

Das Skelett von „Lucy“, einem Vorläufer des heutigen Menschen, ist ca. 3,18 Mio. Jahre alt.

Australien

Felsmalerei der Regenbogenschlange aus der Schöpfungsgeschichte der australischen Ureinwohner.

DIE FRÜHZEIT DES MENSCHEN

Unsere nächsten Verwandten sind die Affen. Diese Einsicht löste noch vor 150 Jahren bei den meisten Menschen einen Schock aus. Heute sehen wir unsere Herkunft gelassener. Trotzdem interessiert uns noch immer, wie sich der Mensch entwickelt hat, wie Steinzeitmenschen für ihr Überleben sorgten, welche Rolle die Natur dabei spielte, wie sich Frauen und Männer die Arbeit teilten oder wie Erfindungen das Leben verändert haben. Hier könnt ihr herausfinden, wie sich der Mensch über die Erde verbreitete, und ihr findet Hinweise auf die Lebensweise der frühen Menschen.

DIE UHR DES LEBENS

0 Uhr	Die Erde entstand vor 4,5 Milliarden Jahren als Feuerball und kühlte sich langsam ab.
1 Uhr	Die Erde glüht weiss.
4 Uhr	Sie glüht gelb.
8 Uhr	Sie glüht rot.
8–9 Uhr	Die Erde bildet erste Krusten.
12 Uhr	Krustenbildung beendet
13–14 Uhr	Die Ozeane entstehen.
18–19 Uhr	Erste Lebewesen entwickeln sich im Wasser.
21.20 Uhr	Erste Pflanzen
21.30 Uhr	Erste Landtiere
21.50 Uhr	Gliedertiere gehen an Land.
22.10 Uhr	Wälder versinken im Sumpf.
22.45 Uhr	Erste Vögel
22.55–23.41 Uhr	Saurier-Zeit
23.59 Uhr	Frühe Menschen in Afrika
1 Sekunde vor 24 Uhr	Eiszeit: Vorfahren des modernen Menschen besiedeln die ganze bewohnbare Erde.

Nordamerika

Pfeilspitzen und Schneidwerkzeuge der Großwildjäger, um 10 000 v. Chr.

1. Archäologie – der Geschichte auf der Spur

Fundstelle des „Ötzi“ am Hauslabjoch Q1
Schon einen Tag nach ihrer Entdeckung war die Gletschermumie bis zur Hüfte freigelegt worden. Foto vom 20. Oktober 1991, Landesgendarmeriekommando für Tirol.

Ein sensationeller Fund

Donnerstag, der 19. September 1991. „Das ist doch eine Leiche!“ Beim Wandern in den Ötztaler Alpen entdeckt das Ehepaar Simon einen Toten. Er liegt 3200 m hoch im Gletschereis einer Felsmulde. Kopf und Oberkörper ragen aus dem Eis heraus. Die Polizei wird alarmiert, eine Bergungsmannschaft ausgesendet. Alle gehen davon aus, dass hier ein Bergsteiger verunglückt ist – vor 50 oder sogar vor 100 Jahren. Aber bei dem Toten findet man eine Reihe seltsamer Gegenstände, die nicht zu dieser Vermutung passen. Vier Tage nach dem Fund wird die Leiche mit dem Hubschrauber nach Innsbruck transportiert. Als Wissenschaftler sie zum ersten Mal genauer untersuchen, ist die Sensation da: „Ötzi“, wie die Gletscherleiche bald genannt wird, ist etwa 5400 Jahre alt.

Was wir über „Ötzi“ wissen

Inzwischen haben die Wissenschaftler viel über „Ötzi“ herausgefunden. Er war ca. 1,60 m groß, wog 40 kg und hatte dunkles Haar. Als er starb, war er etwa 45 Jahre alt. Lange war die Todesursache unbekannt. Inzwischen gehen Wissenschaftler davon aus, dass „Ötzi“ von einem Pfeil tödlich getroffen wurde. Aus seiner Ausrüstung lässt sich viel über seine Lebensweise erkennen, z. B. aus dem Grasmantel. Nach dem Abtransport der Leiche wurde die Fundstelle noch einmal genau untersucht. Dabei haben die Forscher drei Reststücke von Grasgeflechten entdeckt. Zuerst nahmen sie an, diese stammten von einer Matte. Aber dann stellte sich heraus, dass die Stücke zu einem aus Gras geflochtenen ärmellosen Umhang gehörten. Er bedeckte den ganzen Oberkörper. Vorne war er offen. Solche Gras- oder Strohmäntel wurden noch bis vor hundert Jahren von Hirten als Regenschutz getragen. Wie sich aus Funden Schlüsse auf das Aussehen und die Lebensweise der frühen Menschen ziehen lassen, könnt ihr mit den folgenden Materialien selbst ausprobieren.

Archäologie

Archäologinnen und Archäologen suchen nach den Überresten vergangener Zeiten. Das können Knochen, Mauern, Steine, Reste von Geräten oder sogar Körner und Pflanzenreste sein. Aus ihren Funden versuchen sie Schlüsse auf die Lebensweise der Menschen damals zu ziehen. Die meisten Archäologen spezialisieren sich auf eine bestimmte Epoche, z. B. auf die Vorgeschichte, die Antike oder das Mittelalter.

„Ötzis“ Ausrüstung
Viele Gegenstände sind bei „Ötzi“ gefunden worden. Hier seht ihr eine Auswahl:

So könnte „Ötzi“ ausgesehen haben. D1
Nach den Funden im Eis haben Archäologen dieses Modell angefertigt. Rekonstruktion, Südtiroler Archäologiemuseum

LITERATURTIPP

„Ötzi“ – Der Mann aus dem Eis
Zahlreiche Abbildungen zeigen „Ötzis“ Weg von der Fundstelle bis zur Ausstellung und Vermarktung der Mumie.
Gudrun Sulzenbacher, Die Gletschermumie. Mit „Ötzi“ auf Entdeckungsreise durch die Jungsteinzeit, Wien/Bozen 2000, 64 Seiten, 300 Abbildungen.

Fragen und Anregungen

1. In der Bildlegende zu Q1 und im Verfassertext findet ihr Hinweise zu der Stelle, an der die Leiche von „Ötzi“ gefunden wurde. Schlagt in einem Atlas nach.
2. Versucht die Gegenstände, die „Ötzi“ bei sich hatte, zu benennen (Q2–9).
3. Erläutert, wozu „Ötzi“ die Gegenstände vermutlich gebraucht hat, und überlegt, warum sie gerade aus diesen Materialien gefertigt waren.
4. Was war „Ötzi“ von Beruf? Forscher vermuten, er könne Hirte, Jäger, Erzsucher oder Feuersteinhändler gewesen sein. Überprüft noch einmal seine Ausstattung. Begründet, welche Annahme ihr für die wahrscheinlichste haltet.
5. Listet auf, was ihr heute als Ausstattung für eine längere Bergwanderung in solcher Höhe mitnehmen würdet. Erörtert gemeinsam: Wie zweckmäßig war „Ötzis“ Ausrüstung?

Wie Archäologen mit einem Fund umgehen

Um Genaueres über das Leben der Menschen vor mehreren hundert oder tausend Jahren zu erfahren, sind wir auf die Erkenntnisse von Archäologen angewiesen. Ihr Beruf ist das Ausgraben, Auswerten und Bewahren geschichtlicher Funde. Welche Arbeitsschritte gehören im Einzelnen zur Archäologie? Mit welchen Methoden werten die Wissenschaftler ihre Funde aus? Hier könnt ihr selbst ausprobieren, wie man als Archäologin oder Archäologe mit Funden umgeht.
Bei der Auflistung der verschiedenen Arbeitsschritte ist uns einiges durcheinander geraten.

D2 Wenn Archäologen einen Fund aus der Erde holen, müssen sie sehr vorsichtig sein, damit nichts zerbricht. Jedes Stück wird mit einer Nummer versehen und sicher verpackt.

Q9 **Ausgrabung eines römischen Kastells am Limes,** erbaut um 100 n. Chr. bei Hanau (Hessen), Foto 2001

D7 Zunächst müssen die Fundstücke gereinigt werden. Dann versuchen die Archäologen, den Gegenstand so wieder zusammenzusetzen, wie er im Original gewesen ist. Fehlende Teile kann man ergänzen. Haben Forscher nur wenige Bruchstücke gefunden, können sie in einer Zeichnung oder einem Modell zeigen, wie der Gegenstand vermutlich ausgesehen hat.

D3 Wenn die Untersuchungen abgeschlossen sind, kann der Fund ausgestellt werden, z. B. in einem Museum. Dazu wird er mit Erläuterungen versehen. Weil es aber so viele Funde gibt, werden die meisten in den Depots (Aufbewahrungsräumen) von Museen und Forschungseinrichtungen gelagert.

D4 Mit verschiedenen Untersuchungsmethoden versuchen die Forscher herauszufinden, wie alt der Fund ist, wie und wo er hergestellt wurde, wozu er gedient und wer ihn benutzt hat. Manche Antwort ergibt sich dadurch, dass man den neuen Fund mit älteren vergleicht. Zum Schluss werden alle Forschungsergebnisse zusammengefasst.

D5 Funde können – wie „Ötzi" – zufällig entdeckt werden. Oft geschieht das bei Bauarbeiten, etwa wenn die Baugrube für ein Haus ausgeschachtet wird. Man kann auch gezielt nach Funden suchen. Wälle oder Terrassen deuten darauf hin, dass an diesem Ort früher Menschen gelebt haben. Mithilfe von Luftaufnahmen lassen sich alte Grundrisse auf einer Wiese oder einem Feld erkennen – sogar unter der Oberfläche. Suchgeräte zeigen Metallgegenstände im Boden an.

D6 Ein Fund kann ganz unterschiedliche Größen haben – vom Geldstück bis zum Haus. Immer ist es wichtig, alle Teile so freizulegen, dass ihre ursprüngliche Lage erhalten bleibt. Deshalb schaufeln Archäologen nicht einfach drauflos, sondern arbeiten sehr vorsichtig. Sie tragen den Boden Schicht für Schicht ab, benutzen sehr feine Werkzeuge wie Pinsel und sieben die Erde, um auch Kleinigkeiten zu finden.

D8 Haben die Forscher den Fund erst einmal aus der Erde herausgeholt, kann keiner mehr erkennen, wo genau die einzelnen Teile gelegen haben. Deswegen müssen die Archäologen durch Messungen, Fotos und Zeichnungen genau festhalten, wo was gefunden wurde.

Archäologische Forschungsmethoden

Vergleich von Technik, Stil und Lage
Anhand von Material und Form können Wissenschaftler Fundgegenstände zeitlich einordnen. Eisenwerkzeuge z. B. gibt es erst seit ca. 750 v. Chr. Gefäße weisen Verzierungen auf, die für eine Zeit und bestimmte Orte oder Gruppen von Menschen typisch sind. Auch aus der Lage von Gegenständen können Forscher auf ihr Alter schließen. Oft werden Gegenstände in verschiedenen Schichten übereinander gefunden. Normalerweise sind die tiefer liegenden Schichten immer älter als die höheren.

Naturwissenschaftliche Untersuchungsmethoden
Mit physikalischen und chemischen Methoden wie Radiokarbonanalyse, Thermolumineszenzdatierung, Fluortest oder Pollenanalyse kann man das Alter verschiedener Materialien bestimmen, z. B. von Knochen, Pflanzenresten, Leder oder Keramik.

Dendrochronologie (Altersbestimmung von Hölzern)
Wenn Bäume zwischen Frühjahr und Spätsommer wachsen, entstehen die so genannten Jahresringe. Ihre Breite hängt davon ab, wie viel der Baum innerhalb des Jahres gewachsen ist. Trockene Sommer ergeben schmale, feuchte Sommer breite Jahresringe. Die Reihenfolge schmalerer und breiterer Jahresringe ist bei allen Bäumen einer Gegend gleich, weil sie dem gleichen Wetter ausgesetzt sind. Wenn man eine lange Reihe immer älterer Bäume und Hölzer miteinander vergleicht, bekommt man einen lückenlosen „Baumringkalender". Jedes neu gefundene Holz, z. B. Pfähle eines alten Hauses, kann mithilfe dieses Kalenders zeitlich eingeordnet werden; denn man kann herausbekommen, wie alt der Baum war, als er gefällt wurde.

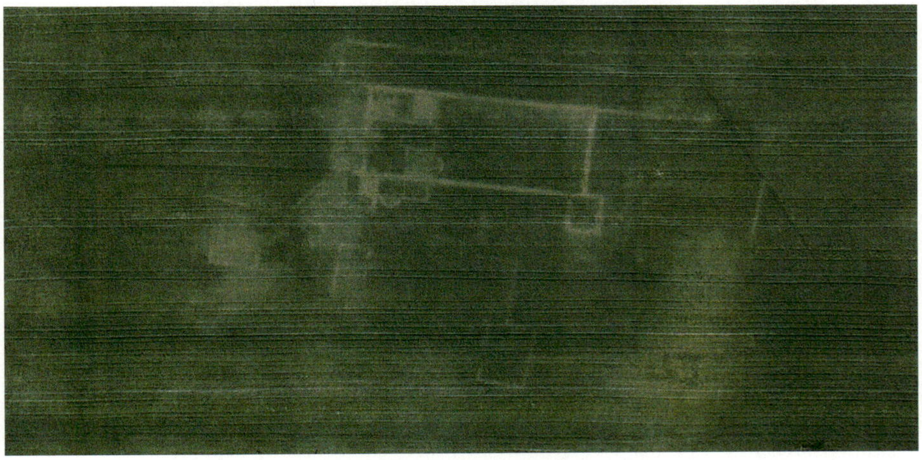

Q10 Luftbildarchäologie
Durch Luftaufnahmen kann man Reste von Bauten erkennen, auch wenn sie unter der Erdoberfläche liegen. Über Gruben oder Gräben ist der Bewuchs (Wiese, Getreide) höher, denn der tiefere Boden bietet den Pflanzen mehr Nährstoffe; bei Mauerresten ist es umgekehrt. Links seht ihr die Luftaufnahme eines römischen Gutshofes in Hessen.

Fragen und Anregungen

1. Bringt die archäologischen Arbeitsschritte (D2–8) in die richtige Reihenfolge und ordnet die Überschriften zu: Restaurierung und Rekonstruktion, Dokumentation, Freilegung, Wissenschaftliche Bearbeitung, Präsentation, Bergung, Suche.
2. Bildet Gruppen von ca. fünf Personen. Jede Gruppe vergräbt für eine andere in der Sprunggrube des Sportplatzes oder an einem anderen geeigneten Ort einen Fund (z. B. Scherben eines Blumentopfes). Der Fund kann auch unvollständig sein. Die „Forschergruppe" hat die Aufgabe, den Fund nach den einzelnen Schritten (D2–8) zu sichern.
3. Versucht auf der Luftaufnahme Haupt- und Nebengebäude sowie Mauerreste zu unterscheiden (Q10). Fertigt eine Nachzeichnung an und beschriftet sie.
4. Überlegt, welche Untersuchungsmethoden sich eignen, um Näheres über Kleidung und Ausrüstung von „Ötzi" herauszufinden. Begründet auch, welche Methoden weniger ergiebig sind.
5. „Ötzis" Alter haben Wissenschaftler mit der C14-Methode bestimmt. Findet in der Linksammlung (www.klett.de/extra) heraus, wie diese Methode funktioniert.

2. Die Entstehung des Menschen

vor ca. 4,5 Mrd. Jahren	Die Erde entsteht als glühender Gasball, der sich langsam abkühlt. 500 Mio. Jahre später bildet sich eine dünne Kruste.
vor ca. 3,5 Mrd. Jahren	In den Meeren entsteht das erste Leben.
vor ca. 400 Mio. Jahren	Auch auf dem Land gibt es Leben.
vor ca. 245 Mio. Jahren	Die Dinosaurier entwickeln sich.
vor ca. 65 Mio. Jahren	Aus nicht völlig geklärten Gründen sterben die Dinosaurier aus. Die Säugetiere entwickeln sich.
vor ca. 8 Mio. Jahren	Vorfahren des Menschen beginnen sich zu entwickeln.
vor ca. 4 Mio. Jahren	Die ersten menschenartigen Wesen gehen aufrecht.

Fußabdrücke des „Australopithecus afarensis" Q1
Zu dieser Menschengattung gehörte auch „Lucy". Die Fußabdrücke entdeckten Archäologen 1978 in Laetoli in Tansania.

„Lucy" – Mensch oder Affe?

Das erste, was sie fanden, war ein Teil des Unterarms. Als nächstes entdeckten sie den Unterkiefer. Vor lauter Begeisterung gaben sie ihrem Fund einen Namen: „Lucy" – nach einem Lied der damals berühmtesten Musikgruppe, der „Beatles". Eine amerikanisch-französische Archäologengruppe war in der Steinwüste von Hadar (Ostafrika) auf der Suche nach Überresten menschlicher Besiedlung. Am 30. November 1974 fanden sie die ersten Teile eines Skeletts, am Ende waren es etwa 40 Prozent der Knochen. „Lucy" ist eines der am besten erhaltenen und ältesten menschenartigen Wesen, die man bisher gefunden hat – 3,18 Millionen Jahre alt. War „Lucy" ein Vorläufer des heutigen Menschen? Wahrscheinlich hat sie eher wie ein Schimpanse ausgesehen. Aber sie hatte eine Besonderheit: Sie lief vorwiegend aufrecht. Darauf weisen ihr Knochenbau und erhaltene Fußspuren hin. Der aufrechte Gang war ein wichtiger Entwicklungsschritt. Dadurch hatte „Lucy" eine bessere Sicht auf Nahrung oder Bedrohung. Sie benötigte für längere Wege weniger Energie. Und sie bekam die Hände frei, um Nahrung zu sammeln oder Gegenstände zu tragen.

Afrika – Wiege der Menschheit

Dass „Lucy" gerade in Afrika gefunden wurde, ist kein Zufall. Inzwischen sind sich die Forscher weitgehend einig: Die Wurzeln menschlichen Lebens liegen in Afrika. Das warme Klima und die reiche Pflanzenwelt waren die Voraussetzung für die Entwicklung des Menschen. Vor etwa einer Million Jahren begannen dann Gruppen des Frühmenschen (Homo erectus) ihre ursprünglichen Lebensgebiete zu verlassen. Ursache dafür waren vermutlich Klimaveränderungen, die zu einer Verschlechterung des Nahrungsangebots führten. Aus dem Homo erectus hat sich in Europa und Vorderasien der Neandertaler entwickelt.

Die Ausbreitung des Menschen

Vor mehr als 100 000 Jahren hat sich dann wieder von Afrika aus eine neue Gattung des Menschen, der „Jetztmensch", auf die Wanderung gemacht und allmählich alle Erdteile besiedelt. Der Neandertaler ist vermutlich ausgestorben, weil er mit diesem „neuen" Menschen nicht konkurrieren konnte. Vielleicht hat er sich aber auch mit der „neuen" Menschenform vermischt. Alle heute lebenden Menschen gehören also zu ein und der selben Menschengattung. So unterschiedlich die Menschen heute auch aussehen: Sie alle sind sozusagen Schwestern und Brüder.

Überleben in der Kälte

In Europa hatte vor etwa zwei Millionen Jahren das Eiszeitalter begonnen. Kalt- und Warmzeiten lösten einander ab, insgesamt wurde das Klima kühler. Von Natur aus waren die Menschen für das Leben in kälteren Gebieten nicht gut eingerichtet. Sie verwendeten Hilfsmittel, um dort zu überleben: Kleidung, Behausungen, Feuer. Das war ein großer Schritt in der Entwicklung der Menschheit: Durch seine eigene Tätigkeit gelang es dem Menschen, seinen Lebensraum auszudehnen – bei den Tieren gibt es nur die biologische Anpassung an veränderte Umweltbedingungen.

Erforschung der Menschheitsgeschichte

Neue Möglichkeiten für die Erforschung der Menschheitsentwicklung bieten heute genetische Untersuchungen. Anhand kleinster Knochenüberreste können Wissenschaftler das Erbmaterial, den inneren Bauplan verschiedener Menschenarten miteinander vergleichen. Zwischen dem Neandertaler und dem Jetztmenschen haben sie deutliche Unterschiede festgestellt. Das spricht für die Annahme, dass es zwischen ihnen keine unmittelbare Verwandtschaft gibt. Größer als erwartet ist dagegen die genetische Ähnlichkeit zwischen Schimpansen und heutigen Menschen.

Schöpfungsmythen

Wie ist die Erde, wie ist das Leben auf ihr, wie sind vor allem die Menschen entstanden? Diese Fragen beschäftigen die Menschen seit tausenden von Jahren. Meist glaubten sie an eine göttliche Schöpfung. Darüber, wie sich diese Schöpfung vollzogen haben könnte, erzählten sich die Menschen Geschichten: die Schöpfungsmythen. Die Schöpfungsmythen verschiedener Völker weisen manche Ähnlichkeit, aber auch viele Unterschiede auf – je nachdem, in welchen Gegenden und unter welchen Umständen die Menschen leben.

Die Evolution

Heute wissen wir mehr darüber, wie und wann die Erde entstanden ist, wie Meere und Berge ihr Aussehen verändert und sich allmählich Pflanzen und Tiere entwickelt haben. Der Mensch hat sich über mehrere Millionen Jahre hinweg aus tierischen Vorfahren entwickelt; Biologen bezeichnen das als „Evolution". Er ist eng verwandt mit den Affen, besonders den Menschenaffen. Noch vor 200 Jahren glaubten die meisten Leute, der Mensch sei als göttliches Geschöpf in seiner heutigen Gestalt fertig entstanden und er nehme gegenüber der Natur eine völlige Sonderstellung ein – als „Krone der Schöpfung". So hatten es die Philosophie und die Religionen jahrhundertelang gelehrt. Die Grundlage für die neue Anschauung legte der britische Biologe Charles Darwin 1859 mit seinem Buch „Die Entstehung der Arten". Aber immer noch ist unser Wissen begrenzt, denn innerhalb des Weltalls (Kosmos) ist die Erde nur ein winziges Teilchen. Über die Entstehung des ganzen Kosmos können wir bis heute nur Vermutungen anstellen.

Alte Frau und Neandertalermädchen, D1
Rekonstruktion. Was könnt ihr aus der Kleidung über die Lebensweise der Neandertaler schließen?

Out-of-Africa-Theorie

Die meisten Wissenschaftler nehmen an, dass sich der Mensch in seiner heutigen Form (Homo sapiens sapiens, d.h. verständiger Mensch) vor etwa 150 000 Jahren in Afrika entwickelt und von dort über die ganze Erde verbreitet hat. Andere dort lebende Menschenarten wie den Neandertaler soll er dabei verdrängt haben.

Der Mensch in Steckbriefen

Forscher haben viele Überreste von Menschen und Vorformen des Menschen gefunden. Über die einzelnen Entwicklungsschritte gibt es unterschiedliche Vorstellungen. Hier die wichtigsten Stationen:

D7

D4 Der Jetztmensch

Name: Homo sapiens sapiens („verständiger Mensch“)
Alter: 150 000 bis heute
Größe: zunächst bis 1,80 m
Gewicht: etwa 80 kg
Wohnort: zunächst Ostafrika, dann auch Asien, Europa, Amerika
Ernährung: Pflanzen und Fleisch
Besondere Kennzeichen: H. S. S. entwickelt alle Arten von Werkzeugen, Kleidung und Kunstgegenstände. Er kann sprechen und hat religiöse Vorstellungen. Die Arbeit teilt er sich mit anderen Menschen, es gibt Spezialisten für bestimmte Tätigkeiten.

D10

D11

D2 Der Neandertaler

Name: Homo sapiens neandertalensis
Alter: 220 000–27 000 Jahre
Größe: bis 1,60 m
Gewicht: bis 80 kg
Wohnort: Europa und Vorderasien
Ernährung: Pflanzen und Fleisch
Besondere Kennzeichen: H. S. N. ist sehr stark und ein guter Jäger. Seine gedrungene Gestalt macht ihn widerstandsfähig gegen Kälte. Er bestattet seine Toten. Vermutlich kann er sprechen. H. S. N. ist wahrscheinlich kein direkter Vorläufer von uns heutigen Menschen; er wird vom H. S. S. verdrängt.

D5 Der Vormensch

Name: Australopithecus („Südmensch“)
Alter: 4,2–1,1 Millionen Jahre
Größe: 1,20–1,40 m
Gewicht: 35–80 kg
Wohnort: Ost- und Südafrika
Ernährung: Pflanzen
Besondere Kennzeichen: A. ist die älteste menschenähnliche Gattung. Er kann aufrecht gehen.

D8

D9

D3 Der Urmensch

Name: Homo rudolfensis („Mensch vom Rudolfsee“)
Alter: 2,5–1,8 Millionen Jahre
Größe: 1,55 m
Gewicht: etwa 40 kg
Wohnort: Afrika, vielleicht auch schon Asien
Ernährung: Pflanzen und Fleischreste
Besondere Kennzeichen: H. R. stellt einfache Steinwerkzeuge her, um damit Tierkadaver zu zerlegen.

D6 Der Frühmensch

Name: Homo erectus („aufrecht gehender Mensch“; man kannte bei der Namensgebung die älteren Gattungen noch nicht)
Alter: 1,8 Millionen–40 000 Jahre
Größe: bis 1,65 m
Gewicht: bis 65 kg
Wohnort: Afrika, Asien, Europa
Ernährung: Pflanzen und Fleisch
Besondere Kennzeichen: H. E. stellt planvoll Werkzeuge her und nutzt das Feuer. Jagdbeute macht einen wachsenden Anteil seiner Ernährung aus.

Q2 Schöpfungsgeschichte der Karraru aus Australien: Nachdem die Sonne die Tiere geschaffen hatte, begannen diese einige Zeit später sich über die Gestalt und Eigenarten anderer Tiere lustig zu machen, was großes Ärgernis, heftige Streitereien und schließlich erbitterte Kämpfe zur Folge hatte. Zuletzt begannen die einzelnen Tierfamilien einander zu töten. Voller Kummer schaute die Sonnen-Mutter auf die Erde hinunter und sah, wie die Geschöpfe, die ihr Licht und die Wärme ihrer Strahlen ins Leben gerufen hatten, sich gegenseitig vernichten wollten.
Sie rief den weisen Rat des großen All-Vaters zu Hilfe. „Ich ging davon aus, einen Plan verwirklicht zu haben, der alles Leben auf der Erde ordnet und regelt. Doch unter den Pelztieren, den Vögeln, den Echsen und den Fischen fehlt diese ordnende Vernunft. Wir müssen uns ein Wesen ausdenken, das sie alle zu der ursprünglichen Ordnung zurückführt." Dann beschlossen Sonnen-Mutter und All-Vater, den Menschen als Hüter über diese Ordnung einzusetzen.

Victoria Kamp-Linfort (Hg.), Mythen von der Erschaffung der Menschen, Hamburg 1994, S. 147.

Q3 Eine Schöpfungsgeschichte aus Afrika: Moari (Gott) machte sich einen Menschen, der hieß Mwuetsi (Mond). (...) Die Erde war damals ganz kahl und leer. Es gab keine Gräser. Es gab keine Büsche. Es gab keine Tiere. (...) Moari gab Mwuetsi ein Mädchen, das hieß Massassi (Morgenstern). (...) Mwuetsi ging abends mit Massassi in eine Höhle. (...) Als Mwuetsi gegen Morgen aus dem Schlaf erwachte, blickte er zu Massassi hinüber. Da sah Mwuetsi, dass Massassis Leib geschwollen war. Als es Tag war, begann Massassi zu gebären. Massassi gebar Büsche. Massassi gebar Bäume. Massassi hörte nicht auf mit Gebären, bis die Erde mit Gräsern, Büschen und Bäumen bedeckt war. (...) (Die zweite Frau Muetsis hieß Morongo.) Als es am anderen Tage gegen Morgen war, erwachte Mwuetsi. Mwuetsi sah, dass der Leib Morongos geschwollen war. Als der Tag anbrach, begann Morongo zu gebären. Morongo gebar am ersten Tag Hühner, Schafe und Ziegen. (...) Am andern Tag gebar Morongo Elenantilopen und Rinder. (...) Am vierten Tag gebar Morongo erst Knaben und dann Mädchen.

Olga Rinne (Hg.), Der neue Entwurf der Welt. Ursprungsmythen Bd. 1, Darmstadt/Neuwied 1985, S. 40–42.

Q4 Die Schöpfungsgeschichte der Bibel hat Lucas Cranach d. Ä. in einem Gemälde aus dem Jahr 1530 erzählt. Hier seht ihr einen Ausschnitt aus dem Bild.

Fragen und Anregungen

1. Beschreibt anhand der Karte auf der ADS die Ausbreitung des Menschen über die Erde. Nennt die Ursachen dafür und die Schwierigkeiten, mit denen er fertig werden musste. Die nötigen Informationen findet ihr im Verfassertext.
2. Bringt die Steckbriefe (D2 – 6) in die richtige zeitliche Reihenfolge und ordnet die Abbildungen (D7 – 11) den Steckbriefen zu. Nach welchen Merkmalen habt ihr euch dabei gerichtet?
3. Findet heraus, zu welchen Gattungen „Ötzi" und „Lucy" gehören. Vergleicht dazu die Informationen, die ihr im Verfassertext über sie findet, mit den Steckbriefen (VT, D2 – 6).
4. Vergleicht die verschiedenen Vorstellungen von der Entstehung des Menschen (Q2 – 4). Lest auch die biblische Schöpfungsgeschichte (1. Mose 1, 21 – 28). Welche Rolle spielen jeweils Gott und Götter? Welche Stellung nimmt der Mensch in der Schöpfung ein?
5. Darwins Forschungsergebnisse haben damals große Ablehnung hervorgerufen. Begründet, was die Menschen an seinen Überlegungen so empörte (VT).

3. Sammlerinnen und Jäger – die Altsteinzeit

vor ca. 2 Mio. Jahren	Die Menschen stellen einfache Steinwerkzeuge her, z. B. Faustkeile oder Schaber.
vor ca. 1,5 Mio. Jahren	Die Menschen nutzen durch Wald- oder Steppenbrände entstandenes Feuer.
vor 150–100 000 Jahren	Die Menschen lernen selber Feuer zu machen.
vor ca. 35 000 Jahren	Die Menschen fertigen sich Kleidung gegen die Kälte an.

Werkzeuge aus Stein

Ungefähr vor zwei Millionen Jahren begannen die Menschen mit der Herstellung einfacher Steinwerkzeuge. Der Faustkeil war das erste Werkzeug. Mit der Zeit gab es immer speziellere Formen zum Schlagen, Schaben, Bohren oder als Speerspitze. Viele tausend Jahre blieb Stein neben Holz das wichtigste Material, bis die Menschen etwa 4000 v. Chr. lernten, auch Metalle zu bearbeiten. Deshalb bezeichnet man diesen Abschnitt der Menschheitsgeschichte als „Steinzeit".

Immer unterwegs

Den größten Teil der Steinzeit (bis ca. 9000 v. Chr.) waren die Menschen nicht sesshaft. Sie lebten in Gruppen von 25 bis 30 Personen an wechselnden Plätzen und ernährten sich durch das Sammeln von Pflanzen und durch die Jagd. Wenn sie im Umkreis ihres Lagerplatzes nicht mehr genügend Nahrung fanden, zogen sie weiter.

Die Ernährung

Mit der Nahrungsbeschaffung verbrachten die Menschen einen großen Teil ihrer Zeit. Oft war es mühevoll, das Lebensnotwendige zu finden, manchmal gab es aber auch ein reichhaltiges Angebot. An den Lagerplätzen steinzeitlicher Jäger hat man Spuren von allen möglichen Tierarten gefunden: von Großwild wie Elefanten, Nashörnern, Auerochsen, Wildpferden, Bären oder Wildschweinen, aber auch von kleinen Säugetieren und Vögeln. Die Jagd war allerdings eine unsichere Sache: Beute musste erst gefunden und unter Mühen und Gefahren erlegt werden. Die Grundlage der Ernährung sicherte meist das Sammeln von Früchten, Beeren, Körnern, Nüssen, Pilzen, Honig, Insekten. Die regelmäßige Sammelarbeit war vor allem Aufgabe der Frauen und Kinder. Auch die Männer nahmen daran teil. Vor allem aber betätigten sie sich als Jäger. Bei der Treibjagd waren sie wiederum auf die Hilfe der Frauen angewiesen. Um die Arbeitsteilung deutlich zu machen, sprechen Wissenschaftler heute oft von „Sammlerinnen und Jägern".

Fleisch
Geweih
Haut
Knochen
Sehnen und Därme
Eingeweide

Kleidung
Nahrung
Riemen
Nähgarn
Zeltbahn
Speerspitze
Grabwerkzeug
Beil
Behälter

Jäger in der Kalahari Q1 (Botsuana, Südafrika) haben eine Antilope erlegt.

Q2 **Höhlenbild in der Chauvet-Höhle in Frankreich**
Die Umrisse wurden mit Feuerstein in die Wand geritzt und dann mit Farbe ausgemalt. Aus Eisenoxid (Eisen in Gestein, das durch Berührung mit der Luft rote Frabe angenommen hat), Fett, Tierblut, Ruß oder Holzkohle erzeugten die Maler die Farben Schwarz, Braun, Rot, Gelb und Ocker. Mit Pinseln aus Tierhaaren, Zweigen oder bloßen Fingern trugen sie die Farben auf. Benennt die Tiere, die ihr auf dem Bild erkennen könnt.

„Wildbeuter"

Weil diese Menschen allein vom natürlichen Angebot ihrer Umwelt lebten, nennt man sie auch Wildbeuter. Noch heute gibt es Menschen, die so leben, zum Beispiel Inuit in Nordamerika, Buschmänner in Südafrika und Ureinwohner Australiens (Aborigines). Uns erscheint diese Lebensweise heute manchmal reizvoll und abenteuerlich, aber auch primitiv. Aber die Wildbeuter der Steinzeit waren nicht „unterentwickelt". Sie waren Spezialisten in ihrer Lebensweise. Das Angebot der Natur nutzten sie gezielt und geschickt und beuteten ihre Umwelt nicht aus.

Die Zähmung des Feuers

Der Frühmensch wanderte in neue Siedlungsgebiete in Europa und Asien ein. Dort musste man sich gegen die Kälte schützen. Die „Zähmung des Feuers" vollzog sich in zwei Schritten. Wahrscheinlich schon vor 1,5 Millionen Jahren konnten die Menschen das Feuer hüten und nutzen. Aber sie kamen nur in seinen Besitz, wenn sie es irgendwo vorfanden, zum Beispiel wo ein Blitz einen Brand verursacht hatte. Erst viel später, vor 150 000 oder 100 000 Jahren, lernten die Menschen selber Feuer zu machen. Sie erzeugten durch Reibung zwischen zwei Hölzern Hitze oder durch das Aufeinanderschlagen von Steinen (Feuerstein) Funken. Ein Lagerfeuer bot Wärme und Licht, diente zum Braten oder Kochen und schreckte wilde Tiere ab.

Wohnen und Kleidung

Als Wohnungen dienten den Wildbeutern vor allem Hütten. Sie bedeckten ein Gestell aus Ästen und Zweigen mit Gras, Laub, Schilf oder Tierfellen. Auch Felsvorsprünge und Höhlen wurden als Behausungen genutzt. Kleidung haben die Menschen seit etwa 35 000 v. Chr. verwendet. Eine wichtige Erfindung war die Nähnadel. Felle und Häute bildeten das wichtigste Material. Mit Unterkleidung, Umhängen, Schuhen und Mützen konnten sich die Menschen jetzt gegen die Kälte schützen – so wie „Ötzi".

„Kunst" und Glaube

Ungefähr aus derselben Zeit stammen die ersten „Kunstwerke": Verzierungen auf Gebrauchsgegenständen, Schmuckstücke, vor allem aber die berühmten Höhlenmalereien. Mit den Höhlenmalereien wollten die Menschen vermutlich die Geister der gejagten Tiere beschwören und so ihre Jagd erleichtern. Die Menschen fingen auch an, ihre Toten sorgfältig zu bestatten und für das Jenseits auszurüsten. Sie machten sich also Gedanken über den Tod und über ein Dasein danach. Sie versuchten die Welt und ihr Leben zu verstehen und zu erklären.

Q3 Frau eines Buschmannstammes aus Südafrika

Auch heute noch gibt es Völker, die so ähnlich leben wie die Sammlerinnen und Wildbeuter der Steinzeit. Durch Beobachtungen an ihnen versuchen Forscher Informationen über die Lebensweise von Steinzeitmenschen zu gewinnen.

Erläutert, was die Frau tut. Achtet auf ihre Ausrüstung.

Altsteinzeit

Die Altsteinzeit nimmt den größten Teil der Steinzeit ein (bis etwa 9000 v. Chr.). Während dieser ganzen Zeit waren die Menschen Sammlerinnen und Jäger. Sie zogen umher und lebten an wechselnden Orten.

D1 Ein Lagerplatz von Steinzeitmenschen

1969 wurde in Bilzingsleben (Thüringen) ein Lagerplatz entdeckt. Er lag an einem See. Vor 350 000 oder 400 000 Jahren war er von Frühmenschen besiedelt. Der Leiter der Ausgrabungen, Dietrich Mania, schreibt:

(An dem Ufer des Sees) befand sich dicht neben der Quellbachmündung eine ebene Uferterrasse, die halbinselartig in das Seebecken hineinragte. Sie bildete einen idealen Siedlungsplatz, denn hier gab es freien Zugang zum lebenswichtigen Wasser; das Plateau (höher gelegene Fläche) über dem Platz bot eine gute Geländeübersicht, von der Wasserseite her war der Platz vor Raubtieren gesichert, und zusätzlich waren die Quelle, der See und das anschließende Wippertal mit seinen Altwässern und dem Fluss ein wichtiger Anziehungspunkt für das Wild. (…)

Beobachtungen (…) haben ergeben, dass der Lagerplatz von Bilzingsleben längere Zeit ohne Unterbrechung genutzt wurde. Damit erhält er den Charakter eines Basislagers in einem größeren Gebiet, dessen äußere Grenzen mindestens in der Entfernung lagen, die an einem Tage hin und zurück bewältigt werden konnte. Das sind etwa 10 bis 15 km. Somit hatte dieses Gebiet einen Durchmesser von etwa 20 bis 30 km und eine Fläche von etwa 400 bis 500 km^2. (…)

Im Zentrum des Lagers kamen die kreisförmigen bis ovalen Grundrisse von drei einfachen Wohnbauten zum Vorschein. Sie hatten 3 bis 4 m Durchmesser und bestanden aus diffusen (ungeordneten), wallartigen Anhäufungen großer Steine und Knochen. Im südöstlichen Teil, an der windabgewandten Seite, waren sie unterbrochen und ließen Eingangsbereiche erkennen. Davor lagen jeweils die Feuerstellen. Sie waren an Anhäufungen von Holzkohleresten und (…) teilweise verkohlten Hölzern sowie an Steinen mit Brandspuren zu erkennen. Die Wohnbauten selbst waren wohl ähnlich zeltartigen Stangengerüsten errichtet, wie wir das heute noch bei einfachen Naturvölkern (…) beobachten können. Die Bedeckung bestand aus organischem Material, wahrscheinlich aus Rinderstücken und Grasbüscheln, die über einem Zweiggeflecht befestigt wurden, weniger aus Tierhäuten. (…)

Es ließen sich Werkplätze zur Bearbeitung von Feuerstein und Herstellung von Spezialgeräten (…) nachweisen. Sie waren von Abschlägen und Trümmerstücken aus Feuerstein umgeben, auch die Geräte selbst kamen hier vor. (…) An anderen Werkplätzen wurden bevorzugt Geräte aus Knochen, Geweih oder auch Elfenbeinsplittern hergestellt. (…)

Am Ufer fielen zahlreiche dicht gelagerte, große Skelettteile oder große Fragmente (Teilstücke) von solchen besonders auf. Sie stammen von Nashörnern, Elefanten und Wildrindern. (…) An den Knochen (…) treten Schnittspuren und Einschläge von Hackmessern auf. Es liegt nahe, aus diesen Erscheinungen auf das Zerlegen von Tierkörpern zu schließen, eine Arbeit, die auch hier am Ufer ausgeführt wurde.

Dietrich Mania, Die ersten Menschen in Europa, Stuttgart 1998, S. 27, 37, 43, 47, 49. Bearb. d. Verf.

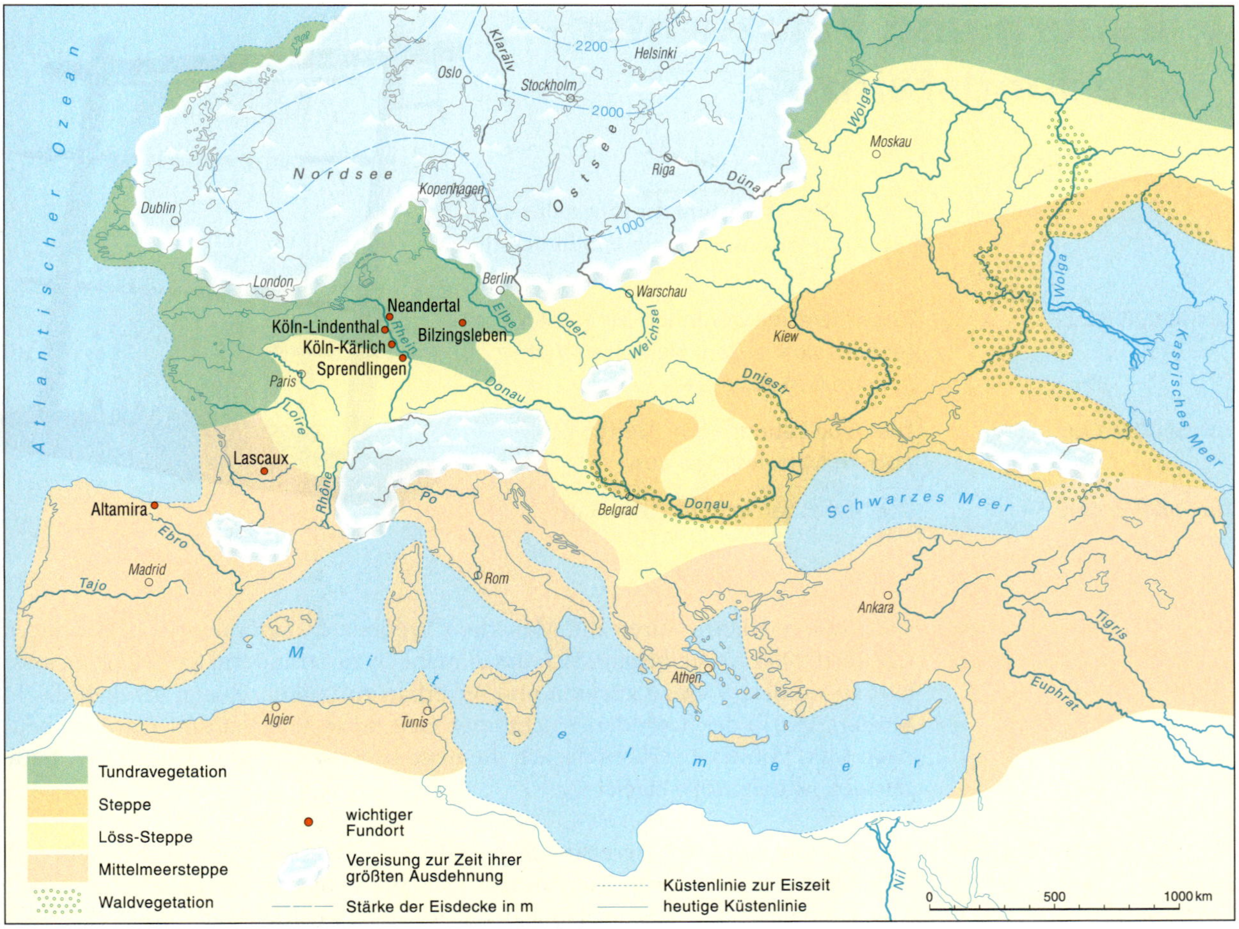

D2 Europa während der letzten Eiszeit, vor 75 000 Jahren bis vor 10 000 Jahren
Im Laufe der Eiszeit wechselten etwas mildere mit sehr kalten Perioden ab. Auf dem Höhepunkt der letzten Eiszeit waren ca. fünf Prozent aller Gewässer der Erde gefroren. Schreibt auf, welche heutigen Länder während der Eiszeit von Eis bedeckt waren.

Fragen und Anregungen

1. Zeichnet eine Zeitleiste und tragt nebeneinander ein, wann welche Erfindungen und Entwicklungen stattgefunden haben (VT). Stellt fest, in welcher Zeit sie gehäuft vorkamen.
2. Die Jäger wollen so viel wie möglich von ihrer Beute verwenden (Q1). In der linken Spalte findet ihr die Materialien, die das Tier den Jägern liefert. Rechts ist aufgelistet, welche Verwendungszwecke die Steinzeitmenschen dafür haben. Ordnet zu: Was können sie wofür gebrauchen?
3. Schreibt eine Jagdgeschichte. Verwendet die folgenden Wörter: Speere, Tal, Fackeln, Schrei, Versteck, Flucht, Beute, Bäume, Felsen, Jäger, Treiber.
4. Überlegt, welche Fähigkeiten erforderlich waren, damit Menschen gemeinschaftlich jagen konnten.
5. Zeichnet nach der Beschreibung (D1) einen Plan des Lagerplatzes und beschriftet ihn.
6. Listet auf, welche Materialien und Werkzeuge sich am Lagerplatz Bilzingsleben nachweisen lassen (D1).
7. Lange Zeit war umstritten, ob man den Frühmenschen (Homo erectus) überhaupt schon als Menschen bezeichnen sollte. Wie würdet ihr entscheiden? Nennt eure Argumente (VT, D1).

4. Bauern und Viehzüchter – die Jungsteinzeit

Webstuhl der Jungsteinzeit, D1
rekonstruiert aus Fundbruchstücken.

um 9000 v. Chr.	In Vorderasien beginnen Menschen sesshaft zu werden. Sie halten Vieh und treiben Ackerbau.
um 5000 v. Chr.	Die neue Lebensweise breitet sich auch in Mitteleuropa aus.
um 3000 v. Chr.	Die Menschen erfinden das Rad.

Die Menschen werden sesshaft

Viele tausend Jahre waren die Menschen Wildbeuter, Sammlerinnen und Jäger. Etwa seit 9000 v. Chr. begann sich das allmählich zu verändern: Sie fingen an sesshaft zu werden, Vieh zu züchten und Ackerbau zu treiben. Zuerst geschah das in Vorderasien, in der besonders fruchtbaren Gegend an Euphrat und Tigris im heutigen Irak. Von dort verbreitete sich die neue Lebensweise. Um 5000 v. Chr. hatte sie auch Mitteleuropa erreicht.

Viehzucht

Die Menschen lernten Tiere zu halten und zu züchten: Schaf, Ziege, Schwein und Rind. Zuerst nutzen sie die Tiere nur als Fleischreserve, aber bald auch wegen ihrer Milch. Sie begannen, aus der Wolle der Tiere Stoffe für Kleidung und Decken herzustellen. Spinnen und Weben waren die neuen Techniken dafür. Etwa ab 5000 v. Chr. verwendete man Rind, Esel und Pferd als Reit-, Pack- und Zugtiere. Große Bedeutung hatte die Erfindung des Rades um 3000 v. Chr.

Ackerbau und Handwerk

Q1 **Bandkeramische Tongefäße**
Gefunden bei Aschersleben in Sachsen-Anhalt (rechts) und Düren in Nordrhein-Westfalen (links).

Zugleich mit der Viehhaltung entwickelte sich auch der Ackerbau. Die Menschen begannen planvoll Aussaat, Ernte, Vorratshaltung und Getreidezüchtung zu betreiben. Neue Werkzeuge wurden eingesetzt, vor allem Hacke und Pflug. Zur Vorratshaltung und zur Nahrungszubereitung benötigte man geeignete Gefäße. Das neue Material, die Keramik, wurde aus Ton oder Lehm gebrannt. Für solche handwerklichen Verfahren brauchte man besondere Kenntnisse. Einzelne Menschen wurden zu Spezialisten dafür. So entwickelte sich die Arbeitsteilung und die Unterscheidung verschiedener Berufe. Viele, wenn nicht die meisten der neuen Erfindungen wurden von Frauen gemacht, denn sie fanden in ihren Arbeitsbereichen statt.

Um Vorräte aufzubewahren und Nahrung zuzubereiten, brauchten die Menschen in der Jungsteinzeit mehr Gefäße als früher. Einige Wissenschaftler sprechen deshalb von einer „Behälter-Revolution". Die Gefäße mussten wasserdicht und feuerfest sein. Sie konnten ein größeres Gewicht haben, denn die Menschen mussten sie nicht mehr ständig mit sich tragen. Manche Gefäße wurden mit Ziermustern versehen, die man mit den Fingernägeln, mit Knochen oder Hölzchen einritzte. Diese Ziermuster hatten oft die Form von Bändern. Sie waren so typisch, dass die

D2 Ackerbau und Viehzucht
Beschreibt, wo und auf welchem Wege sich die landwirtschaftliche Lebensweise auf der Welt ausgebreitet hat. Nennt Gründe dafür.

Wissenschaftler danach die bäuerlichen Siedlungen in Mitteleuropa als „bandkeramische Kultur" bezeichneten. Anhand der Verzierungen lassen sich sogar einzelne Siedlungsgruppen unterscheiden und erkennen.

Das Dorf

Die Menschen siedelten sich in Dörfern an. Sie bauten festere und größere Häuser, die auch Platz zum Lagern von Vorräten boten: ein Gerüst aus Stämmen, Wände aus Flechtwerk, das mit Lehm verputzt wurde, dann auch Ziegelwerk aus Lehm. Die Bevölkerung wuchs, denn mit weniger Fläche konnten jetzt mehr Menschen ernährt werden. Ernteüberschüsse und Handwerksprodukte wurden zu Handelswaren. Unterschiedlicher Besitz konnte zu Streitigkeiten und Überfällen führen. Deshalb gingen die Menschen dazu über, ihre Dörfer zu befestigen. Wo mehr Menschen beisammen lebten, musste man auch neue Regeln finden.

Ursachen der Veränderung

Die neue Lebensweise unterschied sich so stark von der alten, dass sich dafür die Bezeichnung „neolithische Revolution" eingebürgert hat. Mit ihr begann ein neues Zeitalter, die Jungsteinzeit. Was diese Veränderung in Gang gesetzt hat, ist schwer zu sagen. Sicherlich spielten Klimaveränderungen eine Rolle. Mit dem Ende der letzten Eiszeit zogen sich in Asien und Europa die Gletscher zurück. Es wurde wärmer, Wälder begannen das Land zu bedecken. Der Boden wurde fruchtbarer, zugleich die Jagd schwieriger. Es kann auch sein, dass die Menschen zu viele wurden und sich nicht mehr auf die herkömmliche Art ernähren konnten. Vermutlich spielte aber auch eine Rolle, dass sie die Natur anders wahrnahmen als bisher: Sie beobachteten genauer, sie probierten aus. So fanden sie etwa heraus, dass dort am meisten neues Getreide wuchs, wo sie im Jahr zuvor ihre Körner gelagert hatten.

Neolithische Revolution

In der Jungsteinzeit (ab etwa 9000 v. Chr.) hat sich die Lebensweise der Menschen durchgreifend verändert. Sie wurden allmählich zu sesshaften Bauern, trieben Ackerbau und Viehzucht. Dieser Einschnitt war so tief, dass die meisten Historiker von der „neolithischen (griech., d.h. jungsteinzeitlichen) Revolution" sprechen. Allerdings darf man sich durch den Begriff „Revolution" nicht täuschen lassen. Die Veränderung geschah nicht von heute auf morgen. Die bäuerliche Lebensform setzte sich erst im Laufe von Jahrhunderten und Jahrtausenden durch. Lange Zeit gab es beide Lebensweisen nebeneinander oder Mischformen davon.

Kontrovers

Haben Frauen ein leichteres Leben?

Schon bei den Wildbeutern gab es eine Arbeitsteilung zwischen Frauen und Männern. Bei den Bauern und Viehzüchtern war das nicht anders. Dazu findest du auf dieser Doppelseite und in Kapitel 3 viele Hinweise. Wie stand es in der Steinzeit aber mit dem Ansehen von Männern und Frauen? Hatten die einen mehr zu sagen als die anderen? Führte die „jungsteinzeitliche Revolution" zu Veränderungen?

D3 Bei den Wildbeutern zählt es gewöhnlich zu den Aufgaben der Frauen, die – zumeist ja nur aus leichtem Zweigwerk und Fellen zusammengesetzten – Behausungen zu errichten. Und damit verknüpfen sich eben bestimmte Besitzansprüche und Rechte: Die Frauen sind hier die Besitzer und Herrinnen des Hauses (...). Die Lage der Frauen hatte sich in den Pflanzerkulturen (...) deutlich verschlechtert. Die Beziehungen der Gruppenangehörigen untereinander waren enger, die Bewegungs- und Ausweichmöglichkeiten begrenzter geworden.

Klaus E. Müller, Die bessere und die schlechtere Hälfte. Ethnologie des Geschlechterkonflikts, Frankfurt a. M. 1984, S. 165 und 209.

D4 (Durch Feldbau und Tierhaltung) werden vor allem die Frauen von ihrer mit zunehmender Entfernung vom Lager immer gefährlicher werdenden und auch enorme Trageleistungen erzwingenden Sammeltätigkeit entlastet. Dabei ist zu beachten, dass die Mütter ihre kleineren Kinder wegen des Stillens mit sich tragen müssen. (...) Die neolithische Revolution macht vor allem zunächst den Frauen das Leben leichter. (...) Dort haben auch sie stets mehr Eigenrechte. Sie können sich jetzt stärker den Kindern widmen.

Hans-Jürgen Müller-Beck, Die Steinzeit. Der Weg des Menschen in die Geschichte, München 1998, S. 102.

D5 (Die Frauengräber aus der Bronzezeit in Europa belegen eine) allgemeine Ebenbürtigkeit von Frauen gegenüber Männern. Nicht nur, dass die Frauen in ihrem persönlichen Besitz, in der ihnen offenbar geschuldeten und erwiesenen Pietät (Ehrerbietung), und damit wohl generell ihrer sozialen Position den Männern gleichgestellt waren; sie hatten auch im selben Umfang teil an den kunsthandwerklichen Erzeugnissen, den technischen Errungenschaften, dem Reichtum und den auswärtigen Wirtschafts- und Kulturkontakten der Gemeinschaften.

Hermann Müller-Karpe, Frauen des 13. Jahrhunderts v. Chr., Mainz 1985, S. 199.

D6 Altsteinzeitlicher Lagerplatz (links) und Siedlung der Jungsteinzeit (oben)

Rekonstruktionszeichnungen, 2002.

Mithilfe einer Tabelle könnt ihr zusammenfassen, was für das Leben an einem altsteinzeitlichen Lagerplatz und in einem jungsteinzeitlichen Dorf typisch ist und worin die Unterschiede liegen. Übertragt die Tabelle in euer Heft und füllt sie vollständig aus. Die notwendigen Informationen erhaltet ihr aus dem Verfassertext und den beiden Rekonstruktionszeichnungen.

Lebensbereiche	Altsteinzeit	Jungsteinzeit
Wohnen		
Kleidung		
Ernährung/Waffen		
Werkzeuge		
Gefäße/Aufbewahrung		
Natur/Landschaft		

D7 Ein jungsteinzeitliches Dorf

Auf der Aldenhovener Platte in der Nähe von Jülich (Nordrhein-Westfalen) haben Forscher seit 1971 so genannte bandkeramische Siedlungen ausgegraben, die mehrere hundert Jahre hintereinander bewohnt waren. Der Archäologe Jens Lüning berichtet:

Die rund 160 im Merzbachtal ausgegrabenen Gebäudegrundrisse (...) konnten (...) in 14 Hausgenerationen untergliedert werden. (...) Die Besiedlung des Tales begann (...) um 5300 vor Christus mit drei Hofplätzen. (...) Die langsam wachsende Eiche lieferte vor allem das wertvolle Bauholz für die Häuser.

Das Ackerland hat aus praktischen Gründen sicher in unmittelbarer Nähe der Höfe gelegen. (...) Zur Berechnung der Anbaufläche gehen wir von der kleinsten Anzahl von Personen aus, die für die Bewirtschaftung eines Hofes denkbar ist: von einer Familie mit fünf bis sieben Bewohnern. Es ergibt sich dann für eine solche Familie eine Anbaufläche von 1,8 Hektar (18000 Quadratmeter). (...)

Dieses zweite Jahrhundert bandkeramischer Besiedlung des Tales brachte außer der Erschließung neuer Wohnplätze auch Veränderungen in der Siedlungsweise mit sich. (...) Aus der lockeren Zeile von Einzelhöfen mit Abständen zwischen 50 und 100 Metern entstand eine geschlossene Hofgruppe – es scheint, als seien hier die ersten Dörfer entstanden. (...) Von hier aus sind offenbar (...) die kleineren Siedlungen und Einzelhöfe mit Halb- und Fertigfabrikaten aus Feuerstein versorgt worden.

Jens Lüning u. a., Siedlungen der Steinzeit. Haus – Festung – Kult, Heidelberg 1989, S. 116 f. Bearb. d. Verf.

Was man aus Romanen über Geschichte lernen kann

Wer einen Roman schreibt, geht anders vor als ein Historiker. Er beschreibt nicht die vergangenen Ereignisse und Verhältnisse an sich, sondern er erzählt eine Geschichte. Sie hat eine Handlung – je spannender sie ist, desto besser kommt sie beim Leser an. Sie konzentriert sich auf wenige Hauptfiguren – so wird die Geschichte überschaubar und die Leser nehmen am Schicksal der Personen teil. Die Besonderheiten der Geschichte sind erfunden, aber der historische Rahmen und einzelne Details – wie lebten die Menschen zusammen und was für Kleidung trugen sie – sollten stimmen. Damit das gelingt, muss sich ein Schriftsteller vorher oft eine Menge an historischen Informationen beschaffen. Deswegen kann man aus Romanen auch viel über die Geschichte lernen. Vor allem aber können einem Romane dabei helfen, sich lebendige Vorstellungen davon zu machen, wie die Menschen früher gelebt haben – denn aus ihrer Sicht wird die Geschichte dargestellt.

D 8 Streitgespräch zwischen Dilgo und Mirtani

In dem Jugendbuch „Die Sonne bleibt nicht stehen" lernt der junge Steinzeitjäger Dilgo das Bauernmädchen Mirtani kennen. Beide verlieben sich ineinander. Doch die großen Unterschiede zwischen ihren Lebensweisen führen zu vielen Spannungen und Missverständnissen. Das zeigt folgender Streit:

„Was ist das?" flüsterte Mirtani erschrocken.

„Ein verletzter Wolf. Er muss schreckliche Schmerzen haben. Komm!"

Mirtani wollte Dilgo zurückhalten, aber er war schon losgelaufen, genau in die Richtung, aus der das Heulen kam. Widerstrebend folgte sie ihm. Sie kamen in einen lichten Eichenwald. Das Heulen wurde immer lauter. Dilgo rannte so schnell, dass Mirtani nicht mitkam. Als sie ihn eingeholt hatte, kniete er am Boden unter einer Eiche.

Mirtani näherte sich vorsichtig. Sie schaute Dilgo über die Schulter. Sie sah den herabgestürzten Stein und das zuckende Hinterteil des Wolfes. Sein Vorderteil war nicht zu sehen. Es war unter dem Stein begraben. Festgeklemmt lag der Wolf da, mit zerschmetterten Schultern. Also hatte es geklappt – es war ihrem Vater und ihrem Bruder gelungen, einen Wolf in der Falle zu fangen.

Dilgo zog sein Messer vom Gürtel. Er schob es unter den Leib des Wolfes. Dann stieß er kräftig zu.

Das Heulen verstummte. Das Zucken hatte ein Ende.

Dilgo stemmte sich gegen den Steinbrocken und versuchte ihn wegzuheben. Es ging nicht. Der Stein war zu schwer. Da stand Dilgo langsam auf und drehte sich zu Mirtani um. Mirtani erschrak. Dilgos Gesicht war blass und von Tränen überströmt. Seine Augen waren fast schwarz und sein Ausdruck ganz fremd. Was hatte er nur?

Heiser sagte er: „Es ist eine Wölfin. Sie hat Milch in den Zitzen. Jetzt werden ihre Jungen verhungern." Und plötzlich schrie er los: „Das wart ihr! Ihr! Ihr! Was seid ihr bloß für Menschen! Wie könnt ihr nur so grausam sein, so hinterhältig und so gemein!"

Mirtani starrte ihn an. Was war in ihn gefahren? Wie konnte er sie so anschreien, ihr solche Dinge an den Kopf werfen? Zorn stieg in ihr auf, aber sie versuchte sich zu beherrschen. Mühsam sagte sie: „Aber wir müssen uns doch gegen die Wölfe wehren. Wir müssen sie doch ausrotten."

„Ausrotten?", schrie Dilgo nun vollends außer sich. Er packte Mirtani an den Schultern und schüttelte sie heftig. „Ausrotten? Heißt das, dass ihr alle Wölfe hier im Wald auf diese niederträchtige Art umbringen wollt?"

Mirtani wand sich unter seinem Griff. Was fiel Dilgo eigentlich ein so mit ihr umzuspringen! „Ja, das heißt es! Die Wölfe reißen unsere Ziegen und unsere Kälber. Wir lassen uns doch unsere Tiere nicht von den Wölfen auffressen!"

Dilgo ließ sie los. Er schrie jetzt nicht mehr, seine Stimme war ganz kalt und voller Hass: „Eure Tiere! Es gibt keine Tiere, die euch gehören! Tiere gehören nicht den Menschen. Tiere gehören sich selbst. Aber davon habt ihr ja keine Ahnung!"

„Du hast keine Ahnung!" Nun konnte sich Mirtani nicht mehr halten. „Du hast keine Ahnung davon, wie viel Mühe es macht, die Rinder und Ziegen zu hüten und zu schützen und ihre Pferche zu bauen und dafür zu sorgen, dass sie im Winter genug zu fressen haben. Das ganze Laub, das dafür gesammelt werden muss! Und dann kommt so ein Rudel Wölfe und frisst uns unsere Tiere weg! Unsere Tiere, jawohl! Aber von denen verstehst du ja nichts!"

„Ach, ich verstehe nichts von Tieren? Ich lebe nur mit ihnen, als ob sie meine Brüder und Schwestern wären. Aber richtige Tiere, nicht solche widersinnigen Zerrbilder wie eure Rinder es sind! Ein Auerochse, das ist ein wirkliches, ein herrliches Tier, aber wozu habt ihr ihn gemacht! Ihr macht ja alles kaputt. Alles, was ihr in die Hand nehmt, zerstört ihr. Die Auerochsen. Die Wölfe. Den Wald. Wenn ich sehe, was ihr aus dem Wald hier gemacht habt, kann ich nur heulen. Zerstörung, nichts als Zerstörung! Und darauf seid ihr auch noch stolz!"

„Nun hab dich bloß nicht so mit deinem Wald! Der Wald ist riesengroß. Was macht es da aus, wenn wir ein Stück davon roden! So etwas Lächerliches, was sollen ein paar gefällte Bäume schon schaden! Du bist nur neidisch, weil ihr das nicht könnt! Nichts könnt ihr! Ihr könnt keine Bäume fällen und keine Häuser bauen, ihr könnt keine Tiere züchten und keine Gefäße töpfern und ihr könnt schon gar nicht einen Acker bestellen und Getreide ernten und Korn mahlen und Brot backen! Ihr seid so stolz darauf, dass ihr euch so gut an Tiere anschleichen könnt und seltene Pflanzen findet. Was ist das schon! Das können die Tiere auch! Aber was wir machen, das können nur Menschen. Nur wir! Nicht ihr!"

Dilgo war leichenblass geworden. Stumm stand er da und sah Mirtani fremd an. „So ist das also", sagte er leise.

„Ja, so ist das! Wenn ich denke, dass ich für dich so leben wollte wie du! Ohne Haus und ohne meine Familie und ohne Brot! Aber das ist vorbei. Zum Glück! Geh du in deinen Wald und zu deinen Wölfen! Die liebst du ja mehr als mich!" Damit drehte sie sich um und lief davon.

Dilgo stand wie vom Donner gerührt. Endlich rannte er ihr nach. „Mirtani!", schrie er.

Sie blieb stehen und fuhr ihn an: „Lass mich! Ich will dich nicht mehr sehen! Ich gehe zurück zu meiner Familie. Und nie mehr, hörst du, nie mehr will ich dich wieder sehen."

Gabriele Beyerlein/Herbert Lorenz, Die Sonne bleibt nicht stehen. Eine Erzählung aus der Jungsteinzeit, Würzburg 1998, S. 107–109.

Methodische Arbeitsschritte:

1. Wer sind die Hauptfiguren? Charakterisiere sie mit passenden Adjektiven. Lassen sie sich bestimmten gesellschaftlichen Gruppen zuordnen?
2. Aus wessen Sicht wird die Handlung geschildert? Warum hat der Autor diese Figur(en) gewählt?
3. Welche Konflikte stehen im Mittelpunkt der Handlung? Was scheinen die Ursachen dieser Konflikte zu sein? Liegen sie eher im Charakter der Figuren begründet oder in den unterschiedlichen Lebensweisen?
4. Wird die Geschichte zeitlich genau eingeordnet? Welche Informationen geben Hinweise auf die historische Zeit, in der sie spielt?
5. Woher hat der Autor seine Informationen über die Epoche? Belegt er seine historischen Kenntnisse? Dazu findest du häufig auch Informationen in den Texten auf dem Umschlag, im Vorwort, Nachwort oder der Einleitung.
6. Was sagt die Erzählung über die Zeit aus, in der sie spielt? Was für ein Bild will der Autor von dieser Zeit vermitteln?

Wagen aus der Jungsteinzeit, D9 rekonstruiert nach im Moor gefundenen Einzelteilen. Spurbreite: 1,53 m, Radhöhe: 90 cm, Länge ohne Deichsel: 2,30 m. Überlege, wie die Erfindung von Rad, Achse und Wagen das Leben der Steinzeitmenschen verändert hat.

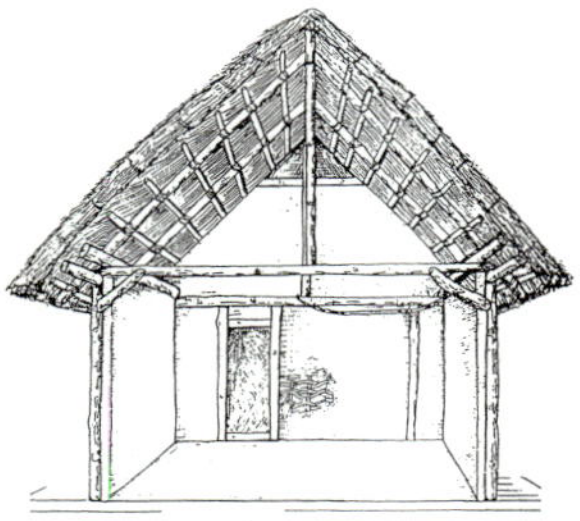

D10 Ein Haus aus der Jungsteinzeit

In Rosdorf (Kreis Göttingen) fanden Archäologen Überreste eines jungsteinzeitlichen Hauses. Es war ca. 26 m lang und ca. 6 m breit. Dicke Holzpfosten trugen das 6 m hohe Dach, dünnere Pfeiler stützten die 1,70 m hohen Außenwände. Die Wände wurden mit Lehm verputzt, den die Menschen aus Gruben neben dem Bauplatz entnahmen. Erkläre, was du aus dem Grundriss über das Aussehen und die Bauweise des Hauses ablesen kannst. Vergleiche deine Erkenntnisse mit der Zeichnung und dem nachgebauten Haus: Welche Informationen benötigt man zusätzlich zum Grundriss, um das Haus vollständig zu rekonstruieren?

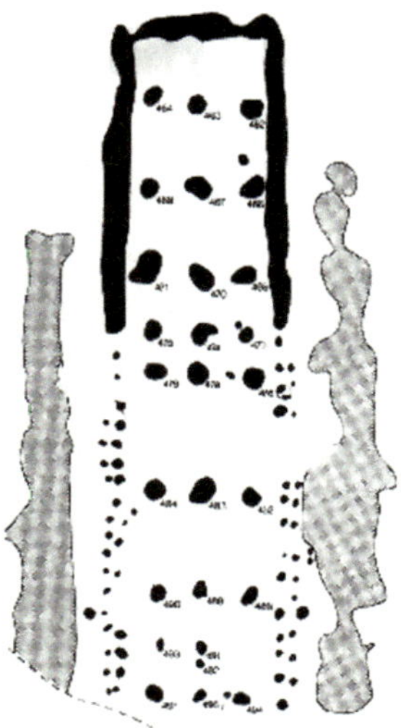

Fragen und Anregungen

1. Von 1 km^2 Land konnten sich 1 Jäger, 6 Viehzüchter und 20 Bauern ernähren. Berechne und zeichne selbst: Wie viel Raum braucht ein Jäger, Viehzüchter und Bauer für seine Ernährung? Gehe in deiner Zeichnung für den Bauern von 1 cm^2 Fläche aus.
2. Schreibe die wichtigsten Merkmale der jungsteinzeitlichen Lebensweise aus dem Text heraus (D7).
3. Zu den Bildern (D6) lassen sich Geschichten erzählen. Wähle auf jedem Bild eine (möglichst ähnliche) Figur aus und schildere ihren Tagesablauf. Welche Arbeiten mussten erledigt werden, welche Aufgaben und Pflichten gab es? Wie würden die Bilder zu anderen Jahreszeiten aussehen?
4. Stelle fest, wo die Einschätzungen der Forscher einander widersprechen. Überprüfe, was sie als Begründungen anführen (D3–5).
5. Mirtani nennt Gründe, warum der Wolf gefangen und getötet werden muss (D8). Suche sie aus dem Text heraus. Dilgo hat eine ganz andere Ansicht. Gib sie in eigenen Worten wieder.
6. Bei dem Streit zwischen Mirtani und Dilgo geht es nicht nur um den Wolf. Überlege, was die tiefere Ursache dafür ist, dass Dilgo und Mirtani sich in diesem Punkt nicht verstehen (D8).
7. Wo prallen heute verschiedene Kulturen aufeinander? Stelle mögliche Streitpunkte zusammen.

5. Handwerker und Händler – die Metallzeit

ca. 4500–4200 v. Chr.	Im Vorderen Orient und auf dem Balkan beginnen die Menschen mit der Kupfergewinnung. Die Menschen entwickeln die Bronzetechnik.
4000–2200 v. Chr.	Kupferzeit in Mitteleuropa
2200–750 v. Chr.	Bronzezeit in Mitteleuropa
ca. 1200–750 v. Chr.	Die Menschen fangen an, Eisen zu verarbeiten (Eisenzeit).

Kupfer und Bronze

Auch bei den Bauern und Viehzüchtern blieb zunächst Stein das wichtigste Material zur Herstellung von Werkzeugen. Aber dann entdeckten die Menschen einen neuen Werkstoff, die Metalle. Schon im 8. Jahrtausend v. Chr. hatte man kleine Kupferklumpen verarbeitet, die man in den Flüssen finden konnte.
Um 4500 v. Chr. entwickelten die Menschen neue Verfahren zur Gewinnung und Verarbeitung von Kupfer. Sie bauten das erzhaltige Gestein ober- oder unterirdisch ab. Die ersten einfachen Bergwerke entstanden. Erst wurde das Gestein mit Feuer erhitzt, dann plötzlich mit Wasser abgekühlt. So bildeten sich Risse. Mit Schlägel und Hacke löste man die Felsstücke ganz ab. Dann wurden sie zermalen. So konnte man das Erz vom unbrauchbaren Gestein trennen. Für den eigentlichen Schmelzvorgang wurde der Ofen aus Stein oder Ton unten mit Holzkohle, darüber mit Erz gefüllt. Um das Kupfer zum Schmelzen zu bringen, waren Temperaturen von über 1000° C notwendig. Durch das Schmelzen erhielt man reine Kupferstücke. Für die Herstellung eines Geräts wurde das Kupfer noch einmal geschmolzen und dann in eine Form aus Holz, Ton oder Stein gegossen.
Aus Kupfer konnte man Waffen, Geräte und Schmuck herstellen. Kupfer ist ziemlich weich. Deshalb lässt es sich gut formen, aber es ist nicht sehr widerstandsfähig. Bald fanden die Menschen heraus, dass sich ein festeres Metall ergab, wenn man Kupfer und Zinn (im Verhältnis 9:1) mischte: die Bronze. Sie war fast so hart wie Stein.

Q1 Funde aus dem Fürstengrab vom Glauberg
1994 entdeckte man bei Grabungen am Fuße des Glaubergs in Hessen einen keltischen Grabhügel. Die Kelten bewohnten das Gebiet des westlichen Deutschland, Frankreichs und Großbritanniens. Das Grab stammt aus dem 5. Jahrhundert v. Chr. In einer Grabkammer fand man die Überreste eines Fürsten. Er trug kostbaren Schmuck, u. a. den goldenen Halsring (rechts), neben ihm lagen ein Eisenschwert und weitere Waffen sowie die kunstvolle Schnabelkanne aus Bronze (links).

Der „Keltenfürst" vom Glauberg Q2
In der Nähe des Fürstengrabes entdeckte man die lebensgroße Statue mit einer Blattkrone auf dem Kopf. Ihre Ausrüstung gleicht der des toten Fürsten: Sie trägt einen Halsring, einen Ring am rechten Ringfinger und einen Armreif am rechten Handgelenk. Wie der Tote hält sie einen Schild und trägt rechts ein Schwert (von vorne nicht sichtbar). Vermutlich soll die Statue den toten Fürsten darstellen.

Eisen

Erst im letzten Jahrtausend v. Chr. kam ein Werkstoff auf, der wiederum der Bronze an Härte und Haltbarkeit überlegen war: das Eisen. Allerdings lösten die neuen Materialien die alten nicht schlagartig ab. Kupfer und Bronze waren wertvoll, deshalb benutzten die meisten Menschen noch immer Alltagsgeräte aus Stein.

Handwerk, Handel und Herrschaft

Geräte aus Metall wurden rasch zu einer begehrten Handelsware. Denn im Norden und Osten Europas gab es kaum Kupfervorkommen und die Techniken der Metallverarbeitung waren nicht leicht zu beherrschen. Das führte zu erneuten Veränderungen im Zusammenleben der Menschen. Es entwickelten sich besondere Berufe: Bergleute, Schmiede oder Bronzegießer waren Spezialisten für die Metallbearbeitung. Händler übernahmen den Transport und den Austausch von Geräten und Schmuck. Der Besitz der Menschen nahm zu. Es gab Reichere und Ärmere, Mächtigere und Schwächere. Immer öfter lebte man in größeren Stammesgruppen zusammen, an deren Spitze Fürsten oder Häuptlinge standen.

Eisenwerkzeuge der Kelten aus Manching in Bayern
Dort wurde ein keltischer Ort ausgegraben, der um 150 v. Chr. entstanden sein muss.

PROJEKT

Kupferschmuck selbst gemacht

Aus einem Kupferdraht könnt ihr einen Arm- oder Fußring herstellen, wie ihn die Menschen der Bronzezeit getragen haben. Ihr benötigt einen Draht von 1 Meter Länge und 1,5 Millimeter Dicke. Mit einer Rundzange biegt ihr die Drahtenden zu einem kleinen Kreis. Wickelt den Draht in der Mitte einmal um euer Handgelenk; beide Drahtenden müssen gleich lang sein. Zieht euren Arm aus dem Draht heraus. Mit der Zange dreht ihr beide Enden zu Spiralen auf. Am Ende sieht euer Schmuckstück so ähnlich aus wie dieser alte Fußring.

Bronze- und Eisenzeit

Seit ungefähr 4000 v. Chr., in Mitteleuropa etwa seit 2500 v. Chr. lernten die Menschen Geräte aus haltbarem Metall herzustellen – erst aus Kupfer, dann aus Bronze, seit etwa 750 v. Chr. schließlich aus Eisen. Metallgeräte waren jedoch kostbar. Im Alltag blieb Stein der wichtigste Werkstoff.

Fragen und Anregungen

1. Listet auf, welche besonderen Kenntnisse und Fähigkeiten die Menschen haben mussten, um Metalle wie Kupfer oder Eisen bearbeiten zu können.
2. In Manching wurden Werkzeuge und Haushaltgeräte wie Kesselhaken, Bratspieße, Gabeln und Hausschlüssel aus Eisen gefunden. Benennt die Werkzeuge (Q3–6). Vergleicht ihre Form mit der heute gebräuchlichen. Schätzt den Entwicklungsstand der Werkzeugherstellung damals ein.
3. Erklärt, wie die Archäologen erkennen konnten, dass der Tote im Grab ein Fürst war (Q1, Q2).
4. Schmiede waren in der Eisenzeit sehr angesehen. Findet eine Begründung dafür. Nennt Sagen oder Märchen, in denen Schmiede eine Rolle spielen.
5. Fasst die Informationen von Q3–Q6 zusammen. Beschreibt, wie sich die Lebensweise und das Zusammenleben der Menschen verändert haben. Welche Schlüsse könnt ihr aus dem Fund von Hausschlüsseln ziehen?

Mit deinem Geschichtsbuch lernen

Lesen ist eine der wichtigsten Lerntätigkeiten im Geschichtsunterricht. Einen großen Teil eures Wissens eignet ihr euch trotz Fernseher und Radio durch Lesen an. Es ist deshalb wichtig, dass ihr euer Lesen gut vorbereitet und euren Lerngewinn gezielt festhaltet.

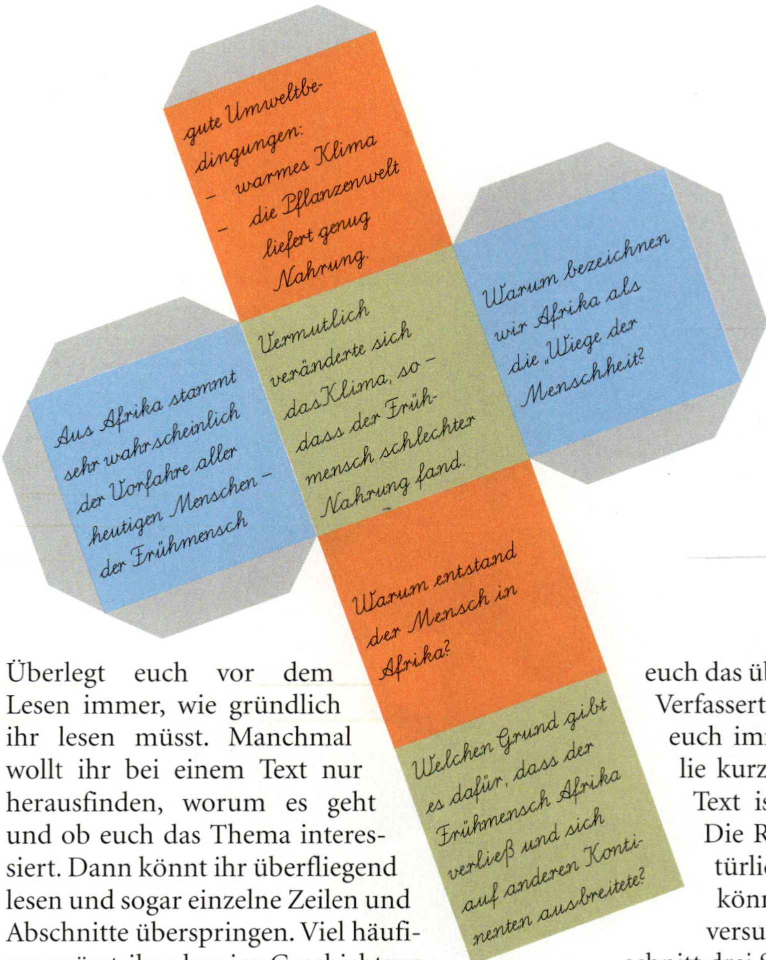

Der Lernwürfel zur Randbemerkung „Afrika – Wiege der Menschheit"
Zeichnet zuerst eine Bauanleitung des Würfels. Diese kopiert ihr dann am besten auf leichten Karton. Beschriftet den Würfel, bevor ihr ihn zusammenbaut.

Überlegt euch vor dem Lesen immer, wie gründlich ihr lesen müsst. Manchmal wollt ihr bei einem Text nur herausfinden, worum es geht und ob euch das Thema interessiert. Dann könnt ihr überfliegend lesen und sogar einzelne Zeilen und Abschnitte überspringen. Viel häufiger müsst ihr aber im Geschichtsunterricht gründlich lesen, um einen Text genau zu verstehen. Fürs gründliche Lesen gibt es verschiedene Techniken, die ihr lernen könnt und mit „Geschichte und Geschehen" auch lernen werdet. All diesen Techniken ist gemeinsam, dass ihr den Text zuerst überfliegend lest, damit ihr ungefähr wisst, worum es geht, dass ihr danach den Text langsam und Satz für Satz durcharbeitet und dass ihr schließlich das Gelesene in irgend einer Form schriftlich festhaltet und dadurch sichtbar macht.

Eine der wichtigsten Lesehilfen bei den Verfassertexten in „Geschichte und Geschehen" sind die Randbemerkungen (Marginalien). Sie erleichtern euch das überfliegende Lesen. Bevor ihr einen Verfassertext ausführlich studiert, schaut euch immer zuerst die jeweilige Marginalie kurz an. Dann wisst ihr, wie lang der Text ist und worum es ungefähr geht. Die Randbemerkungen eignen sich natürlich auch für die Wiederholung. Ihr könnt sie herausschreiben und dann versuchen zum entsprechenden Abschnitt drei Sätze zu formulieren.

Am besten lernt man, wenn Lernen Spaß macht. Deshalb könnt ihr auch spielerisch und gemeinsam das Wichtige aus den Kapiteln festhalten. Fertigt zu einzelnen Randbemerkungen oder den Themen ganzer Kapitel Lernwürfel an: Schreibt zu den Grundbegriffen und Absätzen in einem Verfassertext drei Fragen auf und notiert diese auf drei Seiten des Lernwürfels. Passt aber auf, dass ihr die Antworten auf die Felder schreibt, die den entsprechenden Fragen gegenüber liegen. Tragt dann alle Würfel in der Klasse oder eurer Lerngruppe zusammen. „Knobelt" gemeinsam und achtet darauf, dass die Antworten bei euren Mitschülern richtig sind.

LEBEN IN FRÜHEN HOCHKULTUREN

Der Nil, der Euphrat und der Tigris – drei große Ströme der Antike – ermöglichten die Entstehung der ersten Hochkulturen der Erde: Ägypten und Mesopotamien. Bis heute geben sie uns viele Rätsel auf. Beim Betrachten dieser Seite fallen euch bestimmt Fragen dazu ein, was euch an den alten Hochkulturen genauer interessiert.

Bemaltes Holzmodell eines Kornspeichers
Arbeiter bringen Getreide und füllen es in den Speicher. Grabbeigabe, 44 cm lang, 28 cm breit, um 2000 v. Chr.

Innerer Sarg des Tutanchamun
aus Gold, Halbedelsteinen und Glas. 14. Jahrhundert v. Chr.

Ägypten – Land am Nil

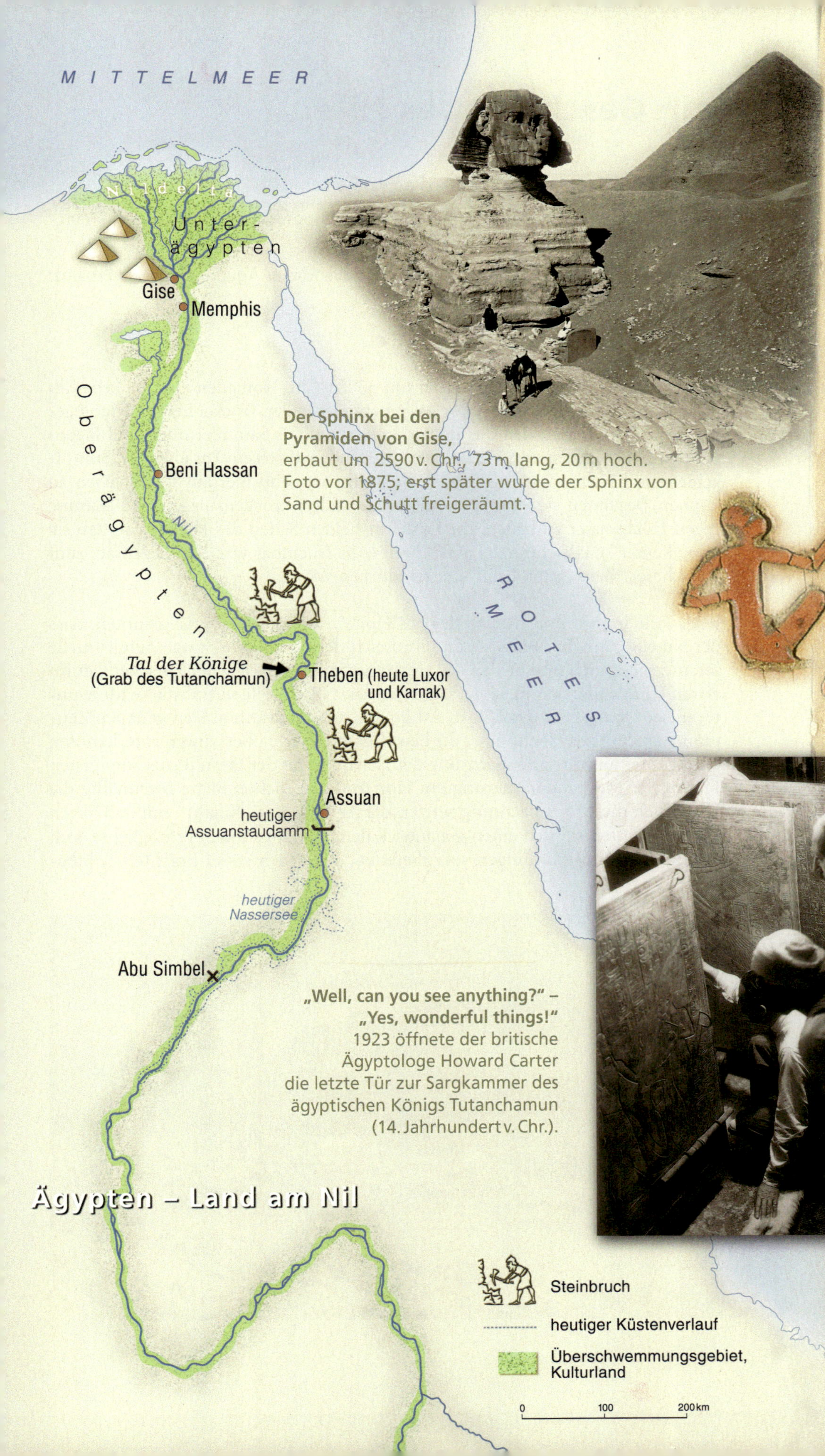

Der Sphinx bei den Pyramiden von Gise,
erbaut um 2590 v. Chr., 73 m lang, 20 m hoch. Foto vor 1875; erst später wurde der Sphinx von Sand und Schutt freigeräumt.

„Well, can you see anything?" – „Yes, wonderful things!"
1923 öffnete der britische Ägyptologe Howard Carter die letzte Tür zur Sargkammer des ägyptischen Königs Tutanchamun (14. Jahrhundert v. Chr.).

1. Ägypten – ein Geschenk des Nils?

ca. 3000 v. Chr.	Ober- und Unterägypten werden ein gemeinsames Reich.
ca. 1600–1000 v. Chr.	Im „Neuen Reich" regieren die Pharaonen Hatschepsut, Echnaton, Tutanchamun, Ramses II. u. a.
30 v. Chr.	Nach einem Sieg über Kleopatra VII. machen die Römer Ägypten zu einer Provinz des Römischen Reiches.

Das Volk am Fluss

In die Tiefebene des Nils wanderten um 5000 v. Chr. Nomaden ein. Ihr Leben in der nordafrikanischen Steppe war wegen zunehmender Trockenheit schwierig geworden. Im Niltal wurden die Nomaden sesshaft; aus Sammlerinnen und Jägern wurden Ackerbauern und Viehzüchter. Sie fanden aber kein Paradies vor. Sumpfgebiete und Hochwasser bedrohten die Menschen. Um hier auf Dauer leben zu können, begannen sie Sümpfe von Papyruswäldern trockenzulegen und Dämme gegen Hochwasser zu bauen. Ihr Land auf beiden Seiten des Flusses nannten sie nun „Kemet", das „schwarze Land" , weil es so fruchtbar war, im Gegensatz zum „Descheret", dem „roten Land" der feindlichen Wüste.

Leben mit der Natur

Jedes Jahr im Sommer führte der Nil Hochwasser. Die Ägypter glaubten, dass der Nil ein göttlicher Fluss sei und im Reich der Götter entspringe. Seine Quelle sei unerschöpflich und bringe das Hochwasser. Ein griechischer Forscher, der im ersten Jahrhundert v. Chr. lebte, sagte aber, die Nilschwelle sei auf starke Monsunregen im Quellgebiet des Nils in Äthiopien zurückzuführen. Den genauen Zeitpunkt, an dem das Hochwasser die bewohnten Gebiete überschwemmte, kannten die Ägypter aus ihrer Beobachtung der Natur: Wenn der Stern Sirius zum ersten Mal in der Morgendämmerung am Horizont auftauchte, folgte regelmäßig die Flut. Nach dieser Beobachtung setzten die Ägypter das „Niljahr" mit 365 Tagen fest. So schufen sie sich einen genauen Kalender, der es ihnen ermöglichte, sich auf die Überschwemmungen vorzubereiten. Das Hochwasser brachte fruchtba-

Q1 Das Niltal bei Beni Hasan heute
Beschreibt den Lebensraum der Ägypter. Erklärt, warum man vom „Volk am Fluss" spricht. Foto um 1990

ren Schlamm für die Felder der Bauern mit. Deshalb erwarteten die Ägypter jedes Jahr das Wasser mit großer Hoffnung.

Wenn die Überschwemmung langsam zurückging und der fruchtbare Schlamm auf den Feldern liegen blieb, kamen Abgesandte des Königs. Sie beherrschten die Kunst, die Einteilung der Felder zu berechnen. Es waren die Feldvermesser, die den Bauern das zu bebauende Land zuteilten. Damit nach der Aussaat genügend Wasser vorhanden war, bauten die Bauern gemeinsam Dämme, Kanäle und Schöpfvorrichtungen, um das Wasser auf die höher gelegenen Felder zu transportieren. War das Getreide reif, kam der Schreiber, führte Buch über die Ernte und legte die Steuern fest. Er hielt die Angaben für Gerste in schwarzer und für Emmer, eine andere Getreideart, in roter Tinte fest, damit es keine Verwechslung gab.

Q2 Das Schaduf, ein Schöpfgerät, benutzten die Ägypter seit ca. 1400 v. Chr. Vorlage für das Aquarell war eine inzwischen zerstörte Wandmalerei im Grab des Ipui, Deir el-Medina, ca. 1240 v. Chr. Versucht anhand des Gemäldes zu erklären, wie das Schaduf funktionierte.

Der Nil stellt Aufgaben

Der Nil wurde zum Mittelpunkt des Lebens aller Ägypter; er war ihre Heimat und sie waren ein „Volk am Fluss". Sie erkannten, dass sie die Aufgaben nicht einzeln bewältigen konnten. Das ging allein nach Absprache oder in Übereinstimmung mit den anderen. Nur in der Gemeinschaft gab es für alle ein sicheres Auskommen. Jeder Einzelne hatte dabei einen Teil der gemeinsamen Aufgaben zu erfüllen.
Im Laufe der Zeit bildeten sich für bestimmte Aufgaben Spezialisten. Schon ab etwa 3300 v. Chr. gab es für die Verwaltung Beamte. Eine für alle wichtige Persönlichkeit war z. B. der „oberste Scheunenverwalter". Er war für die Versorgung der Bevölkerung zuständig und kümmerte sich darum, dass Getreide für Notfälle abgeliefert und in großen Kornkammern gelagert wurde. Ein anderer hoher Beamter war der, „der die Kanäle anlegt". Er musste neben der Aufsicht über die Bewässerungsanlagen auch Abgaben eintreiben lassen.

Q3 Getreide wird von der Spreu getrennt
Wandmalerei aus dem Grab eines Tempelastronomen in Theben, um 1400 v. Chr. Beschreibt, wie das gedroschene Korn von der Spreu getrennt wurde.

Q4 Felder nach dem Nilhochwasser
Zurück bleibt eine schwarze Schlammschicht.

Q5 Über den Nil schrieb der ägyptische Dichter Cheti *diesen Text, der auch als Übungstext in den Schulen in Ägypten verwendet wurde:*

Sei gegrüßt Nil, der aus der Erde herauskommt und herbeikommt, um Ägypten zu ernähren; von Rê (dem falkenköpfigen Gott) erschaffen, um alle Durstigen zu beleben. Der Gerste schafft und Emmer entstehen lässt. Ist er träge (bei geringer Überschwemmung), dann werden die Nasen verstopft und jedermann verarmt. Wenn er steigt, dann ist das Land in Jubel, dann ist jeder Bauch in Freuden. Herr der Hoheit, der alles Gute bringt, der den Herden das Futter bringt, der jedem Gott Schlachtopfer zukommen lässt, der die Speicher füllt und die Scheunen weit macht, der den Armen Besitz gibt. Der Bäume wachsen lässt, der das Schilf hervorbringt durch seine Kraft. Niemand weiß, wo seine Quelle ist, der zu seiner Zeit kommt, Ober- und Unterägypten zu füllen. Der Frieden schafft, einer, dem keine Grenzen gesetzt werden können. Nil, komm nach Ägypten, lass die Gesetze entstehen.

Jan Assmann (Hg.), Ägyptische Hymnen und Gebete . Zürich 1975, S. 500 ff. (Datierung ungewiss, gekürzt)

Q6 Saat und Ernte im Niltal
Der griechische Geschichtsschreiber Herodot (ca. 480–420 v. Chr.) schrieb nach einem Besuch in Ägypten:

Offenbar sind die Gebiete Ägyptens, die von Griechen besucht werden, Neuland (Schwemmland des Nils) und ein Geschenk des Stromes. (…) Die Ägypter ernten den Ertrag ihres Bodens heute recht mühelos wie kaum andere Menschen. Sie haben es nicht nötig, mühevoll mit dem Pflug Furchen zu ziehen, den Boden zu hacken oder Feldarbeiten zu tun, womit sich andere plagen. Der Strom kommt von selbst, bewässert die Äcker und fließt dann wieder ab. Dann besät jeder seinen Acker und treibt Schweine darauf. Wenn er die Tiere die Saat hat festtreten lassen, wartet er ruhig die Ernte ab. (…) Über die Natur des Flusses habe ich weder von den Priestern noch von sonst jemand etwas erfahren können. Ich hätte gern wissen wollen, warum der Fluss von der Sommersonnenwende an fast 100 Tagen so wasserreich strömt, und auch, warum er danach wieder zurückgeht.

Herodot, Historien II, 4, 5, 19, übers. v. J. Feix. München 1977, S. 203 ff.

Fragen und Anregungen

1. Erklärt, was ihr auf dem Bild Q4 erkennen könnt. Warum legten die Ägypter ihre Felder so an?
2. Der Dichter Cheti sagt, man wisse nicht, wo die Quellen des Nils seien (Q5). Verfolgt in einem Atlas den Flusslauf und sucht nach seinen Quellen.
3. Warum meint Herodot, Ägypten sei „ein Geschenk des Stromes"? (Q6) Er behauptet auch, viele Ägypter ernteten recht mühelos. Überprüft, ob ihr dieser Einschätzung zustimmen könnt. (VT, Q2–4).
4. Stellt euch vor, der Dichter Cheti nähme euch nach der Nilschwelle mit auf eine Nilfahrt. Ihr berichtet in einer Reportage für eure Heimatzeitung eure Beobachtungen und Erlebnisse (Q5).
5. Von 1960 bis 1970 wurde in Ägypten der Assuanstaudamm gebaut (s. Karte auf der ADS). Ein Ägypter sagte: „Der Staudamm hat auch seinen Preis. Aber unser Leben ist besser als vorher. Das nennen wir Fortschritt!" Erkundigt euch über den Assuandamm. Was hat der Ägypter gemeint?

2. Schule, Schrift und Schreiber

um 3000 v. Chr.	Die Ägypter entwickeln eine Schrift.
1822 n. Chr.	Der Franzose François Champollion entziffert die Hieroglyphen.

Schreiberfigur Q1
Bemalte Grabstatue aus Kalkstein
(53 cm hoch, 43 cm breit), um 2500 v. Chr.

Eine Schrift wird notwendig

Als der Dichter Duauf – er lebte im 2. Jahrtausend v. Chr. – seinen Sohn Phiops in die Schreiberschule schicken wollte, erklärte er ihm die Vorzüge seines Berufes: „Auf das Schreiben sollst du deine Gedanken richten; ich kenne keinen Beruf, der mit dem des Schreibers zu vergleichen wäre. Es gibt nichts, was über die Bücher ginge." Obwohl die meisten Ägypter weder lesen noch schreiben konnten, war Schreiben in ihrer Gesellschaft von großer Bedeutung. Schon lange vor Duauf hatten die Ägypter eine Schrift erfunden. Wozu diente sie?
Vielfältig waren die Aufgaben, die die Bewohner des Niltales zu bewältigen hatten. Sie brauchten nämlich Merkzeichen, um bedeutende Ereignisse, wie z. B. die Nilschwelle, registrieren zu können. Listen über Vorräte und Abgaben der Bauern mussten angelegt, Berichte der Beamten verfasst, Aufträge und Befehle geschrieben werden. Das gesprochene Wort reichte nicht mehr aus. Die ältesten schriftlichen Überlieferungen waren Beschriftungen für Wirtschaftsgüter, aber auch Texte, in denen sich Könige selbst darstellten. Die Erfindung der Schrift war der entscheidende Schritt für die Entwicklung zu einer „Hochkultur". So erleichterten die Ägypter nicht nur ihren Arbeitsalltag, sie konnten auch Kenntnisse und Traditionen bewahren und an nachfolgende Generationen weitergeben.

Hieroglyphen werden entziffert

Die älteste Schrift nannten die Ägypter „Gottesworte". Wir finden sie heute noch an Wänden in Grabmälern und Tempeln, in Stein gehauen oder in Holz geschnitzt. Die Griechen konnten die Schriftzeichen nicht lesen und nannten sie Hieroglyphen; das bedeutet „heilige Einritzung". Die Schrift veränderte sich im Laufe der Jahrtausende. Auch die Zahl der verwendeten Hieroglyphen schwankte zwischen etwa 1000 und mehr als 7000.
Die Hieroglyphen bestanden aus Bild-, Laut- und Deutzeichen. Bildzeichen erklärten sich selbst, also ★ = Stern und O = Sonne. Tätigkeiten ließ man durch Personen darstellen, z. B. Sitzen durch einen sitzenden Mann, Geben durch eine ausgestreckte Hand. Weniger anschauliche Begriffe wurden durch anschauliche gekennzeichnet:

Q2 **Schreibwerkzeug**
mit Farbpalette.
Binsen dienten als Pinsel.

Hochkultur

Der Begriff bezeichnet ein Volk, das schon früh Schrift und Zeitrechnung, Leistungen in Kunst, Literatur und Architektur, städtische Siedlungen, eine Verwaltung und eine von den Menschen anerkannte Ordnung – wir nennen das Staat – vorzuweisen hatte. Dadurch unterscheiden sich Hochkulturen von dörflich-bäuerlichen Völkern. Eine leistungsfähige Landwirtschaft produzierte Ernteüberschüsse, mit denen man Handel treiben konnte. So entstanden immer spezialisiertere Berufe. Frühe Hochkulturen entwickelten sich oft an großen Flüssen (Nil, Euphrat und Tigris, Indus, Hwangho); dazu auf Kreta, in Kleinasien und Mittelamerika.

Q3 Thot, der Gott der Schrift und Wissenschaften, dargestellt als Pavian (16,5 cm hoch), 1. Jahrtausend v. Chr.

Ein Segel bedeutete Wind, ein Bierkrug Bier. Schriftzeichen mussten auch gesprochen werden, darum besaßen sie einen Lautwert. Eine Hand stand für „d" oder eine Hacke für „mr". Die Ägypter schrieben keine Vokale, deshalb benutzten sie Deutzeichen. Ein Beispiel aus unserer Sprache soll das erklären. Die Konsonanten „l" und „b" kommen in mehreren Wörtern vor, etwa in Lob, Liebe oder Elbe. Um deutlich zu machen, welches Wort gemeint war, wurden hinter die Zeichen „lb" Deutzeichen gesetzt. So könnte ein Orden bedeuten, dass es Lob heißt, eine Wellenlinie könnte für Elbe stehen und ein Herz für Liebe.
Lange war der Sinn der Hieroglyphen ein Rätsel. Nach vielen Versuchen gelang es dem Franzosen François Champollion im Jahre 1822 die Schrift zu entziffern. Auf einem im Niltal gefundenen Stein entdeckte er einen Text, der in Hieroglyphen und Griechisch gleich lautend geschrieben war. Champollion ging vom bekannten Text in Griechisch aus, entdeckte dort die Namen zweier Könige, Kleopatra und Ptolemäus, und fand sie im Hieroglyphentext wieder – der Schlüssel zur Lösung des Rätsels war gefunden.

Papyrus wird zu Papier

Neben den Hieroglyphen gab es für den täglichen Gebrauch eine einfachere Schrift. Dafür benötigten die Ägypter ein Material, das schnell und billig zu beschaffen war. Sie entwickelten den Papyrus, das Papier des Altertums. Die Papyruspflanze gab es im Nildelta in großen Mengen. Man schrieb mit Binsen und benutzte schwarze und rote Tinte, die man aus Ruß bzw. aus rotem Ocker gewonnen hatte.

In die Schule darf jeder

Der Dichter Duauf berichtet, dass die Schüler im Alter zwischen fünf und zehn Jahren in die Schule kamen. Sie stammten aus allen Bevölkerungsschichten. Der Besuch einer Schule war kein Vorrecht, sondern jedem Jungen gestattet. Wir kennen den Bericht eines Priesters, der sagte, er sei dank seiner Klugheit „in die Schule aufgenommen worden" und „von seiner Armut bis zum Dolmetscher für jedes Ausland aufgestiegen". Mädchen dagegen besuchten die Schule selten. Es gab aber auch Frauen, die das Schreiben beherrschten.
Neben dem Schreiben gab es die Unterrichtsfächer Lesen, Mathematik, Bildhauerei, Malerei, Geografie und Sport. Erziehung und Lernen waren für die Ägypter ein Teil der göttlichen Ordnung. Die jungen Menschen sollten erkennen, dass sie wie die Erwachsenen ein Teil der allgemeinen Ordnung seien. Die Ägypter glaubten, dass diese Ordnung nur mit strenger Disziplin zu bewahren sei.

Papyrusernte Q4
Relief aus dem Grab des Nefer, ca. 2400 v. Chr. Die Bauern schnitten die Stängel in dünne Streifen und legten sie in zwei Lagen kreuz und quer übereinander. Durch Pressen und Schlagen verklebte das aus den Stängeln austretende Mark. Welche Tätigkeiten könnt ihr auf dem Bild erkennen?

D1 Hieroglyphen

Die Vokale nehmen Forscher als gesprochene Laute an.

Hieroglyphen	Gegenstand	Laut	Bedeutung
	Brot	t	
	"Sandalen-riemen"	anch	leben
	Schilfrohr	i	
	Brettspiel	men	bleiben
	Wasser	n	
	Zepter	heka	Herrscher
	Korb	neb	Herr
	Mistkäfer	cheper	verwandeln/ Verwandlung
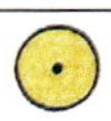	Sonne	rê	Sonnengott

Q5 Schultag eines Jungen, ca. 1200 v. Chr.:

Mit einem „Wach auf, an deinen Platz!" wird der Junge geweckt. „Die Bücher liegen schon vor deinen Kameraden. Bring deine Kleider in Ordnung (der Junge schläft in seiner Kleidung) und zieh die Sandalen richtig an!", so fing der Tag an. Dann hieß es: „Du legst deine Aufgaben täglich ordnungsgemäß vor. Sei nicht faul! Man gibt auf: 3 + 3 (...). Dann fängst du an, ein Buch zu lesen, rechnest und bist dabei still. Lass keinen Laut aus deinem Mund hören! Schreibe mit deiner Hand und lies mit deinem Mund! Faulenze nie oder wehe deinen Gliedern! Suche zu verstehen, was dein Lehrer will, höre auf seine Mahnungen; werde ein Schreiber!"

Zit. nach: E. Brunner-Traut, Die Alten Ägypter, Stuttgart 1987, S. 72 f.

Q6 Der Dichter Duauf an seinen Sohn Phiops, *ca. 1250 v. Chr.:*

Ich lasse dich die Schriften mehr lieben als deine Mutter. Ich führe dir ihre Schönheit vor Augen; sie ist größer als die aller anderen Berufe und im ganzen Land gibt es nichts, was ihnen gliche. Kaum ist ein Schriftkundiger herangewachsen, wird man ihn grüßen. Der Steinmetz graviert mit dem Meißel in allerlei harten Steinen. Hat er die Arbeit vollendet, so versagen ihm seine Arme und er ist müde. Der Töpfer steckt in seinem Lehm; der beschmiert ihn mehr als ein Schwein. Wenn der Weber den Tag vollbracht hat ohne zu weben, wird er mit 50 Peitschenhieben geschlagen. Siehe, es gibt keinen Beruf, in dem einem nicht befohlen wird, außer dem des Schreibers; da ist er es, der befiehlt. Wenn du schreiben kannst, wird dir das mehr Nutzen bringen als alle Berufe, die ich dir genannt habe. Nützlich ist dir schon ein Tag in der Schule und eine Ewigkeit hält die in ihr geleistete Arbeit vor.

Zusammengestellt nach: Geschichte in Quellen, Bd. I, München 1978, S. 29 f.

Türschild von Amenophis II. (König 1436–1413 v. Chr.) Q7

Die Inschrift lautet: „Der geliebte Sohn des Rê, Amenophis, der Gott und Herrscher von Theben, wird ewig leben." In dem ovalen Rahmen, der Kartusche, steht der Königsname.

Fragen und Anregungen

1. Probiert aus, wie die Hieroglyphenschrift funktionierte, und denkt euch Deutzeichen zu Konsonanten aus (z. B. d + m: Damm, Dame, Dom).
2. Der zweite Name König Tutanchamuns lautete „Neb-cheper-rê". Findet heraus, wie das geschrieben wurde und was es bedeutete (D1).
3. Welche der Hieroglyphen auf dem Türschild (Q7) könnt ihr erkennen und „übersetzen"?
4. Der Text Q5 wurde in Schulen als Schreibübung verwendet. Überlegt, welche Wirkung er auf Schüler haben sollte. Fasst zusammen, was der Text über den Beruf des Schreibers aussagt.
5. Der Pharao hat euch zu Schreibern ernannt. Die Handwerker beschweren sich, dass nur sie hart arbeiten müssten (Q6). Wie verteidigt ihr euch?
6. Stellt euch vor, ihr lebtet zur Zeit des Phiops. Ihr hättet andere Fächer, Lehrer und Schulfreunde. Was fändet ihr gut, was nicht? (VT, Q5 und 6)

3. Der Pharao – Gott und König

Der König – Bewahrer der Weltordnung

Der griechische Geschichtsschreiber Herodot bezeichnete die Ägypter als die frömmsten aller Menschen. Sie glaubten an viele Götter. Die Welt der Götter war von der Welt der Menschen streng getrennt. Die Verbindung zwischen Göttern und Menschen war der König. Seine herausragende Stellung zeigte sich in verschiedenen Namen und Titeln. Der erste war „lebender Horus auf Erden". Damit war der König dem Himmelsgott Horus gleichgestellt, er war Stellvertreter des Gottes auf der Erde. Außerdem wurde der König als „Sohn des Rê", des Sonnengottes, oder „Herr von Ober- und Unterägypten" bezeichnet.

Er war also Herr über seine Untertanen, ihm gehörte das ganze Land mit allen Produkten. In seinem göttlichen Amt konnte der König nach Überzeugung der Ägypter niemals Fehler machen, denn er übte seine Herrschaft im Auftrag der Götter aus. Seine wichtigste Aufgabe war es, die von den Göttern festgelegte Weltordnung, die Maat, zu bewahren. Sie gab allen Ägypterinnen und Ägyptern Gerechtigkeit und Ordnung. Das Gegenteil von Maat waren Schlechtigkeit und Lüge. Diese Eigenschaften würden die Welt ins Chaos stürzen. Nur der König konnte die Maat garantieren, weil nur er als „Herr der Maat" die Ordnung festsetzen konnte. Wie wichtig die Maat für die Ägypterinnen und Ägypter war, können wir in einer Grabinschrift lesen: „Nur der Mensch bleibt bestehen, der der Maat entspricht".

Pharao – „Großes Haus"

Den Palast des Königs nannten die Ägypter „Großes Haus". In der Sprache der Ägypter hieß das „Pharao"; darum nannten sie ab etwa 1500 v. Chr. ihren König Pharao. Da diese Häuser aus Lehm und nicht wie die Pyramiden aus Stein gebaut wurden, ist von ihnen fast nichts erhalten. Von Bildern wissen wir aber, dass es großzügige Häuser mit prächtigen Gärten waren. Viele Diener standen dem Pharao zur Seite; es gab „Geheime Räte des königlichen Schmucks", „Sandalenverwalter" oder „Haarmacher". Bei wichtigen Staatsangelegenheiten trug der Pharao prächtige Kleider wie den Königsrock und Schmuck. Krummstab und Geißel (Peitsche) waren Zeichen für Macht und Würde und verliehen Kraft und Schutz der Götter. Ein göttliches Zeichen war auch der Zeremonialbart, den sich der König umbinden konnte. Nie ging er ohne Schminke, die ihn nicht nur schöner machen sollte, sondern auch gegen Ungeziefer schützte. Nur wenige Ägypterinnen und Ägypter durften den Pharao sehen. Jeder, der zu ihm vorgelassen wurde, musste sich zu Boden werfen. Zu den Pflichten des Pharaos gehörte es, Gesandtschaften zu empfangen, die Posten hoher Beamter zu besetzen und über Krieg und Frieden zu entscheiden. Wenn der Pharao starb, war er für die Ägypterinnen und Ägypter nicht tot, sondern vereinigte sich mit dem Gott der Unterwelt, Osiris. So lebte der König weiter.

Q1 Eingeweidesarg Tutanchamuns aus Gold, Halbedelsteinen und Glas (ca. 40 cm lang), 14. Jahrhundert v. Chr. Geier und Schlange auf der Stirn waren Zeichen seiner Herrschaft über Ober- und Unterägypten und sollten den Pharao beschützen.

Q2 „Freundlich sein ist gut"

schrieb der Pharao Meri-Ka-Rê an seinen Sohn, ca. 1480 v. Chr.:

Sei geschickt im Reden, damit du die Oberhand behältst; Reden ist erfolgreicher als Kämpfen. Ahme deine Väter nach, die vor dir gestorben sind. Sei nicht böse; freundlich sein ist gut. Zeige dich deinem Land gütig, man preist deine Güte und betet für deine Gesundheit. Mache deine Beamten vermögend, damit sie nach deinen Gesetzen handeln. Wer reich ist, ist nicht parteiisch. Sag die Wahrheit in deinem Hause, dann haben die Großen vor dir Respekt. Tu du als Pharao das Rechte, quäle keine Witwe. Hüte dich davor, ungerechterweise zu strafen. Mache keinen Unterschied zwischen dem Sohn eines Vornehmen und dem niedriger Herkunft, hole dir einen Mann wegen seiner Fähigkeiten.

Zit. nach: Geschichte in Quellen, Bd. I, München 1978, S. 24 f.

König Mykerinos (2489–2471 v. Chr.) Q3
Links und rechts von ihm stehen zwei Göttinnen. Mykerinos hat die Statuengruppe selbst in Auftrag gegeben. Sie wurde in seinem Totentempel aufgestellt.
Schieferrelief (ca. 92 cm hoch), um 2480 v. Chr.

Herrschaft

Herrscher oder Herrschergruppen üben Macht aus über Menschen, die ihnen untergeben und von ihnen abhängig sind. Herrschende sind die mächtigsten Personen in einem Staat. Sie haben das Recht, Gesetze für die Untertanen ihres Reiches zu erlassen und Befehle zu erteilen. Sie können auch einzelne Rechte an Personen übertragen, die ihnen unterstellt sind, sich aber durch besondere Fähigkeiten auszeichnen. Diese Personen üben die Herrschaft dann im Auftrag der Herrschenden aus.

Monarchie

(griech.: Alleinherrschaft) Staatsform, in der ein Einzelner, der Monarch, die Herrschaft ausübt. Monarchen sind z. B. Könige und Königinnen oder Kaiser. Sie rechtfertigen ihre Alleinherrschaft meist mit dem Willen der Götter. Monarchen herrschen ihr Leben lang, danach wird die Thronfolge an die Nachkommen vererbt oder ein Nachfolger gewählt. In Ägypten bezeichnet man die Alleinherrschaft des Pharaos als Königtum; der Begriff „Monarchie" wurde zum ersten Mal um 400 v. Chr. von griechischen Gelehrten verwendet.

Fragen und Anregungen

1. Überlegt, was der Pharao mit den Ratschlägen an seinen Sohn beabsichtigt hat (Q2).
2. Beschreibt, wie der Sargdeckel des Tutanchamun auf euch wirkt (Q1). Die Gegenstände und Symbole könnt ihr deuten, wenn ihr die Bildlegende und den Verfassertext zuhilfe nehmt.
3. Beschreibt das Standbild (Q3). Überlegt, warum sich Mykerinos mit den beiden Göttinnen hat darstellen lassen. Lest dazu im Verfassertext und in den Grundbegriffen nach.
4. Vergleicht die beiden Pharaodarstellungen (Q1 und Q3). Erklärt, was sie jeweils über die Bedeutung des Pharaos aussagen.

Informationen aus Schaubildern entnehmen

Ein Schaubild stellt geschichtliche Informationen übersichtlich dar. Es kann auch schwierige Themen auf einen Blick zusammenfassen. Schaubilder richtig zu „lesen", will jedoch gelernt sein. Hier zeigen wir euch, wie ihr ein Schaubild zum Aufbau der ägyptischen Gesellschaft verstehen und aus ihm wichtige Hinweise erhalten könnt.

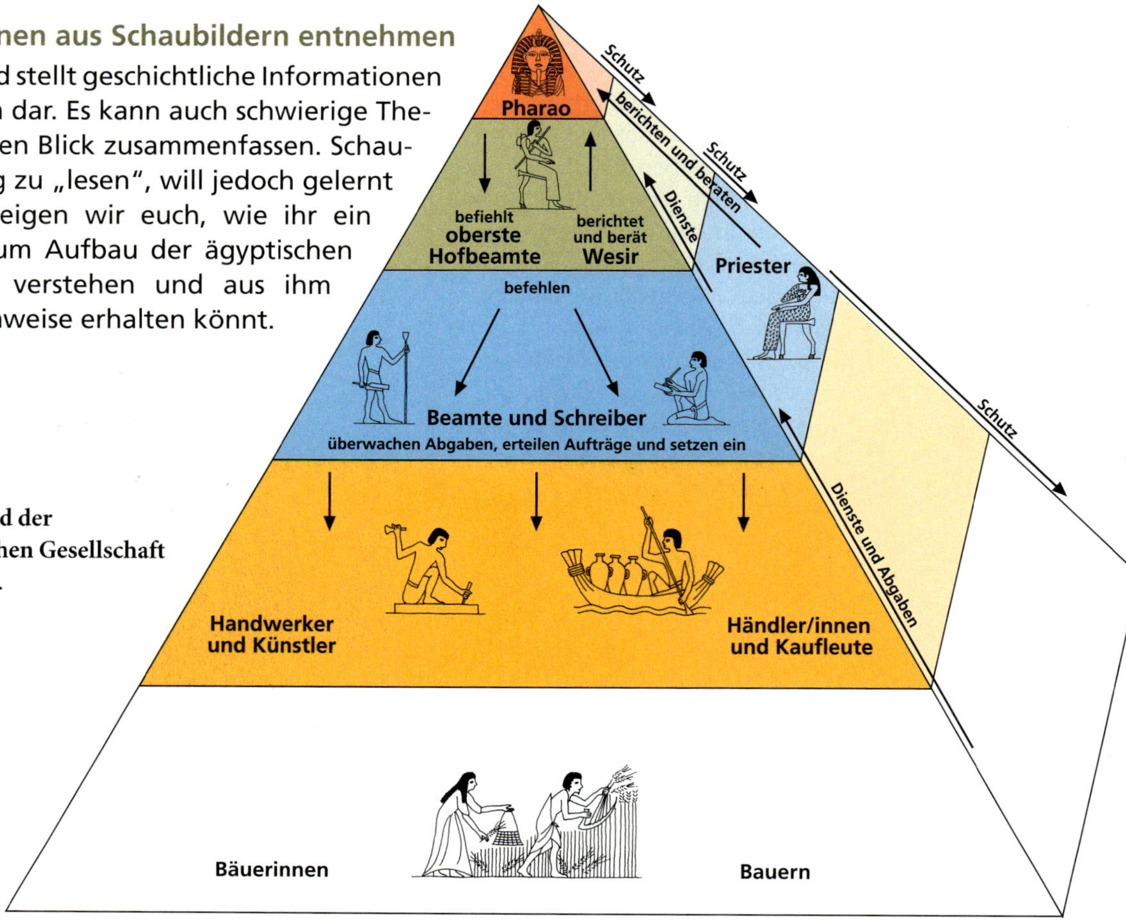

D1 **Schaubild der ägyptischen Gesellschaft** um 2200 v. Chr.

Der Pharao nahm in der Rangordnung der Gesellschaft (Hierarchie) den ersten Platz ein. Darum ist er in dem Schaubild ganz oben eingesetzt. Alle wichtigen Entscheidungen traf er selbst und teilte seine Anordnungen dem Wesir, dem obersten Beamten, mit. Umgekehrt berichteten ihm der Wesir, die obersten Hofbeamten und die Priester über die Ereignisse in seinem Reich und berieten ihn. Der Pharao war dafür verantwortlich, seine Untertanen zu beschützen und für ihr Wohlergehen zu sorgen. Das Schaubild gibt auch Auskunft darüber, wie die anderen Gruppen der ägyptischen Gesellschaft miteinander zusammenhingen.

Hierarchie

(griech.: heilige Ordnung) Hierarchie bezeichnet die Rangordnung, also das Oben und Unten bzw. Nebeneinander in einer Gesellschaft. In einer Hierarchie werden oben Entscheidungen gefällt und jeweils von den nächsten Untergebenen ausgeführt. Auf welcher Stufe der Rangordnung Menschen stehen, hängt z. B. davon ab, ob sie arm oder reich sind, hohes oder niedriges Ansehen besitzen, viele oder wenige Rechte haben oder als Frau oder Mann geboren wurden.

Methodische Arbeitsschritte:

1. Stellt fest, welches Thema das Schaubild behandelt. Die Legende gibt dazu Informationen.
2. Untersucht, warum einzelne Teile des Schaubildes in verschiedenen Farben bzw. größer oder kleiner dargestellt werden.
3. Arbeitet heraus, an welchen Stellen Pfeile/Linien verwendet werden. Was sagen sie über die Beziehungen zwischen Personen und Gruppen aus?
4. Welche Form wurde gewählt (z. B. Pyramide)? Überlegt, welchen Zusammenhang es zwischen dem Thema und der Form des Schaubildes gibt.

D2 Mein Vater fährt im Auftrag der Verwaltung oder des Tempels mit dem Boot in ferne Länder. Er bringt Gold, Edelsteine, Weihrauch, Parfüm und Gewürze mit. Die wertvolleren Waren gehören natürlich dem Pharao. Den Rest verkauft meine Mutter auf dem Markt. Bald darf ich mit meinem Vater mitfahren.

D3 Meine Eltern gehören zu den einflussreichsten Menschen in Ägypten und beraten sogar den Pharao. Sie sorgen dafür, dass die Götter in richtiger Weise verehrt werden und bereiten den göttlichen Pharao nach seinem Tod für seine Fahrt ins Totenreich vor. Wir leben in der Tempelstadt. Im Lebenshaus erlerne ich alle heiligen Handlungen, Gebete und geheimen Künste, um später das Amt meiner Eltern zu erben.

D4 Unsere ganze Familie bestellt die Äcker des Pharaos. Unser Dorf muss den größten Teil der Ernte bei den Beamten des Pharaos abliefern. Für uns bleibt nur wenig zum Leben. Wer seine Abgaben nicht entrichtet, wird in die Kupferbergwerke geschickt. Bei Hochwasser arbeitet mein Vater im Auftrag der Beamten auf der Pyramidenbaustelle.

D5 Mein Vater ist sehr geachtet und wichtig für den Pharao. Sein Vorgesetzter ist der Wesir. Mein Vater kann lesen und schreiben, er treibt Steuern ein, kontrolliert die Arbeit der Bauern und notiert den Bestand an Vieh und Getreide. Bei guter Arbeit kann er in der Beamtenlaufbahn aufsteigen. Wir leben sehr angenehm. Nach zwölf Jahren Schreiberschule kann auch ich den Beruf meines Vaters ausüben.

D6 Meine Mutter ist Parfümherstellerin. Duftstoffe sind in unserem Land sehr begehrt. Wir leben ganz gut, obwohl wir einen Teil des Parfüms als Steuer an die Schreiber abgeben müssen. Den Rest tauschen wir gegen Brot, Bier und manchmal Fleisch. Für eine Schreiberlehre reicht es aber nicht.

D7 Mein mächtiger Vater sorgt dafür, dass die Befehle des Pharaos ausgeführt werden. Er legt die Steuern fest und schlichtet Streitigkeiten. Bei wichtigen Entscheidungen holt der Pharao Ratschläge von meinem Vater ein. In einem Palast werde ich als sein Nachfolger von einem Privatlehrer unterrichtet.

Fragen und Anregungen

1. Ordnet die Personen und Gruppen (D2–7) in die Gesellschaftspyramide (D1) ein. Begründet eure Entscheidung.
2. Auf dieser Seite werden nur einige Berufe beschrieben. Informiert euch aus den anderen Kapiteln über weitere Personengruppen und ordnet sie in das Schaubild ein.
3. Sucht nach Gründen, warum die Personen in der Hierarchie weiter oben oder unten standen. Ihr könnt dazu die Begriffserklärung (links) lesen. Welche Rolle spielten eine Ausbildung oder die Nachfolge der Eltern?
4. Findet Zusammenhänge zwischen der Hierarchie und Armut bzw. Reichtum, hohem bzw. geringem Ansehen, vielen bzw. wenigen Rechten.
5. Entwerft ein Rollenspiel mit Personen aus verschiedenen gesellschaftlichen Gruppen. Verteilt die Rollen und denkt euch ein Thema aus, z. B.: Die Ernte in diesem Jahr war gut, deshalb fordern die Bauern eine Erhöhung der Getreidepreise.
6. Überlegt, wo euch heute Hierarchien begegnen, z. B. in der Schule. Welche Rechte und Pflichten haben die verschiedenen Personen? Diskutiert die Vor- und Nachteile einer solchen Organisation.

4. Die Frau – „Herrin des Hauses"

Das Leben der Frauen

Sicherlich ist euch aufgefallen, dass bisher meist nur von Männern die Rede war. Was aber erfahren wir über das Leben der Frauen, welche Rechte hatten sie im Vergleich zu den Männern? Wir finden viele Hinweise auf Wandmalereien in Gräbern, in Grabbeigaben und Papyrustexten. Diese Darstellungen beziehen sich aber auf das Leben im Jenseits. Es sind Wunschvorstellungen der Verstorbenen für das Leben nach dem Tod. Wie die Wirklichkeit aussah, können wir manchmal nur vermuten. Einiges verraten die Quellen aber schon.

In vielen Dingen war die Frau dem Mann rechtlich gleichgestellt. Sie durfte Verträge abschließen, vor Gericht Klage erheben und als Zeugin auftreten. Ihren eigenen Besitz durfte sie an ihre Kinder vererben. Ihre wichtigsten Aufgaben waren die Ehe, die Kinder zu erziehen und den Haushalt mit der Dienerschaft zu führen. Dazu gehörte auch die Verwaltung des Familienvermögens. In allen Quellen ist nur von verheirateten Frauen die Rede. Bei der Bestellung der Felder und bei der Ernte mussten die Frauen den Männern helfen.

Berufe ergreifen durften die Frauen in der Regel nicht. Dennoch finden wir Weberinnen, Spinnerinnen, Hebammen oder Frisörinnen. In den Quellen finden wir auch Hinweise auf eine Wesirin, eine Schatzmeisterin, auf Richterinnen, Priesterinnen und Schreiberinnen. Wie ist das zu erklären? Die Titel haben diese Frauen bekommen, weil ihre Männer diese Berufe ausübten. Es waren also keine Berufsbezeichnungen der Frauen, sondern Rangtitel. Eine Schule besuchen durften vor allem die Mädchen aus vornehmen Familien.

Q1 **Müllerin bei der Arbeit**
Kalksteinfigur (26 cm hoch), um 2400 v. Chr.

Eine Frau wird Pharao

Der Pharao musste nach Meinung der Ägypter immer ein Mann sein. Tapferkeit und Stärke waren männliche Eigenschaften. Einmal jedoch kam es anders. Als im Jahre 1490 v. Chr. der Pharao Thutmosis II. starb, übernahm seine Witwe Hatschepsut für den noch unmündigen Stiefsohn die Regierung. Die Königin gab die Macht dem Stiefsohn aber auch nicht zurück, als er volljährig geworden war. Damit geschah für die Ägypter etwas Unglaubliches: Eine Frau übernahm die männliche Rolle des Pharaos. Das erschien den Ägypterinnen und Ägyptern als Verstoß gegen die Weltordnung, die Maat. Hatschepsut verwaltete aber ihr Amt mit großem Erfolg. „Sie ist die Meisterin der Herrschaft, ihre Pläne sind ausgezeichnet!" Das sagte ein Ägypter über sie. Sie regierte zwanzig Jahre lang und brachte dem Land einen langen Frieden.

Q2 **Holzmodell einer Weberei**
aus dem Grab des Kanzlers Meketre in Theben, um 2000 v. Chr.
Viele Grabbeigaben zeigen Frauen bei der Arbeit im Haus. Allerdings wurden die meisten überlieferten Grabbeigaben verstorbenen Männern mit ins Grab gegeben; aus ihnen können wir nur ablesen, wie sich Männer die Frauenarbeit vorstellten. Ob die Arbeitsteilung zwischen Frauen und Männern wirklich so war, ist nicht klar.
Versucht, verschiedene Tätigkeiten zu erkennen.

Q3 Grabstein des Sched-iti-ef und der Nefer-chau-neb
um 2100 v. Chr.

Q4 Grabstein des Nit-Ptha, um 1950 v. Chr.
Nit-Ptha und sein Sohn Antef sind an der dunklen Hautfarbe zu erkennen. Der Herrschaftsstab symbolisiert die Ämter, die ein Mann ausübt. Seni, die Ehefrau, und die Tochter Ded halten Lotusblüten in den Händen, Zeichen für das Leben.

Q5 Lehre des Schreibers Ani an seinen Sohn,
um 1500 v. Chr.

Nimm dir eine Frau, solange du jung bist. Sie soll dir einen Sohn bringen und Kinder bekommen, solange du noch ein junger Mann bist. (…) „Wer ist der da?", fragt man immer. Ämter bringen ihre Regeln mit sich. Eine verheiratete Frau wird eingestuft nach ihrem Ehemann, ein Mann wird eingestuft nach seinem Rang. (…) Du sollst nicht deine Frau in ihrem Haus beaufsichtigen, wenn du weißt, dass sie tüchtig ist. Sage nicht „Wo ist denn das? Bring es her!", wenn sie es an die richtige Stelle getan hat. Lass sie dein Auge beobachten und schweige, dann wirst du ihre Geschicklichkeit kennen lernen. Welche Freude, wenn sie dann deine Hand empfängt.

Zit. nach: Hellmut Brunner (Hg.), Altägyptische Weisheit. Lehren für das Leben, Zürich/München 1988, S. 199, 205 und 210 f.

Q6 Hatschepsut, ein weiblicher Pharao
Teil eines Standbildes, um 1465 v. Chr.

Fragen und Anregungen

1. Vergleicht die Darstellung von Hatschepsut (Q6) mit der des Tutanchamun (S. 52, Q1). Was fällt euch auf? Überlegt, warum sich Hatschepsut so hat darstellen lassen.
2. Der Stiefsohn von Hatschepsut hat das Andenken an seine Mutter aus allen ihm erreichbaren gemalten oder in Stein gehauenen Bildern auslöschen lassen. Versucht zu erklären, warum er das tat.
3. Stellt dar, was wir über die Rolle von Frauen in Ägypten aus den Worten des Ani (Q5) erfahren.
4. Wie ist das Verhältnis zwischen Frau und Mann dargestellt und woran erkennt ihr das (Q3)?
5. Woran könnt ihr Vater und Sohn bzw. Mutter und Tochter unterscheiden (Q4)?
6. In einem Text, der in Schulen gelesen wurde, hieß es: „Wenn du ordentlich bist, gründest du dir einen Hausstand und liebst deine Frau nach der rechten Ordnung. Sie sei ein guter Acker für ihren Herrn." Erläutert, welches Bild der Frau hier vermittelt werden sollte.

5. Deir el-Medina – ein Dorf im Alten Ägypten

Zweigeschossiges Stadthaus Q1
Dorfhäuser wie in Deir el-Medina hatten nur ein Stockwerk. Kalksteinmodell, ca. 1500–1000 v. Chr.

Das Dorf in der Wüste

Bisher war von Schreibern, Priestern, Wesiren und Pharaonen die Rede. Über ihr Leben haben wir gute Kenntnisse. Bilder und Inschriften aus ihren Grabanlagen und Tempeln geben uns Auskunft. Wer aber hat diese Bauwerke errichtet, wer hat die Bilder an den Wänden gezeichnet? Es waren Handwerker und Arbeiter. Ihre Häuser waren meist aus Materialien gebaut (Nilschlammziegel, Palmblätter, Holz, Schilf und Stroh), die die Zeit nicht überstanden haben. Erhalten sind uns aber die Grundmauern einer Siedlung, nicht weit von Theben entfernt. Die Archäologen fanden Papyrusschriften, denen wir entnehmen können, dass das Dorf ungefähr zwischen 1500 und 1000 v. Chr. bewohnt wurde. Es heißt Deir el-Medina.

Arbeit für die Dorfbewohner

Die Bewohner dieses Dorfes bauten die Grabanlagen von Pharaonen und hohen Würdenträgern. In ungefähr 70 kleinen, gleich aussehenden Häusern lebten bis zu 700 Menschen. Eine hohe Ziegelmauer schützte das Dorf gegen wilde Tiere und gegen den Sand der Wüste. Dicht neben dem Dorf lag der Friedhof des Ortes. Tag für Tag brachten die Bewohner ihren Toten Nahrungsmittel. Sie glaubten, dass die Verstorbenen im Jenseits essen und trinken müssten und dass nur die Lebenden sie versorgen könnten.

Wenn ein hoher Würdenträger oder sogar der Pharao gestorben war, gab es Arbeit für die Menschen in Deir el-Medina. Sie erhielten nämlich den Auftrag, im Tal der Könige, das nicht weit vom Dorf entfernt lag, das Grab zu bauen, es auszumalen und zu pflegen. Eine wichtige Aufgabe war auch der Schutz des Grabes vor Grabräubern. Die Handwerker und Arbeiter bekamen als Lohn hauptsächlich Lebensmittel. Einmal im Monat kam der Abgesandte des Wesirs und verteilte im Auftrag des Pharaos an die Menschen in Deir el-Medina Dinkel und Gerste. Die Archäologen fanden eine Liste, nach der der Vorarbeiter und Aufseher fünf Sack Dinkel und zwei Sack Gerste, Arbeiter und Handwerker vier Sack Dinkel und einen Sack Gerste bekamen. Wächtern und Dienern standen weniger zu. Aus Dinkel und Gerste wurde Brot gebacken, Gerste nahm man zur Herstellung von Bier.

Ansicht eines Arbeiterhauses in Deir el-Medina D1
Den größten der Räume kann man mit zwei großen Schritten durchqueren. Der Fußboden besteht aus gestampftem Lehm, die Decke aus Palmzweigen. Die Wände sind mit Kalk weiß getüncht, damit man Spinnen und Skorpione besser sehen kann. Im Nebenraum und im Keller werden Haushaltsgegenstände, Werkzeuge, Kleidungsstücke und Nahrungsmittel aufbewahrt.

Es war das beliebteste Getränk. Außerdem erhielt jede Familie Trockenfisch, Salz, Gemüse, Datteln, Brennholz und Natron, was man als Seife benutzte. Fleisch, Wein und Honig gab es nur an Festtagen. Was die Familien nicht für die Ernährung brauchten, tauschten sie gegen Kleider, Töpfe oder andere wichtige Dinge.

In den Häusern von Deir el-Medina lebten viele Kinder. Eine Schule gab es für sie in diesem kleinen Ort nicht. Der Weg nach Theben war zu weit und zu gefährlich, er führte ein Stück durch die Wüste. Wandbilder und Grabbeigaben aus dem alten Ägypten geben uns Hinweise darauf, wie Mädchen und Jungen ihre Freizeit verbracht haben: Die Jungen trugen Wettkämpfe wie Ringen, Laufen, Springen und Stockfechten aus. Mädchen werden beim Tanzen und Balljonglieren gezeigt. Besonderen Spaß hatten die Kinder, wenn sie sich auf dem Nil mit langen Stangen aus den Booten zu stoßen versuchten. Viel Zeit zum Spielen gab es in Deir el-Medina aber nicht, denn die Kinder mussten schon früh ihren Eltern bei der Arbeit helfen.

Das ausgegrabene Deir el-Medina heute Q2
Die größeren Gebäude im Ort sind Tempelanlagen. Rechts sind die Ruinen des Friedhofs zu sehen, im Hintergrund die Überreste des Totentempels von Pharao Ramses III. Die Arbeiter von Deir el-Medina hatten ihn erbaut. Dahinter liegt das bewässerte, fruchtbare Land am Nil.

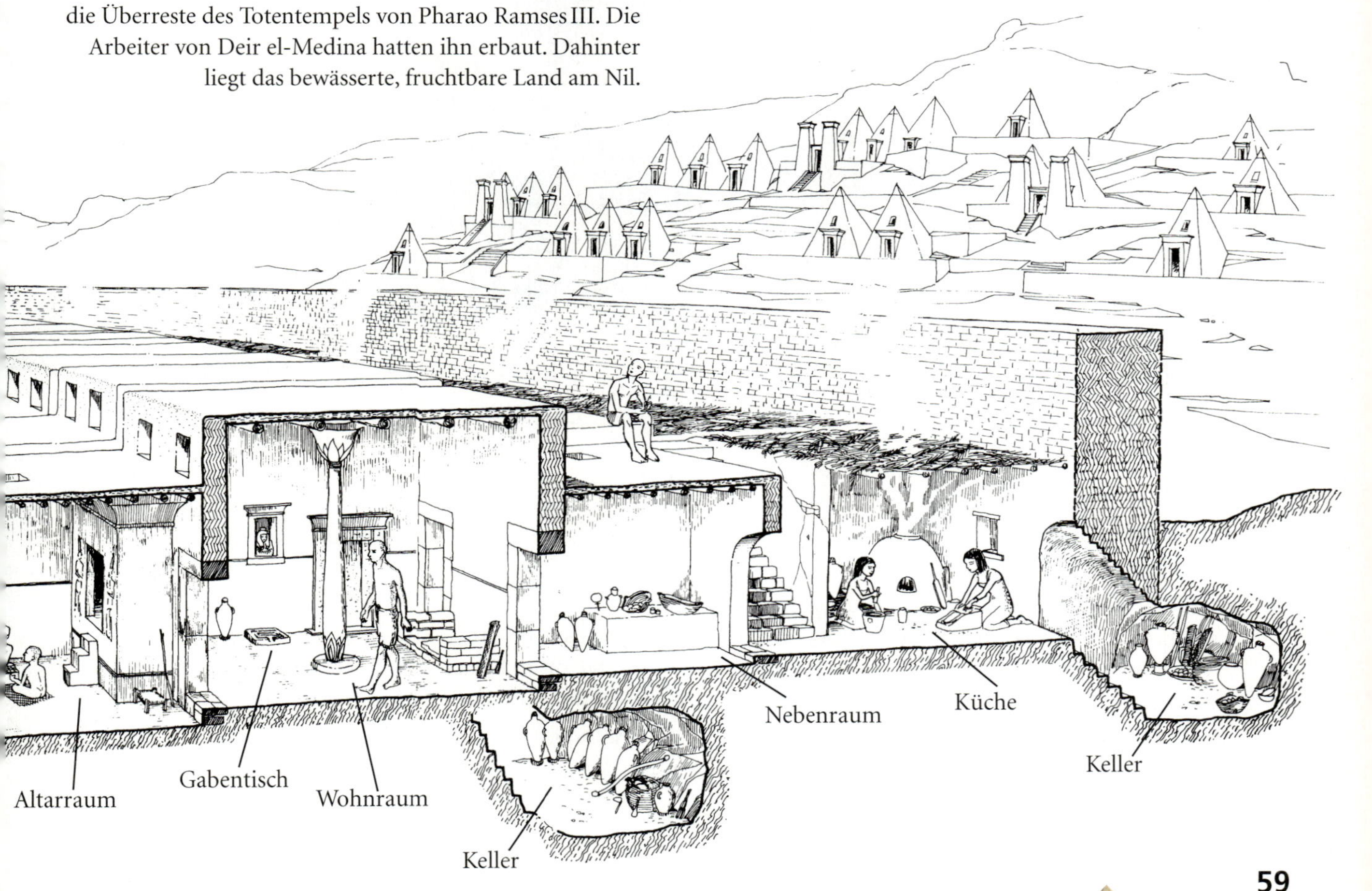

Q3 Beschwerdebrief der Arbeiter von Deir el-Medina an den Wesir Ta, um 1150 v. Chr.:

Ich teile meinem Herrn mit, dass ich an den Gräbern der Königskinder arbeite, deren Errichtung der Wesir befohlen hatte. Wir Arbeiter sind sehr elend geworden. Alle Sachen für uns, die das staatliche Schatzhaus, die Scheune und das Magazin uns liefern sollten, sind nicht verteilt worden. Nicht leicht ist das Tragen von Steinen! Man hat uns auch die 1 1/2 Sack Gerste fortgenommen, um uns stattdessen 1 1/2 Sack Dreck zu geben! Möge mein Herr handeln, sodass wir leben können, denn wir sind schon am Sterben. Wir haben kein Brot, wir haben keine Kleider. Denn man gibt uns nichts, gar nichts! Schreibt an den König, unseren Herrn, damit er uns zu leben gebe.

Die Arbeiter verweigern daraufhin die Arbeit, sie besetzen die Tempel der Stadt Theben mehrere Tage. Erst als die Lohnzahlungen endlich eintreffen, beruhigen sie sich wieder. Für die Streikaktionen wird niemand bestraft. Nach einiger Zeit jedoch wiederholt sich das Geschehen, als erneut kein Lohn gezahlt wird. Die Arbeiter beschuldigen diesmal sogar den Wesir, ihren Lohn für sich behalten zu haben. Wieder können sie ihre Forderungen durchsetzen, indem sie die Arbeit niederlegen. Angeblich handelt es sich hier um den ersten Streik in der Weltgeschichte.

Zit. nach Arne Eggebrecht, Das Alte Ägypten, München 1984, S. 219.

KLICK INS INTERNET

www.klett.de/extra

In der „Werkstatt" findet ihr eine Linkliste zu allen Themen des Buches. Schaut doch einmal nach, was ihr dort über das Alltagsleben im Alten Ägypten erfahrt!

Q4 Modell einer Viehzählung
aus dem Grab des Meketre in Theben (173 cm lang, 55,5 cm hoch), um 2000 v. Chr.

Fragen und Anregungen

1. Beschreibt, was ihr auf dem Bild der Ausgrabung von Deir el-Medina noch entdecken könnt (Q2).
2. Überlegt gemeinsam, warum die Ägypter das Dorf in die Wüste gebaut haben. Bedenkt, dass es fruchtbares Land nur am Ufer des Nils gab (Q2).
3. Fasst zusammen, worüber sich der Schreiber beschwert (Q3). Überlegt, warum er sich nicht erst an den nächsten Beamten, sondern gleich an den Wesir wendet.
4. Was fällt euch an der Bauweise der Häuser auf (Q1 und D1)? Sucht nach Gründen, warum es so wenige und so kleine Fenster gab.
5. Um euch die Größe vorstellen zu können, versucht im Klassenzimmer Räume nach der Zeichnung und der Beschreibung nachzustellen (D1).
6. Schaut euch das Modell (Q4) in seinen Einzelheiten an. Erkennt ihr, welche Aufgaben die Personen ausüben? Beschreibt die Handlung der Szene.

6. Pyramiden – Bauten für die Ewigkeit

um 2500 v. Chr.	Die Pyramiden von Gise werden gebaut.
um 1339 v. Chr.	Der Pharao Tutanchamun wird im „Tal der Könige" westlich von Theben bestattet. 1922 wird sein Grab entdeckt.

Dienerfiguren, so genannte Uschebtis, Q1 wurden dem Verstorbenen mit ins Grab gegeben. Sie sollten ihm die Pflichten abnehmen, falls ihn die Götter zur Arbeit riefen. Theben, um 1250 v. Chr., (34 cm hoch).

Rätselhafte Pyramiden?

Die bekanntesten Bauwerke in Ägypten sind die Pyramiden. Ungefähr 70 sind bis heute entdeckt und von den Archäologen erforscht. Schon im Altertum rechnete man sie zu den sieben Weltwundern. Vor einigen Jahren schrieb ein Schriftsteller, die Pyramiden seien von Außerirdischen gebaut worden. Kein Mensch hätte vor 4500 Jahren die Kenntnisse und Fähigkeiten gehabt, die Pyramiden mit solcher Genauigkeit und in der Größe zu errichten. Es hat in der Geschichte viele Versuche gegeben, den Sinn der Pyramiden zu erklären. Im Mittelalter z. B. meinten die Menschen, die Pharaonen hätten die Pyramiden als Kornspeicher erbauen lassen, um vor Hungersnöten sicher zu sein. Andere meinten, lange vor den Pharaonen hätte man die Pyramiden als Schutzbauten gegen die biblische Sintflut errichtet. Warum haben die Menschen so abenteuerliche Erklärungen gefunden? Was wissen wir wirklich?

D1 **Pyramidenbau – gerade oder umlaufende Rampen?**
Im Hintergrund seht ihr das Pyramidenfeld von Gise mit den Pyramiden der Könige Mykerinos, Chephren und Cheops (v. links n. rechts). Sie wurden in den Jahren 2510–2457 v. Chr. erbaut.
Für den Bau der Cheops-Pyramide nehmen Archäologen Rampen an, auf denen Mannschaften von Arbeitern die Steinblöcke mit Schlitten herbeischafften. Sand, Schlamm und Wasser dienten als Schmiermittel. Die Rampen wurden aus Steinen der nahen Steinbrüche und Sand gebaut. Beides konnte später als Füllmaterial im Innern der Pyramide wieder Verwendung finden. Wie die Rampen ausgesehen haben, darüber streiten sich die Forscher. Eine gerade auf die Pyramide zulaufende Rampe hätte die Ecken und Seiten der Pyramide freigelassen. So konnte ständig die richtige Neigung der Pyramide überprüft werden. Ab etwa 20 m Höhe wurde die Steigung für die Arbeiter unüberwindbar. Um die Steigung gering zu halten, hätte man die Rampe so lang bauen müssen, dass sie mehr Material verschlungen hätte als die ganze fertige Pyramide. Manche Fachleute nehmen mehrere Rampen an, die sich von unten um die Pyramide herumwanden. Auch diese Rampen wurden ab einer bestimmten Höhe zu steil. Wie die Pyramiden im oberen Teil bis zur Spitze gebaut wurden, ist unklar. Nach neueren Erkenntnissen arbeiteten die Ägypter mit Hebeln, Walzen, Brechstangen und Schlitten; kranartige Hebewerkzeuge wie etwa Flaschenzüge und auch das Rad waren zur Zeit des Pyramidenbaus noch nicht bekannt.

Die Cheops-Pyramide

Die größte der Pyramiden ist die des Pharaos Cheops. Sie ist 147 m hoch, eine Seite ist 230 m lang. Zum Bau benötigte man ca. 2,5 Millionen Steinblöcke, von denen jeder 2,5 Tonnen wog. Tausende von Ziegelmachern, Maurern, Zimmerleuten, Bildhauern, Malern, Steinmetzen u.a. waren auf der Baustelle beschäftigt. Den Transport der Steine leisteten Bauern in der Zeit, in der sie wegen der Nilschwelle nicht auf ihren Feldern arbeiten konnten. Den Wissenschaftlern geben die Pyramiden heute kaum noch Rätsel auf: Die Bauwerke sind Pharaonengräber, die die Mumien der verstorbenen Pharaonen in einer Grabkammer im Innern des Baus aufnehmen sollten. Die Technik, mit der die Pyramiden gebaut wurden, stellt uns allerdings vor Fragen, die noch nicht vollständig beantwortet sind. Ein „Geheimnis" bleibt außerdem: Warum haben die Ägypter für eine Grabstätte die Form einer Pyramide gewählt?

„Häuser für das ewige Leben"

Pyramiden waren „Häuser für das ewige Leben", denn die Ägypter waren fest davon überzeugt, dass es ein Weiterleben nach dem Tod gibt. Im Jenseits sehe das Leben nicht anders aus als bei den sterblichen Menschen. Damit es dem Toten im Jenseits an nichts fehlte, musste er durch die Angehörigen mit Lebensmitteln versorgt werden. Weil man aber nicht täglich Speisen ans Grab bringen konnte, ließ man sie an die Wände des Grabes malen. Die wichtigste Vorsorge für den Toten war die Erhaltung seines Körpers durch die Mumifizierung.

Die Mumie – ein Körper für die Ewigkeit

Wenn ein Ägypter gestorben war, begann für die Familie die Zeit der Trauer. Die Männer rasierten sich nicht mehr, die Frauen beschmierten ihr Gesicht mit Schlamm. „Klageweiber", die von den Trauernden bezahlt wurden, liefen durch die Straßen und riefen „Wehe, das Unglück!" Der Leichnam wurde dann zu den Einbalsamierern, die außerhalb der Siedlung arbeiteten, gebracht. Die Toten der armen Leute wurden in Binsenmatten gewickelt und in der Erde verscharrt. Für einen Pharao oder hohen Würdenträger kam nur ein Mumienbegräbnis infrage. Die Vorbereitungen dauerten bis zu 70 Tagen. Zuerst wurde dem Verstorbenen das Gehirn entfernt. Dann wurden alle Organe mit Ausnahme des Herzens aus dem Körper genommen und in besonderen Gefäßen, den Kanopenkrügen, einzeln einbalsamiert. Das Innere des Leichnams wurde mit Natron behandelt; damit wurde das Wasser dem toten Körper entzogen. Nur so konnte er vor dem Verwesen bewahrt werden. In einem weiteren Arbeitsgang wurde der Körper mit duftendem Harz gefüllt. Wenn nach ca. vierzig Tagen der Leichnam vollständig ausgetrocknet war, wurde Füllmaterial in den Körper gestopft, damit der Tote wieder die natürliche Form erhalten konnte. Zum Schluss wurde er mit langen Leinenstreifen umwickelt. Wenn er dann in einen Sarg gelegt worden war, wurde er in einem Trauerzug zum Nil getragen. Nach der Vorstellung der Ägypter fuhr er dann zum Westufer, zur Stadt der Toten. Hier wurde der Sarg ins Grab gelassen. Jetzt stand der Tote auf der Schwelle zum Jenseits. Bevor er es aber betreten durfte, musste er sich vor dem Totengericht verantworten. Das galt auch für einen verstorbenen Pharao.

Q2 **Die „Mundöffnung"** war ein Begräbnisritual wie die Berührung von Augen und Ohren. Der Tote sollte im Jenseits sprechen, sehen und hören können. Wandmalerei in einem Grab in Theben, um 1100 v. Chr.

Modellboot Q3
Solche Boote wurden den Toten mit ins Grab gelegt; sie sollten ihnen im Jenseits als Transportmittel dienen. Modell aus bemaltem Ton (55 cm lang), um 3500 v. Chr.

Q4 Über den Pyramidenbau

schrieb der griechische Geschichtsschreiber Herodot (484–425 v. Chr.) 2000 Jahre später:

Cheops [König 2545–2520 v. Chr.] hat das Land ins tiefste Unglück gestürzt. Er hat alle Ägypter gezwungen für ihn zu arbeiten. Die einen mussten aus den Steinbrüchen im arabischen Gebirge Steinblöcke bis an den Nil schleifen. (…) Andere mussten die Steine weiterschleifen bis hin zu den so genannten libyschen Bergen. (…) So wurde das Volk bedrückt und es dauerte zehn Jahre, ehe nur die Straße gebaut war, auf der die Steine hergeschleift wurden, ein Werk, das mir fast ebenso gewaltig erscheint, wie der Bau der Pyramide selber. Denn die Straße ist 890 m lang, 18 m breit, an der höchsten Stelle 14 m hoch und aus geglätteten Steinen hergestellt, in die Tiergestalten eingemeißelt sind. (…) An der Pyramide selbst wurde zwanzig Jahre gearbeitet.

Zit. nach: Geschichte in Quellen, Bd. I, bearb. von Walter Arend, München 1965, S. 15.

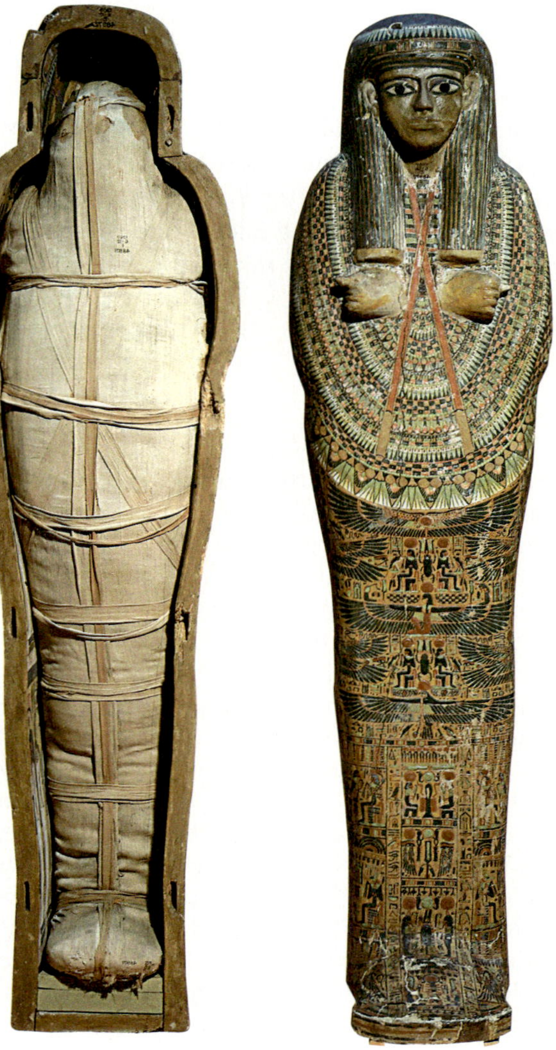

Q5 Mumie in reich bemaltem Sarg
Diese thebanische Priesterin wurde in einem Sarg in Menschengestalt bestattet (1,83 m lang), um 1000 v. Chr.

LITERATURTIPPS

Mumien und Pyramidenbau

Beide Bücher veranschaulichen ägyptische Totenrituale: Die Mumifizierung und den Pyramidenbau von der Planung über die Bautechnik und Organisation des Arbeitsheeres bis zur Grablegung des Pharaos.

James Putnam, Mumien. Das Geheimnis der konservierten Mensch- und Tierkörper, Hildesheim 1993, 64 Seiten.

David Macaulay, Wo die Pyramiden stehen, München 1986, 84 Seiten.

Fragen und Anregungen

1. Stellt die verschiedenen ägyptischen Totenrituale zusammen. Welche Informationen könnt ihr aus der Form der Begräbnisse und der Grabausstattung über die Vorstellung von einem Weiterleben im Jenseits ablesen (VT, Q1–4 und 6)?
2. Vergleicht die Höhe der Cheops-Pyramide (VT, Q2) mit dem höchsten Gebäude in eurem Wohnort. Wie oft passt eure Schule auf die Grundfläche der Pyramide? Sucht Gegenstände (z. B. Auto), die ein ähnliches Gewicht haben wie die Steinblöcke.
3. Informiert euch in Jugendbüchern oder im Internet über weitere Theorien, wie die Pyramiden gebaut worden sein könnten. Berichtet darüber und diskutiert die Vor- und Nachteile der verschiedenen, auch der hier abgebildeten Modelle (D1).
4. Herodot meint, Cheops habe mit dem Pyramidenbau „das Land ins tiefste Unglück gestürzt" (Q4). Vergleicht diese Ansicht mit den Informationen im Verfassertext über die Bedeutung der Pyramiden für die Ägypter. Bildet euch eine eigene Meinung.
5. Stellt euch vor, eure Heimatzeitung hätte euch zum Bau der Cheops-Pyramide geschickt. Verfasst einen Bericht.
6. Die Pyramiden gehören zu den „sieben Weltwundern". Erkundigt euch nach den anderen sechs.

EIN BILD ZUM SPRECHEN BRINGEN

Was Bilder über die Geschichte erzählen

Bilder sind wertvolle Quellen, denn sie können uns wichtige Informationen über die Vergangenheit geben. Wir erhalten auch Hinweise darüber, wie diejenigen, die die Bilder hergestellt haben, gedacht oder was sie mit ihrem Bild beabsichtigt haben. Um Bilder zum Sprechen zu bringen, müsst ihr genau hinsehen, was die Künstlerin oder der Künstler gemalt hat. Wir zeigen euch hier, welche Fragen ihr an ein Bild stellen solltet, um es zu entschlüsseln.

Das Bild wurde im Grab des Hunefer gefunden, es war nur für den Toten bestimmt. Kein Lebender konnte es sehen. Dargestellt ist der Augenblick, in dem der Verstorbene vor die Götter tritt und sich für die Taten in seinem Leben rechtfertigen muss. Er muss versichern, dass er keine Sünden begangen hat. Wenn ihm die Götter das glauben, kann er im Jenseits weiterleben.
Darstellungen vom Totengericht ähneln einander sehr. Immer ist der Verstorbene auf dem Weg zum Gericht zu sehen. Vor einer großen Zahl von Göttern bittet er – festlich gekleidet – um ein günstiges Urteil. Er wird vor eine Waage geführt. Hier wird sein Herz, dargestellt durch ein kleines Gefäß, gegen die Maat gewogen. Das Zeichen der Maat ist eine Feder. Herz und Maat müssen im Gleichgewicht sein. Ist das nicht der Fall, wird der Verstorbene von einem Ungeheuer gefressen.
Viele Götter treten auf. Sie sind meist in Menschengestalt mit Tierköpfen gezeichnet. Wichtig ist Anubis mit dem Hundekopf. Er ist der Wächter, der Aufpasser. Thot mit dem Kopf des Vogels Ibis ist der Gott der Schreiber. Der Gott Horus mit dem Falkenkopf ist der Begleiter der Toten. Der wichtigste und höchste Gott im Totengericht ist Osiris. Er ist der Gott der Unterwelt und entscheidet, ob der Verstorbene im Jenseits weiterleben darf. Meist ist er in ein Mumiengewand gekleidet und hat eine prächtige Krone auf dem Kopf. Zu ihm gehören seine Schwestern Isis und Nephthys.

Das Totengericht Q 6
Ausschnitt aus dem Totenbuch des Schreibers Hunefer.
Bemalte Papyrusrolle aus Theben (39 cm hoch), um 1285 v. Chr.

Methodische Arbeitsschritte:

Einzelheiten beschreiben

1. Welche Personen, Tiere und Gegenstände sind zu sehen? Wie sind die Figuren gekleidet, was halten sie in den Händen?
2. Handelt es sich um eine realistische Darstellung? Beschreibt, woran ihr das erkennen könnt.

Zusammenhänge untersuchen

3. Was tun die einzelnen Figuren? Welche Figuren gehören zusammen und welche Verbindungen gibt es zwischen ihnen?
4. Gibt es besonders wichtige Szenen, was steht im Mittelpunkt des Bildes? Stellt dar, woraus ihr das schließen könnt (Farben, Größe usw.).
5. Erkennt ihr einen Ablauf oder eine Aktion in der Darstellung?

Erklären, warum es so dargestellt ist

6. Wenn das Bild eine Legende hat, lest sie genau durch. Für wen ist das Bild gemalt worden? Wann und zu welcher Gelegenheit ist es entstanden?
7. Überlegt, was mit dem Bild erreicht werden sollte.

D2 Umrisse der Figuren im Wandbild

Fragen und Anregungen

1. Vergrößert die Umrissskizze (D2) für euer Heft. Lest den Text über das Totengericht und beschriftet die Figuren und Gegenstände in der Zeichnung.
2. Gliedert das Bild (Q6) in einzelne Abschnitte. Formuliert für jeden Abschnitt eine Überschrift.
3. Bringt die einzelnen Figuren zum Sprechen. Erzählt aus Hunefers Sicht „euer" Erlebnis vor dem Totengericht. Ihr könnt die Szene auch nachspielen.
4. Betrachtet die Körperhaltung des Verstorbenen und der Götter. Was fällt euch auf? Versucht euch so hinzustellen wie die Figuren. Welche Körperteile kann ein Betrachter nun sehen? Euer Kunstlehrer kann euch diese Körperhaltung erklären.
5. Vergleicht den ägyptischen Glauben an das Totengericht und ein Weiterleben im Jenseits mit den Vorstellungen im Christentum und Islam.

7. Mesopotamien – das Land zwischen den Flüssen

Ziegenbock am Lebensbaum Q1
Nachbildung einer Weihgabe aus einem Königsgrab in Ur, um 2400 v. Chr.
Auf der ganzen Welt gilt die Ziege als „Rasiermesser des Waldes“. Die in den Ebenen siedelnden Sumerer aber begrüßten die Entwaldung der fruchtbaren Berge durch die Ziegen. Könnt ihr euch vorstellen, warum?

ca. 7000 v. Chr.	In Mesopotamien entstehen die ersten Städte: Ur, Uruk, Lagasch.
um 3000–2300 v. Chr.	Die Sumerer schaffen eine der ersten Hochkulturen.
ca. 1700 v. Chr.	König Hammurabi macht Babylon zur Hauptstadt eines großen Reiches. Er lässt Gesetze aufzeichnen und veröffentlichen.

Leben im Lande Sumer

Die Griechen nannten das Land zwischen den Flüssen Euphrat und Tigris „Mesopotamien“. Das bedeutet „das Zwischenstromland“. Hier entstand etwa zur gleichen Zeit wie in Ägypten die Hochkultur des Volkes der Sumerer. Wie der Nil traten Euphrat und Tigris über die Ufer, wenn in den Quellgebieten die Schneeschmelze einsetzte. Anders als in Ägypten geschah das aber nicht regelmäßig. Daher mussten die Sumerer nicht nur Dämme und Deiche gegen das Hochwasser bauen, sondern auch die Felder in der Trockenzeit bewässern.

Die Arbeiten an den komplizierten Bewässerungsanlagen waren nur zu bewältigen, wenn viele Menschen zusammenarbeiteten. Deshalb schlossen sich die Sumerer in Siedlungen zusammen, in denen sie nach gemeinsamen Regeln und Gesetzen lebten. Hier hatten sie alle Nutzen von den Bewässerungsanlagen: Der fruchtbare Schlamm, den die Flüsse mitbrachten, düngte die überschwemmten Felder und brachten den Bewohnern reiche Ernten: Was nicht für die tägliche Ernährung gebraucht wurden, konnte man z. B. gegen Baumaterial für Häuser tauschen.

D1 Frühe Hochkulturen in Asien, Afrika und Europa (links) und in Mesopotamien (rechts).
Schaut in einem Atlas nach, in welchen Ländern diese Gebiete heute liegen.

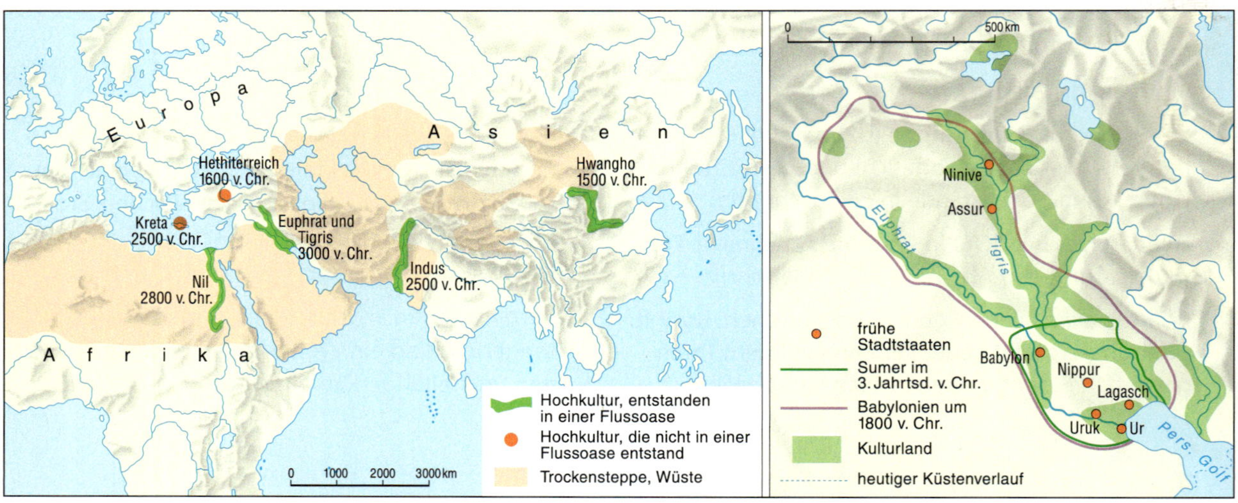

Mit der Zeit kamen immer mehr Menschen aus den umliegenden Bergen und aus der Wüste in das fruchtbare Land. Die Siedlungen wuchsen und aus Dörfern wurden Städte, in denen Menschen mit vielerlei Berufen lebten. Um Besitz und Leben zu schützen, umgaben die Sumerer ihre Siedlungen mit festen Mauern. Im Mittelpunkt einer Stadt stand der Tempel. Hier wurden die Götter durch Opfer verehrt. Der Tempel war auch ein wirtschaftliches Zentrum. In großen Vorratsräumen sammelte und speicherte man die Ernteerträge der Bauern. Vom Tempel aus wurde die Stadt regiert und Recht gesprochen. An der Spitze der Stadt stand ein König, der zugleich auch oberster Priester war. Er verteilte das Land im Auftrag des Stadtgottes, dessen Vertreter er war, gegen eine Pachtgebühr an die Bauern. Für die Aufgaben in der Stadt entwickelten die Sumerer eine Schrift. Man nannte sie Keilschrift, weil ein kantiger Schreibgriffel aus Rohr im weichen Ton einen keilförmigen Eindruck verursachte.

Die ersten Städte entstehen

Wenn wir die Möglichkeit hätten, uns in einem „Time Tunnel" ungefähr 4500 Jahre in die sumerische Stadt Ur zurückversetzen zu lassen, dann könnten wir erstaunliche Dinge sehen. Vor der Stadt am Euphrat arbeiten Bauern auf ihren großen Weizen- und Gerstefeldern. Unter Schatten spendenden Dattelpalmen haben sie allerlei Gemüse angebaut. Das blühende, reiche Land ist von einem System von Kanälen und Gräben durchzogen. Die Bauern können mehrmals im Jahr ernten. Heute finden wir um die Ruinen von Ur nur unfruchtbare Wüste. Die Ackerfläche, die die Sumerer durch Bewässerung bewirtschafteten, ist heute im Irak nur noch zur Hälfte nutzbar. Was ist in Mesopotamien passiert?

Von fruchtbaren Feldern zur Salzsteppe

Das Wasser, das die Böden fruchtbar gemacht hat, hat auch das Verderben mit sich gebracht. Im Quellgebiet von Euphrat und Tigris in der heutigen Türkei kommt im Boden Steinsalz vor, das durch starke Schmelzwasser im Frühjahr bis in die Bewässerungsgebiete getragen wurde. Im Laufe vieler Jahre stieg der Salzgehalt in den Kanälen. Verdunstung durch Sonne und Hitze beschleunigte das noch. Das Salz ließ sich aber nicht beseitigen. Als in kriegerischen Zeiten die Bewässerungsanlagen nicht sorgfältig genug gepflegt wurden, entwickelten sich große Teile der blühenden Kulturlandschaft in eine Salzsteppe. Der Forscher Karl Kreeb erklärt die Situation mit einem Vergleich: „Allein in Südmesopotamien müsste man, um wieder salzfreien Boden zu bekommen, so viel Salz entfernen, dass ein Güterzug von der dreifachen Länge des Erdumfangs damit gefüllt werden könnte. Wenn dieser Zug mit 50 km/h an einer Bahnschranke vorbeiführe, müsste man drei Jahre warten, ehe der letzte Wagen diese Strecke passiert hätte."

Mesopotamien hat in besonderer Weise „Geschichte" gemacht. Zur Geschichte gehört nämlich auch, dass eine menschliche Anstrengung zunächst sehr erfolgreich ist, schließlich aber ihr Gegenteil bewirkt. Die Kulturlandschaft der Sumerer ist für immer verschwunden.

Die Zikkurat (Tempelturm) von Nippur heute, Q2 erbaut um 2100 v. Chr. Das obere Gebäude errichteten Ausgräber in den 1890er-Jahren. Nippur, das wichtigste religiöse Zentrum Sumers, lag seinerzeit am Ufer des Euphrat. Heute liegt die Ruine ca. 65 km vom Flussbett entfernt.

Q3 König Hammurabi von Babylon

ließ die Gesetze sammeln und in Stein meißeln. In einem Nachwort zu seiner Sammlung schrieb er:

Um den Schwachen vom Starken nicht entrechten zu lassen, um der Witwe, der Waise Recht zu verschaffen, habe ich in Babylon (...) meine köstlichen Worte auf meinen Denkstein geschrieben. (...) Der Bürger, der vor Gericht steht, soll vor mein Bild, das des Königs der Gerechtigkeit, treten, sich meine beschriebene Steinsäule vorlesen lassen und meine kostbaren Worte hören. Meine Steinsäule soll ihm zeigen, wie sein Fall steht, sein Urteil soll er finden, sein Herz soll aufatmen: Hammurabi, soll er sagen, der Herr, der wie ein leiblicher Vater zu den Menschen ist, hat das Herz des Gottes Marduk erfreut, seinem Volk Wohlbefinden bereitet und dem Land Recht verschafft.

Q4 König Hammurabi wird vom Sonnengott (rechts) empfangen. Der König grüßt mit einer Handbewegung. Mit der Begegnung genehmigt der Gott die Gesetze. Oberer Teil der 2,23 m hohen Basaltsäule, um 1700 v. Chr.

Q5 Steingewicht in Form einer Ente
Das Schriftzeichen oben rechts könnt ihr mithilfe der Tabelle D3 deuten. Nun könnt ihr bestimmen, aus welcher Zeit das Gewicht stammt.

Q6 Aus den Gesetzen Hammurabis:

§ 53: Wenn ein Bürger seinen Deich nicht befestigt hat und in seinem Deich eine Öffnung entsteht, sodass der Acker vom Wasser weggeschwemmt wird, so soll der Bürger, in dessen Deich die Öffnung entstanden ist, das Getreide, das er dadurch vernichtet hat, ersetzen.

§ 54: Wenn er das Getreide nicht ersetzen kann, so verkauft man ihn und seinen Besitz; und seine Mitbürger, deren Getreide das Wasser weggeschwemmt hat, teilen den Erlös. (...)

§ 128: Wenn ein Bürger eine Ehefrau genommen, aber keine vertragliche Abmachung über sie aufgesetzt hat, so ist diese Frau keine Ehefrau. (...)

§ 138: Wenn sich ein Bürger von seiner ersten Gemahlin, die ihm keine Kinder geboren hat, scheiden lassen will, so gibt er ihr Geld in Höhe ihres Brautpreises zurück. Außerdem entschädigt er sie für die Mitgift; dann erst kann er sich von ihr scheiden lassen.

§ 139: Wenn ein Brautpreis nicht vorhanden ist, so gibt er ihr 1 Mine Silber als Trennungsgeld.

Q3 und Q6 zit. nach: Geschichte in Quellen, Bd. I, München 1978, S. 64 f., Bearb. d. Verf.

D3 Die Entwicklung einiger Keilschriftzeichen

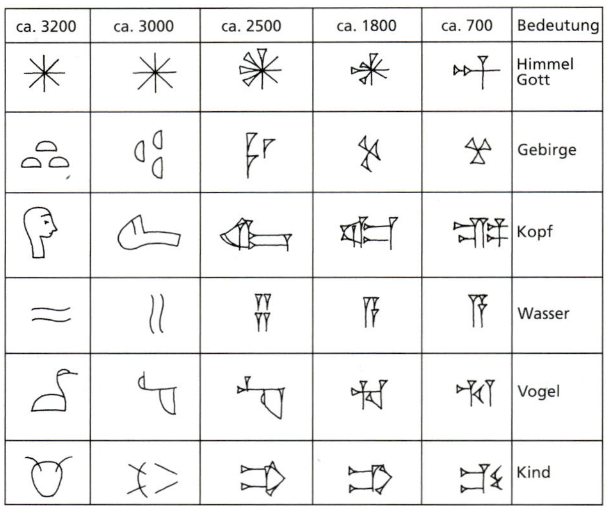

ca. 3200	ca. 3000	ca. 2500	ca. 1800	ca. 700	Bedeutung
					Himmel Gott
					Gebirge
					Kopf
					Wasser
					Vogel
					Kind

Fragen und Anregungen

1. Vergleicht die Keilschriftzeichen (D3) mit den ägyptischen Hieroglyphen (S. 51, D1). Wo entdeckt ihr Gemeinsamkeiten, wo Unterschiede?
2. Wie hat der Künstler das Verhältnis zwischen dem König und dem Gott dargestellt (Q4)?
3. Begründet, warum Hammurabi Bürger bestrafen ließ, die ihren Deich nicht geschützt hatten (Q6). Wie würde man das heute bestrafen?
4. Überlegt, was Hammurabi mit seinen Gesetzen zur Ehescheidung beabsichtigte (Q6).
5. Aufgeschriebenes Recht gehört zu den Kennzeichen antiker Hochkulturen. Erklärt, warum.
6. Erkundigt euch über die antiken Hochkulturen der Minoer auf Kreta und die der Hethiter (D1).
7. Nennt Merkmale, die die ägyptische und die mesopotamische Kultur zu Hochkulturen machten.

8. Das Volk Israel auf Wanderschaft

Q1 **Nomaden, Viehzüchter ohne feste Wohnstätte, treiben Handel in Ägypten**
Die Hieroglyphen verraten, dass es sich um Semiten handelt, eine Volksgruppe, zu der auch die Israeliten zählen. Ihre Kleidung ist aus Stoffstreifen zusammengenäht, die man auf tragbaren Webstühlen herstellen konnte. Ägyptisches Grabfresko in Beni Hassan, 19. Jahrhundert v. Chr.

um 1800 v. Chr.	Israelitische Nomadenvölker wandern nach Kanaan und dann nach Ägypten ein.
um 1250 v. Chr.	Pharao Ramses II. zwingt die Israeliten zur Sklavenarbeit. Mose führt sein Volk aus Ägypten zurück nach Kanaan.
um 1000 v. Chr.	König David einigt die israelitischen Stämme. Jerusalem wird Hauptstadt des neuen Reiches.
586 v. Chr.	Die Babylonier erobern Israel und führen einen Teil der Bevölkerung in die Gefangenschaft nach Babylonien.
70 n. Chr.	Die Römer zerstören die Heiligtümer in Jerusalem und lösen bald darauf den jüdischen Staat auf.

Ein kleines Volk mit einer großen Religion

Das Volk Israel, das sich nach dem Stamm Juda auch das jüdische Volk nannte, ist in der Geschichte kaum jemals groß oder mächtig gewesen. Es lebte als kleines Hirtenvolk, das jahrhundertelang mit seinen Herden umherzog, im Gebiet zwischen Ägypten und Mesopotamien. Im Laufe der Zeit wurden einige von ihnen sesshaft und bauten Wein und Getreide an, aus dem sie Fladenbrote backten.
Die Israeliten waren in zahlreiche Kämpfe und Streitigkeiten mit ihren Nachbarvölkern verwickelt; dabei ging es meistens um Land. Gegen die großen Reiche, vor allem das mächtige Babylonien, hatten die Israeliten kaum eine Chance. Darin unterschieden sie sich nicht von den anderen kleinen Völkern der Gegend, deren Namen wir heute kaum mehr kennen.
Sicherlich wäre auch Israel längst in Vergessenheit geraten, hätte es nicht eine Besonderheit gehabt: seine Religion. Anders als die anderen Völker der damaligen Zeit, glaubten die Juden an nur einen Gott und nicht an eine Vielzahl von Göttinnen und Göttern wie etwa die Ägypter. Die Juden waren überzeugt: Ihr Gott, Jahwe, lenkte und leitete sie durch die Geschichte; sie waren sein auserwähltes Volk. Was sie mit ihrem Gott erlebt hatten, erzählten sie von Generation zu Generation weiter. Später schrieben sie ihre Erfahrungen mit Gott auf. Diese große Sammlung der Geschichte des jüdischen Volkes ist die hebräische Bibel, Christen nennen sie „Altes Testament".

„Und die Bibel hat doch Recht"

1955 erschien in Deutschland ein Buch mit dem Titel „Und die Bibel hat doch Recht". Der Autor hatte darin Forschungsergebnisse zusammengetragen, die auf Ausgra-

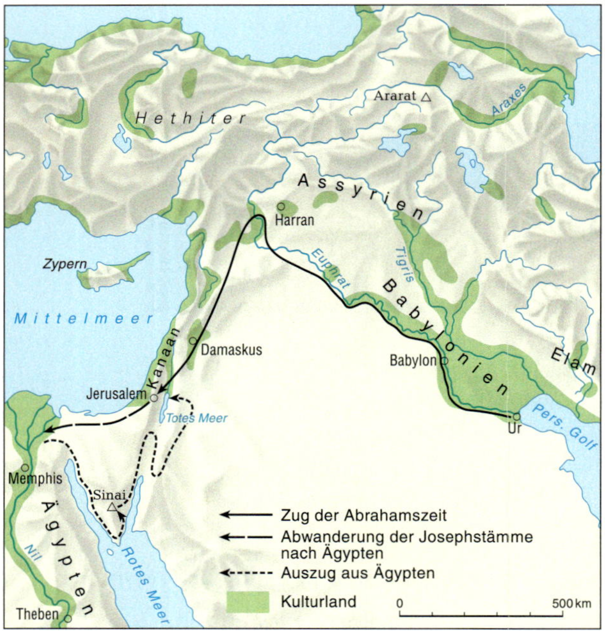

D1 Wanderungen der Israeliten im 2. Jahrtausend v. Chr. Um 1200 v. Chr. ließen sich die israelitischen Volksstämme dauerhaft in Kanaan nieder.

bungen beruhten. Sie bewiesen: Die Erzählungen des Alten Testamentes haben einen geschichtlich wahren Kern. Inzwischen sind sich die Wissenschaftler einig: Die Bibel enthält unterschiedliche Erzählungen. Manche enthalten keine historisch greifbaren Tatsachen, sondern in ihnen haben die Menschen versucht, ihre persönlichen Erfahrungen mit Gott zu beschreiben; z. B. in der Geschichte von Adam und Eva im Paradies. Andere biblische Erzählungen knüpfen an wirkliche Begebenheiten an oder berichten von Personen, die tatsächlich gelebt haben. Diese Geschichten nennt man Sagen, man kann sie als Mischung aus Märchen und historischem Bericht verstehen. Dazu gehören viele Texte über die frühe Geschichte Israels. Wo die Bibel historisch „Recht“ hat, ist nicht leicht herauszufinden.

Mesopotamien – Kanaan – Ägypten

So erzählt die Bibel, dass Gott dem Stammvater Abraham, der in der Gegend von Ur in Babylonien lebte, ein wunderbares, „gelobtes“ Land versprochen hatte – wenn er ihm vertraue. Abraham vertraute Gott und wurde mit seiner Sippe nach Kanaan geleitet – in das heutige Israel. Historisch gesichert ist, dass seit ca. 1800 v. Chr. nach und nach israelitische Nomadenvölker nach Kanaan eingewandert sind. Vermutlich hat es auch einen Stammesführer Abraham gegeben; über ihn weiß man aber nur, was die Bibel schreibt. Die israelitischen Stämme blieben nicht in Kanaan, sondern wanderten nach Ägypten weiter. Manche flohen vor Hungersnöten ins reiche Ägypten, andere wollten Handel treiben, etliche sind wohl auch in die Sklaverei verkauft worden. Die Bibel erzählt von der Zeit in Ägypten anhand der Geschichte von Joseph, der von seinen eifersüchtigen Brüdern als Sklave nach Ägypten verkauft wurde, dort zu Macht und Reichtum gelangte und seine Geschwister nachholte. Über die Zeit der Israeliten in Ägypten wissen wir auch Bescheid, weil sie in ägyptischen Papyri erwähnt wird.

Auszug aus Ägypten

Anders als seine Vorgänger zwang Pharao Ramses II. die Israeliten zur Sklavenarbeit. Sie taten sich unter der Führung des Mose – eines gebildeten, ägyptisch erzogenen Mannes – zusammen und erhoben sich gegen die Ägypter. Nach dem Aufstand ließ sie der Pharao zurück ins Land ihrer Vorväter ziehen, nach Kanaan. Der Auszug („Exodus“) aus Ägypten ist in der Erinnerung der Juden bis heute

Monotheismus

(griech.: „monos“, d. h. einzig, und „theos“, d. h. Gott) Anhänger monotheistischer Religionen glauben an einen einzigen Gott. Das Judentum ist die älteste monotheistische Religion. Aus ihm ging im 1. Jahrhundert n. Chr. das Christentum hervor. Als dritte monotheistische Religion begründete Mohammed, der sich als Nachfolger von Mose und Jesus verstand, im 7. Jahrhundert n. Chr. den Islam. Es gibt zwei Gegenbegriffe: Polytheismus (griech.: „polys“, d. h. viel) ist der Glaube an mehrere Götter, wie er z. B. bei den Ägyptern, den Griechen oder den Römern üblich war. Atheismus ist der Glaube, dass es keinen Gott gibt.

verankert. Mose führte die Israeliten nach Kanaan. Dort aber siedelten bereits andere Volksstämme, u.a. die Philister, nach denen das Land später Palästina genannt wurde. In zahlreichen Kämpfen mit ihnen schlossen sich die israelitischen Stämme enger zusammen. Vereint unter der Führung ihres Königs David konnten sie um 1000 v. Chr. ihre Gegner schlagen. David errichtete einen mächtigen Staat und machte Jerusalem zur Hauptstadt. Sein Sohn Salomo erbaute hier einen prächtigen Tempel. Das große Reich hielt aber nicht lange, sondern zerfiel bald in Teile.
Der letzte selbstständige Teil, Juda, wurde 586 v. Chr. von den Babyloniern angegriffen und nach heftigen Kämpfen besiegt. Jerusalem wurde dabei vollständig zerstört. Der babylonische König nahm die jüdische Oberschicht – reiche Händler, Priester und Politiker – als Kriegsgefangene mit an den Euphrat. Im „babylonischen Exil" lebten sie und ihre Nachkommen 50 Jahre, bis Babylon von den Persern erobert wurde und die Israeliten wieder in ihre Heimat zurückkehren konnten.

Q2 Szene aus der jüdischen Geschichte
Lest den Textabschnitt neben dem Bild. Überlegt, welches Ereignis auf dem Relief dargestellt ist. Ausschnitt vom Titusbogen in Rom, 1. Jahrhundert n. Chr.

Die Landnahme durch Abraham, der Exodus unter Mose und das babylonische Exil – alle drei Ereignisse zeigen das jüdische Volk auf der Suche nach seiner Heimat, auf der Wanderschaft. Später eroberten die Römer das ehemalige Kanaan, das sie Palästina nannten: 70 n. Chr. plünderten und zerstörten römische Soldaten den Tempel und die jüdischen Heiligtümer in Jerusalem. 135 n. Chr. zerstörten sie die Stadt vollständig und vertrieben die Juden aus ihrem Land. Nur wenige jüdische Gemeinden blieben in Palästina bestehen. Die vertriebenen oder vorher ausgewanderten Juden gründeten in den Ländern, in denen sie sich niederließen, neue Gemeinden. Gerade in Zeiten der Bedrohung und Vertreibung hielten viele Juden an ihrem Glauben und ihren Bräuchen fest. Ihre Geschichte als „auserwähltes" Volk Israel spielte ebenso wie das „gelobte Land" in ihrem Denken eine große Rolle. Bis heute sehen die Juden in Israel das Land, das ihnen einst von Gott zugesprochen wurde.

D2 Der Tempel Salomos, erbaut um 950 v. Chr.
Diese Rekonstruktion wurde nach biblischen Angaben gezeichnet. Bevor die Priester Tiere schlachteten, wuschen sie sich im bronzenen „Meer". Die Tiere waren zuvor in fahrbaren Bronzebehältern gereinigt worden. Danach wurden sie auf dem Altar als Brandopfer dargebracht. Im Innern des Tempels standen, von Kerzenleuchtern umgeben, der goldene Weihrauchaltar und ein goldener Tisch, auf den jeden Sabbat (der jüdische Ruhetag, Samstag) zwölf Brote gelegt wurden. Beschriftet mithilfe der Bildlegende die einzelnen Teile des Tempels. Aus dem Bibeltext Q4 erfahrt ihr Näheres über das Allerheiligste (5 und 6).

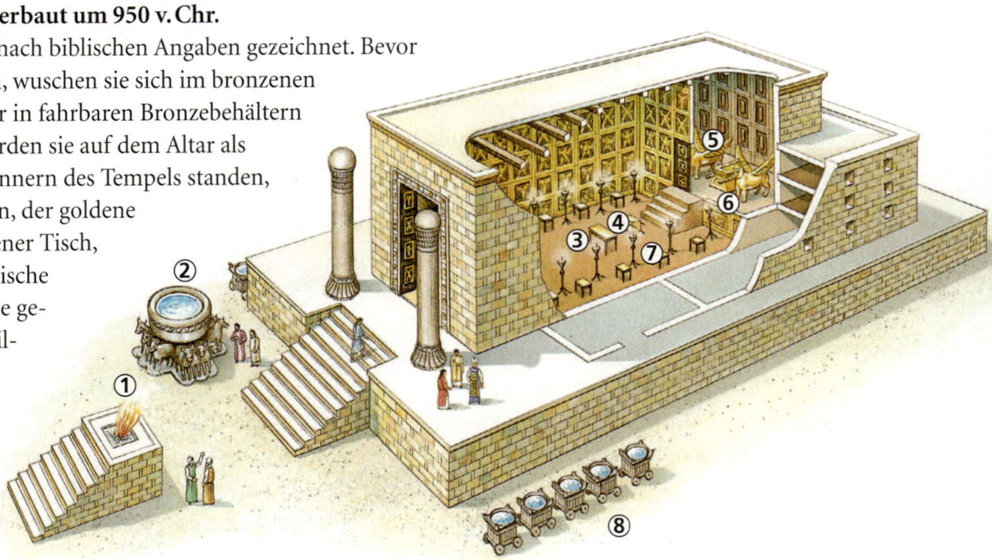

Q3 Menora vor der Knesset in Jerusalem
Der bronzene Leuchter vor dem israelischen Parlamentsgebäude ist fünf Meter hoch. 29 Szenen zeigen wichtige Stationen der jüdischen Geschichte.

Q4 Mose empfängt von Gott die Gesetze
für das Volk Israel. In der Bibel wird darüber berichtet:
Nun sagte der Herr zu Mose: „Steig zu mir auf den Berg herauf und bleib eine Zeit lang hier! Ich werde dir die Steintafeln geben, auf die ich meine Gebote geschrieben habe. Das Volk soll genau wissen, was ich von ihm verlange. (...) Die Israeliten sollen mir ein Heiligtum errichten, denn ich will unter ihnen wohnen. (...) Die Israeliten sollen eine Lade aus Akazienholz anfertigen: eineinviertel Meter lang, dreiviertel Meter breit und ebenso hoch. Außen und innen soll sie mit reinem Gold überzogen sein und ringsum mit einer Goldleiste verziert. (...) Lass eine Deckplatte aus reinem Gold herstellen, die in den Maßen genau auf die Lade passt. An den beiden seitlichen Enden der Deckplatte werden zwei geflügelte Engelfiguren aus getriebenem Gold angebracht. Sie stehen einander zugewandt, den Blick auf die Deckplatte gerichtet; ihre Flügel halten sie schirmend über der Platte ausgebreitet. In der Lade verwahrst du die zwei Tafeln mit dem Bundesgesetz und legst die Deckplatte darauf. Dort will ich dir begegnen. Von der Deckplatte aus, von der Stelle zwischen den beiden Engeln, werde ich mit dir reden und dir alle Anweisungen für das Volk Israel geben."

Zusammengestellt nach: 2. Mose Kap. 24, Vers 12 und Kap. 25, Verse 8 und 10–22. Gute Nachricht Bibel, rev. Fass., durchges. Ausg. in neuer Rechtschreibung, Stuttgart 2000. Bearb. d. Verf.

Q5 Unabhängigkeitserklärung des Staates Israel,
verkündet am 14. Mai 1948:
Im Lande Israel entstand das jüdische Volk. Hier prägte sich sein geistiges, religiöses und politisches Wesen. Hier lebte es frei und unabhängig. Hier schuf es eine nationale und universelle Kultur und schenkte der Welt das Ewige Buch der Bücher (die Bibel).
Durch Gewalt vertrieben, blieb das jüdische Volk auch in der Verbannung seiner Heimat in Treue verbunden. Nie wich seine Hoffnung. Nie verstummte sein Gebet um Heimkehr und Freiheit.
Beseelt von der Kraft der Geschichte und Überlieferung, suchten Juden aller Generationen in ihrem alten Lande wieder Fuß zu fassen. Im Laufe der letzten Jahrzehnte kamen sie in großen Scharen, Pioniere, Verteidiger und Einwanderer, (...) erweckten Einöden zum Blühen, belebten aufs Neue die hebräische Sprache.

Zit. nach: Peter Antes/Gisela Aslam-Malik (Hg.), Judentum, Stuttgart 1990, S. 55.

Fragen und Anregungen

1. Beschreibt die Karawane (Q1). Achtet auf die Gegenstände, die die Personen bei sich haben, und überlegt, welchen Zweck sie erfüllen sollten.
2. Auf dem Grabfresko ist auch ein Ägypter zu sehen (Q1). Erklärt, wie das Verhältnis zwischen ihm und den Fremden dargestellt ist.
3. Was erfahrt ihr aus dem Bibeltext (Q4) über das Verhältnis zwischen Gott und dem Volk Israel?
4. Informiert euch in drei Gruppen über je eine der Wanderungen des israelitischen Volkes (D1, VT, Bibel). Berichtet aus Sicht der Menschen damals den anderen Gruppen über „eure" Erlebnisse auf der Wanderschaft. Ihr könnt auch einzelne Szenen in einem Rollenspiel nachstellen.
5. Stellt die Argumente für die Gründung eines neuen Staates Israel aus der Unabhängigkeitserklärung zusammen (Q5). Diskutiert die Kapitelüberschrift: „Das Volk Israel auf Wanderschaft".
6. Schlagt im Lexikon die Bedeutung der Menora nach. Betrachtet noch einmal das Relief Q2. Jetzt könnt ihr sicherlich begründen, warum eine Menora vor dem israelischen Parlament steht (Q3).
7. Gestaltet selbst eine Menora mit ausgewählten Szenen aus der jüdischen Geschichte.
8. Die Geschichte der Israeliten fasziniert die Menschen seit jeher; Gemälde, Bücher und Filme beschäftigen sich damit. Informiert euch über eines der folgenden Werke und stellt es in der Klasse vor:
   - die Oper „Nabucco" von Giuseppe Verdi
   - das Gedicht „Belsazar" von Heinrich Heine
   - das Musical „Joseph" von Andrew Lloyd Webber
   - das Lied „By the Rivers of Babylon" von „Boney M".

Eine Mind Map entwickeln

Um ein Thema übersichtlich darzustellen und zusammenzufassen, kannst du eine Mind Map entwickeln. Du erkennst eine fertige Mind Map daran, dass das Thema in der Mitte des Blattes steht und eingekreist ist. Von diesem Mittelpunkt zweigen verschiedene Äste und Zweige ab.

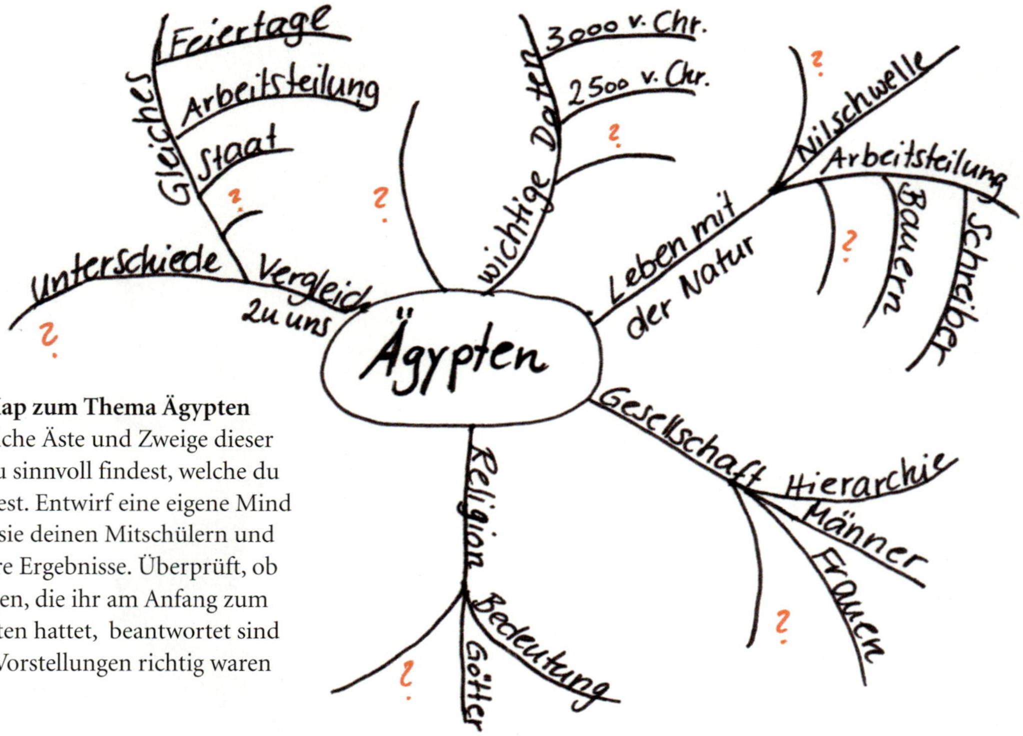

Eine Mind Map zum Thema Ägypten
Überlege, welche Äste und Zweige dieser Mind Map du sinnvoll findest, welche du ändern würdest. Entwirf eine eigene Mind Map, erkläre sie deinen Mitschülern und vergleicht eure Ergebnisse. Überprüft, ob jetzt alle Fragen, die ihr am Anfang zum Thema Ägypten hattet, beantwortet sind und ob eure Vorstellungen richtig waren (siehe ADS).

Eine Mind Map fasst Gedanken, Wissen oder auch Fragen zu einem Thema auf einer Seite zusammen. Im Unterschied zu anderen Notiztechniken beginnst du beim Mind-Mapping damit, dass du das Thema in die Mitte des Blattes schreibst und es mit einer Linie umkreist. Von diesem Kreis aus ziehst du Linien, sogenannte Äste, in alle Richtungen des Blattes. Ein Ast wird immer für einen wichtigen Leitgedanken deines Themas angelegt und gleich entsprechend beschriftet. Von den Ästen aus zeichnest du wiederum Linien, die sogenannten Zweige. Jeder Zweig steht für eine Idee, einen Gedanken oder eine Frage zu dem Leitgedanken des dazugehörenden Astes. Du wirst sehen, dass Zweige manchmal zu mehreren Ästen passen. Wenn du weitere Gestaltungsmittel wie Farben, Symbole oder kleine Skizzen einsetzt, wird die Mind Map noch übersichtlicher.

Bei der Themeneinheit „Leben in frühen Hochkulturen" kannst du eine Mind Map zum Thema Ägypten entwickeln. Überlege genau, welche Leitgedanken dir für das Thema wichtig erscheinen, und ordne diesen Ästen dann Zweige zu. Bei einer Mind Map zur Geschichte ist es oft günstig, einen Ast „Wichtige Daten" anzulegen. Dabei helfen die Zeittafeln zu Beginn der einzelnen Kapitel.

Wenn du zu einem Thema eine Mind Map selber entwickelst, hast du bereits einen wichtigen Lernschritt getan. Um zu überprüfen, ob du dir einen Lerninhalt gut angeeignet hast, stellst du deine Mind Map einer anderen Person vor. Du solltest die Einteilung deiner Mind Map, die Zusammenhänge zwischen Zweigen und Ästen und die Einzelheiten erklären können. Wenn du merkst, dass deine Mind Map Lücken oder Fehler enthält, dann kannst du sie jederzeit verbessern oder ergänzen. Den Lerninhalt beherrschst du dann sicher, wenn es dir gelingt, eine reichhaltige Mind Map auswendig zu entwickeln. Diese ist dann ein Abbild dessen, was über ein bestimmtes Thema im Gehirn gespeichert ist.

DIE GRIECHISCHEN WURZELN EUROPAS

Die Geschichte Europas ist die Geschichte sehr unterschiedlicher Völker und Länder. Ihre Eigenart macht sie unverwechselbar. Und doch verbinden sie alle gemeinsame Wurzeln. Eine dieser Wurzeln führt ins antike Griechenland, das unserem Kontinent auch den Namen schenkte: Denn Europa ist in einer Sage eine Königstochter, die der griechische Gott Zeus entführte.
Mit dem antiken Griechenland verbindet uns offenbar mehr, als uns im Alltag immer bewusst ist. Auf dieser Auftaktdoppelseite bekommst du bereits erste Hinweise dazu.

Das griechische Alphabet

Α	α	a	Alpha
Β	β	b	Beta
Γ	γ	g	Gamma
Δ	δ	d	Delta
Ε	ε	e	Epsilon
Ζ	ζ	z	Zeta
Η	η	e	Eta
Θ	θ	th	Theta
Ι	ι	i	Iota
Κ	κ	k	Kappa
Λ	λ	l	Lambda
Μ	μ	m	My
Ν	ν	n	Ny
Ξ	ξ	x	Xi
Ο	ο	o	Omikron
Π	π	p	Pi
Ρ	ρ	r	Rho
Σ	σ, ς	s	Sigma
Τ	τ	t	Tau
Υ	υ	y	Ypsilon
Φ	φ	ph	Phi
Χ	χ	ch	Chi
Ψ	ψ	ps	Psi
Ω	ω	o	Omega

Diskuswerfer, um 450 v. Chr.
Römische Nachbildung einer griechischen Bronzestatue in Stein.

Geographie
Philosophie Demokratie
Physik
Alphabet
Tyrann
Geometrie

Städte griechischen Ursprungs

Die Griechen gründeten an den Küsten des Schwarzen Meeres und des Mittelmeers zahlreiche Städte, die noch heute existieren.

Die Akropolis in einer Rekonstruktionszeichnung
In Athen ragt der Tempelberg in die Höhe. Die Athener errichteten die Statuen und Tempel vor ca. 2500 Jahren. Überreste kann man noch heute besichtigen.

is
opädie
pidemie
Diphterie
Aristokratie
Biologie
Mathematik
Epilepsie
Graphologie

Das Brandenburger Tor in Berlin aus dem späten 18. Jahrhundert
Griechische Bauwerke dienten den später lebenden Menschen als Vorbild für eigene Bauten.

1. Antikes Griechenland – Leben in Städten

seit 800 v. Chr.	Entwicklung von Stadtstaaten (Poleis) in Griechenland
750 v. Chr.	Beginn der Griechischen Kolonisation

Entstehung städtischen Lebens

Hohe Berge und enge Täler, schmale Küsten und ferne Inseln – Griechenland ist ein vielfältiges, aber auch karges und unwegsames Land. Im Altertum lebten die Griechen in kleinen Siedlungen über das Land verstreut und waren durch das Meer oder Gebirgszüge voneinander getrennt. Sie selbst nannten sich „Hellenen" und ihr Land „Hellas".
Ihr Lebensraum stellte sich ihnen wie eine Zwiebel mit mehreren Schalen dar: Den Kern bildeten die Siedlungen der Menschen. Um sie herum lag Ackerland, das man gestaltete und pflegte, indem etwa Terrassen und Feldmauern angelegt wurden. Daran schloss ein Grenzgebiet, in dem Hirten mit Hunden und halbwilden Ziegen umherzogen. Dahinter begann die Wildnis.
In dieser Umwelt entwickelte sich die Kultur der Griechen ganz anders als die ägyptische. Für das ägyptische „Volk am Fluss" (Seite 46) war die planvolle Zusammenarbeit entlang des Nils inmitten einer Wüstenlandschaft lebenswichtig. So entstand ein zentraler Staat. Die Griechen hingegen haben sich niemals zu einem einheitlichen Staat zusammengeschlossen. Stattdessen entstanden aus den kleinen Siedlungen seit 800 v. Chr. Hunderte von selbstständigen Städten (Poleis). Städtisches Leben prägte die gesamte Antike, d. h. die griechische und römische Geschichte des Altertums.

Herrschaft in der Polis

Jede Polis, auch die kleinste, war ein Staat für sich. Darin wurden die Dinge, die alle angingen, von den Bürgern gemeinsam geregelt. Dafür gab es nach und nach überall eine Volksversammlung. Zu den Bürgern zählten allerdings nur erwachsene männliche Einwohner, die eine Familie hatten sowie Haus und Land besaßen. Frauen nahmen an den Volksversammlungen nicht teil.

Heutige griechische Landschaft Q1

Polis (Mehrzahl: Poleis)

(griech.: Burg, Stadt) Bezeichnung für den typischen griechischen Stadtstaat mit eigenem Gebiet, eigener Bevölkerung, eigenen politischen Einrichtungen. Es gab mehrere Hundert Poleis. Die meisten waren sehr klein (4–6 km im Umkreis, 2000–3000 Bewohner). Große Poleis wie Athen, Sparta oder Korinth bildeten Ausnahmen. Vom Wort „Polis“ stammt unser Begriff „Politik“ (das, was alle angeht!).

Die Führungsämter in den Poleis hatten Adlige inne, Männer, die sich im Kampf für die Polisgemeinschaft besonders bewährt oder beim Schlichten von Streitfällen hervorgetan hatten. Sicher war ihre herausgehobene Stellung aber nicht. Sie mussten ihre Tüchtigkeit immer wieder aufs Neue beweisen, sonst wurden sie durch andere Adlige verdrängt.

Die griechische Kolonisation

Weil die Bevölkerung wuchs, wanderten zwischen 750 und 500 v. Chr. viele Griechen aus. Auf der Suche nach neuem Siedlungs- und Ackerland, nach günstigen Plätzen für Handelsniederlassungen und oft aus Abenteuerlust gründeten sie an den Küsten des Mittelmeers und des Schwarzen Meers zahlreiche Poleis. Durch diesen Vorgang, die griechische Kolonisation, breitete sich die griechische Lebensweise weit über das Mutterland hinaus aus.

D1 **Griechenland und Kleinasien.** Geschichtskarte zum Siedlungsraum der Griechen bis 750 v. Chr.

EINE TEXTQUELLE AUSWERTEN

Der Umgang mit Textquellen

Wenn Geschichtsforscher Textquellen untersuchen, gehen sie oft in bestimmten Schritten vor. Etwas Ähnliches solltest du auch machen, um möglichst viel aus einer Quelle „herauszuholen". An einem Bericht des griechischen Geschichtsschreibers Herodot über die Gründung der Kolonie Kyrene (630 v. Chr.) wird dir das einmal gezeigt.

Die Pythia Q3
Das Orakel von Delphi war eine Priesterin, durch deren Mund der Gott Apollon weissagte, wie man glaubte. Trinkschale, 5. Jh. v. Chr.

Q2 Herodot (ca. 480–420 v. Chr.) berichtet, wie sich die Bürger von Thera erinnern:

Grinnos, der König der Insel Thera, reiste nach Delphi zum Orakel des Gottes Apollon. Bei ihm waren einige Bürger von Thera, darunter ein junger Mann namens Battos. Als Grinnos das Orakel befragte, gab ihm die Pythia eine ganz andere Antwort als die erwartete, indem sie ihn aufforderte, in Libyen eine Stadt zu gründen. Grinnos antwortete: „Herr! Ich bin zu alt dafür. Fordere doch einen Jüngeren auf." Dabei zeigte er auf Battos. Aber es geschah weiter nichts. Und als die Theraier heimgekehrt waren, beachteten sie den Orakelspruch nicht mehr. Denn sie wussten nicht, wo in aller Welt Libyen liegt, und sie wollten es nicht wagen, Siedler ins Ungewisse zu schicken. (...) Nun blieb aber sieben Jahre lang der Regen in Thera aus und alle Bäume außer einem verdorrten auf der Insel. Da befragten die Theraier wieder das Orakel und die Pythia erinnerte sie an das Gebot des Gottes Apollon, in Libyen eine Kolonie zu gründen. (...) Es segelten nun einige Männer von Thera los, um Libyen auszukundschaften. Sie besetzten die Insel Platea vor der libyschen Küste und meldeten dies nach Thera. Die Theraier beschlossen, dass in allen sieben Gemeinden der Insel immer einer von jeweils zwei Brüdern auswandern sollte, wobei das Los entschied, wen es traf. Anführer und König der Auswanderer sollte Battos sein. In zwei Fünfzigruderern machten sich die Auswanderer auf den Weg nach Platea.

Herodot, Historien IV, 150–154. Übers. u. bearb. v. P. Offergeld.

Methodische Arbeitsschritte:

1. Lies den Text sehr genau, am besten auch einmal laut, und stelle dabei zunächst fest, worum es überhaupt geht. Beachte dabei, welche Orte, Personen oder Gruppen genannt werden.
2. Kläre alle dir unbekannten oder nicht verständlichen Wörter und Wendungen. Benutze dafür ein Wörterbuch oder frage deine Lehrerin/deinen Lehrer.
3. Unterteile den Text in Sinnabschnitte, die jeweils einen einzelnen Gedanken ausdrücken. Schreibe für jeden Abschnitt eine kurze Überschrift.
4. Fasse mit deinen eigenen Worten zusammen, was in dem Text mitgeteilt wird.

Jetzt weißt du, was in dem Text steht. Es könnte natürlich sein, dass der Verfasser des Textes wenig Wissen hatte oder seine Leser zu einer bestimmten Ansicht bringen wollte. Deshalb musst du auch etwas über den Verfasser wissen. Gute Nachschlagewerke helfen dir dabei. Bei Informationen aus dem Internet ist große Vorsicht geboten, weil sie oft nicht stimmen und man meist nicht weiß, von wem sie kommen.

5. Stelle fest, wer den Text verfasst hat (Autor) und an wen er sich damit wandte (Publikum). Ist erkennbar, warum er geschrieben hat?
6. Kläre, mit welchem zeitlichen Abstand vom Geschehen der Autor schrieb und woher er seine Kenntnisse darüber hatte.
7. Suche im Text selbst und in deinem Wissen über den Autor nach Hinweisen dafür, ob dieser sehr einseitig schrieb oder persönliche Wertungen deutlich zur Geltung brachte. Hilfreich ist es, den Text mit anderen Quellen zu vergleichen.
8. Abschließend muss die Quelle in den größeren Zusammenhang eingeordnet werden. Dafür solltest du dich im Verfassertext oder in anderen Darstellungen informieren .

Die Kolonisation förderte den Handel Q4
Schale aus der Kolonie Kyrene (Ø 29 cm), Mitte des 6. Jahrhunderts v. Chr.

Eine mögliche Antwort auf die Arbeitsschritte:

1. Es soll erklärt werden, warum die Theraier in Libyen eine Kolonie gründeten. Dabei spielte das Apollonorakel von Delphi eine besondere Rolle (Q2). Die Rede ist von Delphi, Thera und Libyen sowie der Pythia, Bewohnern von Thera, besonders dem König Grinnos und dem jungen Battos.
2. Die Orte findest du auf den Karten D1 und D2 auf den Seiten 79 und 82. Die Pythia ist die Priesterin im Apollontempel in Delphi (siehe Q3).
3. Zeile 1–4: König Grinnos von Thera mit Gefolge in Delphi.
   Zeile 4–9: Das Orakel fordert die Gründung einer Kolonie in Libyen.
   Zeile 9–13: Die Theraier vergessen den Spruch.
   Zeile 14–16: Dürrezeit auf Thera.
   Zeile 16–18: Das Orakel wiederholt seine Forderung.
   Zeile 18–25: Besiedlung von Platea vor der libyschen Küste mit Battos als König.
   Zeile 25–27: Auswahl der Kolonisten und Aufbruch nach Libyen.
4. Die Zusammenfassung dürfte dir jetzt nicht schwer fallen. Sie könnte beginnen:
   „Einmal reiste König Grinnos von Thera …"
5. Diesen Punkt kannst du mit den Angaben zu Herodot (Q5) selbst ergänzen.
6. Den Abstand zwischen der Gründung der libyschen Kolonie Kyrene und Herodots Lebenszeit kannst du leicht ausrechnen. Und wie er an sein Wissen gekommen ist, erfährst du in Q5.
7. Wenn du Quelle 7 auf Seite 81 hinzunimmst, bemerkst du, dass Herodot zwei Gründungsberichte hatte, einen der Theraier und einen der Kyrener, die sich etwas voneinander unterschieden. Er teilt beide mit und überlässt es dem Leser, darüber nachzudenken. Er ist also nicht einseitig.
8. Die Quelle gibt uns wichtige Hinweise darüber, wie die Griechen die Küsten rund um das Mittelmeer besiedelten. Die Karte D2 auf Seite 80 erläutert das genauer.

Q5 **Herodot**
Büste aus dem 4. Jahrhundert v. Chr. Der Grieche Herodot (ca. 480–420 v. Chr.) gilt als „Vater der Geschichtsschreibung". Sein Wissen sammelte er auf seinen weiten Reisen, die ihn nach Italien, Asien und Afrika führten. Überall ließ er sich von den Menschen berichten, was sie über ihre Vergangenheit wussten.
Das schrieb er auf. Denn er wollte, dass die wichtigen Ereignisse nicht vergessen würden. Ab und zu hielt er interessierten Zuhörern auch Vorträge darüber. 425 v. Chr. veröffentlichte er seine Schriften unter dem Titel „Historien" (Erkundungen).

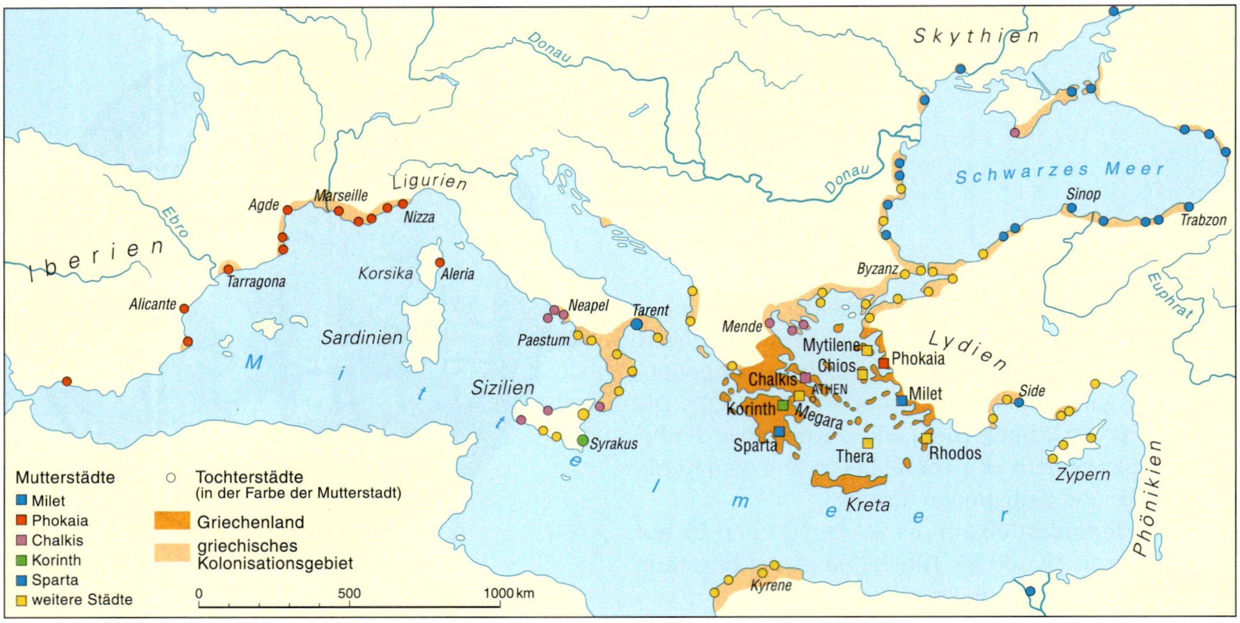

D2 Geschichtskarte zur Kolonisation
Bürger einer Polis („Mutterstadt") gründeten eine selbstständige Kolonie („Tochterstadt") mit eigener Regierung. Tochterstädte gründeten oft weitere Kolonien und wurden größer als die Mutterstädte.

Taras und Phalantes, die sagenhaften Gründer der Stadt Taras (heute: Tarent) in Süditalien Q6
Phalantes soll als Anführer einer Gruppe Spartaner, die vielleicht im Unfrieden ihre Heimatstadt verlassen mussten, Taras gegründet haben. Einem anderen Bericht zufolge war der Halbgott Taras, Sohn Poseidons, der Gründer der Stadt. Sie liegt an der Mündung des ebenfalls nach ihm benannten Flusses Taras. Vorder- (oben) und Rückseite (unten) einer Silbermünze, die um 480 v. Chr. geprägt wurde.

Kolonisation

Anlegen von Siedlungen („Kolonien") in neu erworbenem Land. Die griechischen Kolonien entstanden vor allem, weil die Poleis im Mutterland überbevölkert waren. Dagegen sollten die römischen Kolonien die Herrschaft Roms über Italien militärisch sichern. In der neueren Geschichte bezeichnet der Begriff Kolonialismus die planvolle Eroberung und Unterwerfung überseeischer Gebiete durch europäische Staaten.

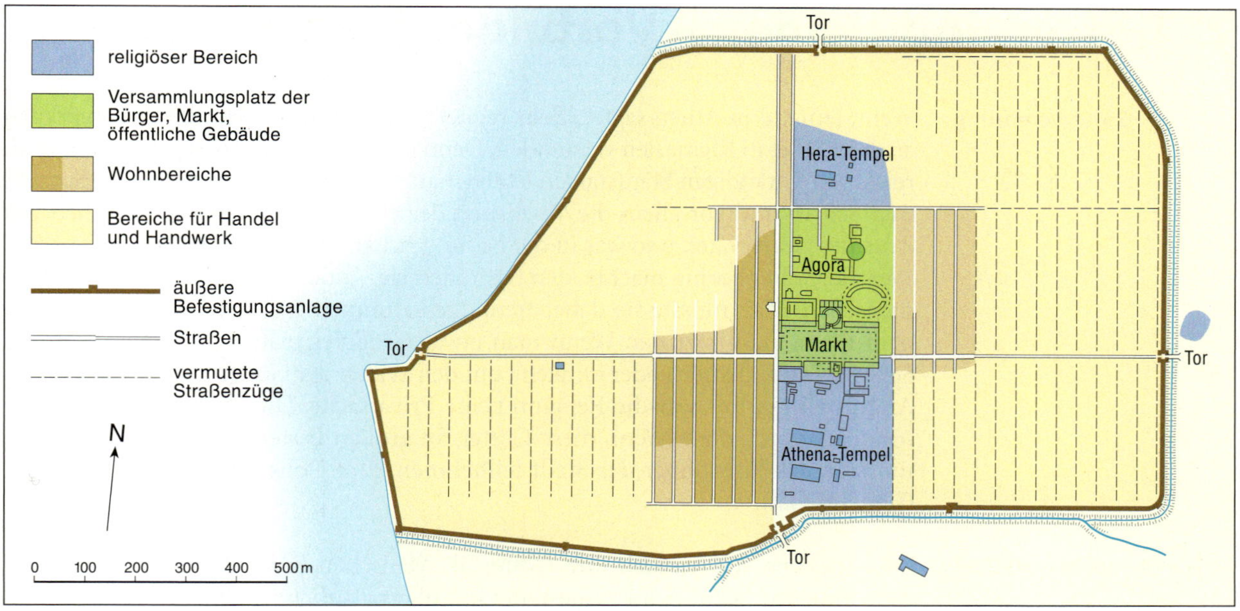

D3 Stadtplan der griechischen Kolonie Poseidonia
Poseidonia wurde um 550 v. Chr. gegründet und ist heute als Ruinenstadt Paestum südlich von Neapel bekannt.

Q7 Wie sich die Kyrener erinnern

Bei den Bürgern der Kolonie Kyrene hörte Herodot noch etwas mehr über die Gründung der Kolonie:
Die Theraier schickten also Battos mit zwei Fünfzigruderern fort. Doch als die Männer sich keinen Rat mehr wussten, kehrten sie wieder nach Thera zurück. Die Theraier aber schossen auf sie und ließen sie nicht an Land. Gezwungenermaßen fuhren sie zur libyschen Küste zurück und besiedelten dort zunächst die Insel Platea. Hier wohnten sie zwei Jahre. Aber es ging ihnen dort nicht gut. So ließen sie einen Mann zurück, die anderen fuhren nach Delphi. Dort berichteten sie dem Orakel, sie hätten alles wie befohlen getan, dennoch gehe es ihnen schlecht. Aber die Pythia hielt ihnen vor, sie seien noch gar nicht in Libyen gewesen. Darauf fuhren sie zurück und ließen sich auf dem Festland gegenüber von Platea nieder. (…)
Hier blieben sie sechs Jahre. Dann boten ihnen die Libyer an, sie zu einer besseren Stelle zu führen. Sie verließen die Küste, und die Libyer führten sie nach Westen (…) an eine Quelle und sagten: „Hier, Griechen, ist der richtige Platz für eure Kolonie.“

Herodot, Historien IV, 156–158. Übers. u. bearb. v. P. Offergeld.

Fragen und Anregungen

1. Bearbeite Quelle 7, wie es dir auf Seite 78/79 vorgemacht worden ist. Stelle anschließend in einer Liste die Ereignisse gegenüber, an die sich die Theraier besser als die Kyrener erinnerten und umgekehrt. Finde Gründe heraus.
2. Untersuche den Stadtplan (D3). Stelle dir dann vor, du würdest als Bewohner der Polis nun auch eine Tochterstadt gründen wollen. Was müsstest du als Anführer der Kolonisten bei der Errichtung einer ähnlichen Stadt beachten?
3. Beschreibe die Rolle, die das Orakel von Delphi in den Berichten Herodots spielt (Q2, Q7). Für wie verlässlich hältst du die Auskünfte des Orakels?
4. Beschreibe die beiden Seiten der Münze (Q6). Was soll der Betrachter der Münze über die 706 v. Chr. gegründete Stadt Taras erfahren? Welche Rückschlüsse auf das Wirtschaftsleben der Griechenstädte lässt die Münze in Verbindung mit Q4 (Seite 79) zu?
5. Ein Gelehrter im alten Griechenland hat einmal gesagt: „Die Griechen sitzen um das Mittelmeer herum wie die Frösche um einen Teich.“ Erläutere mithilfe der Kolonisationskarte (D2), was er wohl gemeint hat.

2. Götter und Helden – Vorbilder für das Leben?

Götterverehrung

Wenn jemand in Athen sagte: „Zeus regnet“, hätte man ihn mit dieser Bemerkung auch in Milet in Kleinasien verstanden. Denn obwohl die Griechen getrennt in zahlreichen selbständigen Stadtstaaten lebten, hatten sie vieles gemeinsam: ihre Sprache und Schrift und vor allem die Verehrung derselben Götter. Für alle Griechen war Zeus der Göttervater, und was in der Natur geschah, galt ihnen als Werk der Götter. Wer die Götter zornig machte, den bestraften sie – und manchmal auch seine Mitmenschen. Man musste sie daher freundlich stimmen: Vor jeder Mahlzeit brachte man ihnen ein Opfer dar. Wenn man etwas Größeres plante, ging man zuerst zu Sehern, Traumdeutern oder Orakeln, um den Willen der Götter zu erkunden.
Anders als bei uns war die Religion keine Privatsache. Die Städte hatten ihre besonderen Gottheiten. Wenn diese Götter in großen Festen verehrt wurden, dann mussten alle Einwohner der Stadt teilnehmen. Eine Polis war auch eine religiöse Gemeinschaft.

Die olympischen Götter

Die Griechen stellten sich ihre Götter als Menschen vor, jedoch als unsterblich, ewig jung und schön, und ausgestattet mit übernatürlichen Fähigkeiten. Sie glaubten, die Götter hätten sich wie die Menschen durch Fortpflanzung vermehrt, sodass sie eine große Familie mit Zeus als Oberhaupt bildeten. Auch Halbgötter wurden verehrt, die Liebesverbindungen zwischen Göttern und Menschen entsprungen sein sollten. Die Götterfamilie, so nahmen die Griechen an, hatte ihren Wohnsitz auf dem Berg Olymp, von wo aus Zeus Götter und Menschen regiere.

Hera (Juno)

Vorstellungen vom Jenseits

Die Griechen verbrannten ihre Toten und glaubten nicht an ein Weiterleben nach dem Tode. Ihrer Vorstellung nach verwandelten sich die Toten zu erinnerungs- und willenlosen Schatten in der Unterwelt, dem Hades. Ein Totengericht wie bei den Ägyptern oder ein Jüngstes Gericht wie später bei den Christen gab es für die Griechen nicht. Sie konnten nicht auf ein ewiges Leben im Jenseits hoffen. Für gute Taten auf Erden erwartete sie keine Belohnung.

D1 Die olympische Götterfamilie
Die römischen Namen für die Götter stehen in Klammern.

Homer und die griechische Sagenwelt

Das Wissen der Griechen über Götter und göttergleiche Helden der Vergangenheit ging auf Sagen zurück, die zunächst mündlich überliefert wurden. Diese Geschichten waren größtenteils erfunden, enthielten aber manchmal einen wahren Kern. Als sich im 8. Jahrhundert v. Chr. die griechische Schrift entwickelte, wurden sie aufgeschrieben. Um diese Zeit lebte auch der Dichter Homer, der als Autor der Erzählungen „Ilias" und „Odyssee" gilt. Diese beiden Sagen spielen noch vor der Entstehung der griechischen Polis. Die Götter greifen immer wieder in das Geschehen ein und bestimmen so das Schicksal der Helden. Die „Ilias" erzählt vom Krieg mächtiger griechischer Adliger gegen die Stadt Troja in Kleinasien, die „Odyssee" von der abenteuerlichen Rückreise des griechischen Helden Odysseus von Troja. Beide Werke blieben das ganze Altertum über bekannt und zählen auch heute noch zur Weltliteratur.

„Immer der Beste sein"

Diese Helden lebten in einer von Adligen, von „Aristokraten" bestimmten Welt. In diesem Begriff steckt das griechische Wort „aristoi", das heißt die „Besten", die „Tüchtigsten". Als solche verstanden sich die Helden Homers. Sie bewiesen ihre Tüchtigkeit vor allem im Kampf, in dem sie lieber mutig das Leben als feige die Ehre verloren. „Immer der Beste sein und hervorragen vor anderen …", so sagt einer der Helden Homers – und das imponierte den Griechen. Auch bei ihnen entschied ja die Tüchtigkeit darüber, welche Adligen in einer Polis Führungsämter innehatten.

LITERATURTIPP

Ilias und Odyssee

Das Buch erzählt packend die Taten der griechischen und trojanischen Helden.

Ilias und Odyssee, nacherzählt von Walter Jens, Ravensburg 2002, 19. Aufl., 96 Seiten, 27 Zeichnungen.

Ein berühmtes Ereignis im Krieg um Troja Q1
Darstellung auf einer Amphore (1,34 m hoch), um 670 v. Chr.

Aristokratie

(griech.: „aristoi", d. h. die Besten, Tüchtigsten) Als „Aristoi" bezeichneten sich die Griechen, die sich durch kriegerischen Erfolg, Besitz und vornehme Geburt von anderen unterschieden. Wenn in einer Staatsform diese Gruppe der Gesellschaft herrscht, nennen wir sie Aristokratie. Später ging die Bezeichnung auf die Personen über, die man als Aristokraten oder zusammenfassend als Aristokratie bezeichnete. Wir sprechen heute eher von Adel, Adligen und Adelsherrschaft.

Sagen/Mythen (Einzahl: Mythos)

Sagen sind Geschichten aus einer meist fernen Vergangenheit, in denen Götter, gute und böse Mächte und Helden eine Rolle spielen. Mythen sind wie Sagen aufgebaut. Sie geben dem Menschen Antworten auf Fragen, die er mit dem Verstand allein nicht beantworten kann, z. B. warum es überhaupt Menschen gibt oder wovon das Schicksal des Einzelnen abhängt. Mythen sind häufig Bestandteil von Religionen; z. B. ist die Geschichte von Adam und Eva in der Bibel ein Schöpfungsmythos.

Q2 **Kampf zwischen dem Griechen Ajax und dem Trojaner Hektor – links steht Athene, rechts Apollon**
Vasenbild aus Athen (Ø 26 cm), um 480 v. Chr.

Q3 **Das letzte Treffen des trojanischen Königssohns und Heerführers mit seiner Frau**

Dialog zwischen Hektor und Andromache nach Homer: Andromache flehte tränenüberströmt:

„Ich begreife dich nicht! Vernichten wird dich dein Übermut! Du kennst weder Erbarmen mit deinem kleinen Kind noch mit mir! Ich Unglückliche, ich bin bald deine Witwe, denn bald werden dich die Griechen erschlagen. (...) So erbarme dich doch und bleib hier auf dem Turm, dass du dein Kind nicht zur Waise machst und mich nicht zur Witwe!"(...)

Da sagte zu ihr der große Hektor mit dem funkelnden Helm: „Ja, an all das denke auch ich, Frau. Aber zu furchtbar schäme ich mich vor den Trojanern, wenn ich mich wie ein schlechter Mann vom Kampfe fernhalte. Das verbietet mir mein Mut, weil ich lernte, immer ein Edler zu sein und unter den vordersten Trojanern zu kämpfen, um des Vaters großen Ruhm und meinen eigenen zu bewahren. Doch eines weiß ich gewiss in meinem Innersten: Es wird der Tag kommen, an dem das heilige Troja, mein Vater Priamos selbst und das Volk der Trojaner untergehen." (...)

Er streichelte sie und sagte: „Dem Schicksal ist noch keiner der Männer entkommen, egal, ob er nun gering oder edel von Geburt war. Doch du geh ins Haus und kümmere dich um deine Arbeit: Webstuhl und Spindel, und befiehl den Dienerinnen an ihre Arbeit zu gehen. Der Krieg ist Sache der Männer, aller, und besonders die meine, die wir aus Troja stammen."

Homer, Ilias VI, 405–493. Übers. u. bearb. v. P. Offergeld.

Fragen und Anregungen

1. Informiere dich über die einzelnen Götter (D1) in einem Lexikon und erkläre dann, durch was sie auf den Zeichnungen charakterisiert sind.
2. Vergleiche die Göttervorstellungen der Griechen mit denen der Ägypter (VT). Was fällt dir auf?
3. Beschreibe das Vasenbild (Q2) und erläutere, was du über das Wirken der Götter und über das Verhältnis von Menschen und Göttern erfährst.
4. Suche in „Ilias und Odyssee" nach weiteren Begebenheiten, bei denen Götter eine Rolle spielen.
5. Arbeite aus dem Text (Q3) heraus, wie Hektor seine Entscheidung begründet und nimm Stellung dazu.
6. Vergleiche das griechische Alphabet (ADS, S. 74) mit unserem und mit der ägyptischen Hieroglyphenschrift (S. 49–51). Warum kommen unser Alphabet und das griechische mit viel weniger Zeichen aus?

3. Griechen im Wettkampf – Olympische Spiele

Vorbereitung zum Wettkampf Q1
Rotfigurige Malerei, Weinmischkrug (35 cm hoch), um 510 v. Chr.

776 v. Chr.	gilt den Griechen als Beginn der Spiele zu Ehren des Zeus in Olympia.
393 n. Chr.	Der christliche römische Kaiser Theodosius verbietet die Spiele als heidnische Unsitte.
1896	Erste Olympische Spiele der Neuzeit in Athen

Wettkämpfe und Götterverehrung

Kein anderes Volk der Antike hat so viel Freude an Wettkämpfen gehabt wie die Griechen. Aber die Spiele dienten in erster Linie der Verehrung der Götter. Das zeigte sich bei den vier großen Veranstaltungen für alle Griechen, von denen jedes Jahr mindestens eine stattfand. Denn sowohl in Olympia als auch in Delphi, Nemea und Korinth wurden sie bei einem Tempel ausgetragen zu Ehren des Gottes, dem der Tempel geweiht war.

Entwicklung der Olympischen Spiele

Die ältesten und berühmtesten Spiele fanden alle vier Jahre beim Tempel des Zeus in Olympia statt. Anfangs bestanden sie nur aus einer Feier zu Ehren des Gottes Zeus und einem Wettlauf von der Länge eines Stadions (ca. 190 m). Das dauerte einen Tag. Später kamen immer mehr Disziplinen dazu: der doppelte Stadionlauf, Langlauf, der Fünfkampf mit Laufen, Weitsprung, Ringen, Diskus- und Speerwurf, Boxen, Pankration (eine Mischung aus Boxen und Ringen), Wagen- und Pferderennen. Auch die religiösen Feierlichkeiten wurden ausgeweitet. So verlängerte sich die Dauer der Spiele auf fünf Tage.

D1 **Das Modell von Olympia** zeigt den Zustand im 5. Jahrhundert v. Chr. mit dem Tempel des Zeus.

Q2 Amphore – bauchiges Vorratsgefäß mit zwei Henkeln, um 480 v. Chr.

Amphore (42 cm hoch), Q3 um 510 v. Chr.

Amphore, Q4 6. Jahrhundert v. Chr.

Vasen aus Keramik sind für uns wichtige Quellen über das Leben in Griechenland. Viele Handwerker waren damit beschäftigt, diese Alltagsgegenstände herzustellen.

Organisation, Teilnahmebedingungen und Durchführung

Im Jahr von Olympischen Spielen reisten Gesandte des Zeus-Heiligtums von Olympia durch alle griechischen Städte und luden zu den Spielen ein. Wer als Sportler teilnehmen wollte, musste Grieche sein und männlich. Zuschauen durften fast alle, auch Nichtgriechen und Sklaven – nur keine verheirateten Frauen. Mit der Einladung verpflichteten die Gesandten die Städte zu Waffenruhe. Die Spiele sollten ungestört stattfinden und die Teilnehmer gefahrlos nach Olympia und wieder nach Hause reisen können.

Die Olympischen Spiele fanden Mitte Juli statt. Die Sportler mussten einen Monat vorher da sein und ihr Können den Oberschiedsrichtern vorführen. Wer von diesen für geeignet gehalten wurde, war für die Wettkämpfe qualifiziert.

Die eigentlichen Spiele begannen mit einem Umzug aller Beteiligten – Sportler, Betreuer, Schiedsrichter, Zuschauer –, der zum Tempel des Zeus führte. Hier schworen die Sportler, sich an die Regeln der Spiele zu halten. Die Wettkämpfe selbst wurden mit höchster Leidenschaft ausgetragen. Nur der Sieg zählte. Die Gewinner wurden mit Zweigen von einem heiligen Olivenbaum bekränzt. Jede Niederlage – sogar schon ein zweiter oder dritter Platz – galt als untilgbare Schmach. Die Verlierer kehrten unglücklich und auf Schleichwegen in ihre Heimat zurück, um dem Spott zu entgehen, der sie erwartete. Denn nur ein Sieg bewies nach Ansicht der Griechen, dass die Götter dem Sportler und seiner Heimatstadt wohlgesonnen waren. Außerdem wurden der Sieger und seine Polis durch einen Erfolg in Olympia in der ganzen Welt der Griechen bekannt. Daher ehrte die Heimatstadt einen zurückgekehrten Sieger mit höchsten Auszeichnungen, gewährte ihm z. B. Essen und Trinken auf Kosten der Polis bis an sein Lebensende.

Q5 Siegreicher Athlet mit Auszeichnungen. Amphore, um 410 v. Chr.

Deckel einer Amphore, Q6
um 500 v. Chr.

Q7 Tasse
(9 cm hoch), um 490 v. Chr.

Q8 Über den Wert sportlicher Übungen spricht ein Nichtgrieche mit einem Athener

Der griechische Schriftsteller Lukian (120–180 n. Chr.) gab seine Aussage wieder:

Weswegen tun dies bei euch die jungen Männer? Die einen umschlingen einander und stellen sich ein Bein, versuchen sich gegenseitig zu Boden zu werfen und wälzen sich wie Schweine im Kot. Zu Anfang aber salbten sie sich mit Öl und einer rieb den anderen friedlich abwechselnd ein; darauf jedoch (...) rennen sie mit geducktem Kopf aufeinander zu und schmettern die Stirn aufeinander wie die Widder. Ich möchte nun gerne wissen, wofür das alles gut sein soll.
Das Erbärmlichste ist, dass so viele Zuschauer Zeugen der Misshandlung der Athleten sind. Ich wundere mich sehr (darüber) (...), dass sie ihre wichtigen Geschäfte beiseite lassen und für derartige Darbietungen Zeit finden. Ich kann nicht begreifen, dass es ihnen Vergnügen bereiten soll, Menschen zu sehen, die sich stoßen und boxen und sich zu Boden schmettern.

Zit. nach: Lukian, Anacharsis 1–5. Übers. u. bearb. v. P. Offergeld.

Q9 Ein Lob auf die Spiele

Der griechische Redner Isokrates (436–338 v. Chr.) sagte in einer Festrede für die Olympischen Spiele:

Zu Recht loben wir die Gründer unserer großen Festspiele. Denn sie haben uns die Sitte überliefert, an einem Ort zusammenzukommen, nachdem Frieden verkündet worden ist und wir unsere Streitigkeiten beigelegt haben. Wenn wir an diesem Ort dann gemeinsam beten und opfern, werden wir daran erinnert, dass wir miteinander verwandt sind. Wir bekommen freundlichere Gefühle füreinander, machen alte Freundschaften wieder lebendig, knüpfen neue für die Zukunft. Weder Zuschauer noch Athleten verbringen ihre Zeit umsonst und nutzlos. Athleten können im Wettstreit der Hellenen ihre Höchstleistungen zeigen; Zuschauer können miterleben, wie sie miteinander wetteifern. Jeder findet etwas Interessantes am Festspiel und alle etwas, was ihrem Stolz schmeichelt: die Zuschauer, wenn sie sehen, wie sich die Athleten für sie anstrengen, und die Athleten, wenn sie daran denken, dass die ganze Welt gekommen ist, um sie zu bestaunen.

Isokrates, Panegyrikos 43–44. Übers. und bearb. v. P. Offergeld.

Q10 Wettlauf von Frauen, die eigene Spiele zu Ehren der Göttin Hera in Olympia hatten
Amphore, 5. Jahrhundert v. Chr.

Fragen und Anregungen

1. Beschreibe, was du auf den Vasen (Q1–4, Q6–7) erkennst, und liste auf, welche Diziplinen bei den griechischen Wettkämpfen ausgetragen wurden.
2. Stelle dir vor, ein Grieche von früher erlebt die heutigen Olympischen Spiele. Was käme ihm bekannt, was fremd vor?
3. Gib genau an, worin Isokrates die Bedeutung der Wettkämpfe für die Hellenen sieht (Q9).
4. Vergleiche die Auffassung über die Wettkämpfe von Isokrates mit der bei Lukian (Q8 und Q9).
5. Nimm Stellung: Kannst du die Einstellung der Griechen zu Sieg und Niederlage teilen?

„Immer der Beste sein ...."

An dieses Bestreben der alten Griechen (Seite 83) knüpfen die modernen Olympischen Spiele an. Sie sind der Teil des antiken Erbes, der den meisten Menschen auf der ganzen Welt bekannt ist. Wie entwickelten sich die modernen Olympischen Spiele? Was verbindet sie mit dem antiken Vorbild, was unterscheidet sie von ihm? Hier findest du zu diesen Fragen erste Hinweise.

Q1 **Olympische Ringe**

Q2 **Stadion in Delphi mit etwa 7000 Plätzen**
3./4. Jahrhundert v. Chr.

Q3 **Panatheneisches Stadion in Athen bei der Eröffnung der Spiele 1896**
Das Stadion wurde an der Stelle gebaut, an der das antike Athener Stadion gestanden hatte. Es fasst mehr als 70 000 Zuschauer. Die ersten Olympischen Spiele der Neuzeit kamen auf Initiative von Pierre Baron de Coubertin (1863–1937), einem französischen Pädagogen und Historiker, zustande. Finanziell ermöglicht wurde sie durch Sammlungen in der Bevölkerung Griechenlands, vor allem aber durch eine Spende des griechischen Millionärs Georgios Averhoff.

1896	Athen
1900	Paris
1904	St. Louis
1908	London
1912	Stockholm
1920	Antwerpen
1924	Paris
1928	Amsterdam
1932	Los Angeles
1936	Berlin
1948	London
1952	Helsinki
1956	Melbourne
1960	Rom
1964	Tokio
1968	Mexico City
1972	München
1976	Montreal
1980	Moskau
1984	Los Angeles
1988	Seoul
1992	Barcelona
1996	Atlanta
2000	Sidney
2004	Athen

Moderne Olympische (Sommer-)Spiele D1

D2 Teilnahmebegrenzungen

Seit den Spielen in Atlanta 1996 gibt es Teilnehmerobergrenzen: Nicht mehr als 10000 Athletinnen und Athleten, die sich durch Leistung qualifiziert haben müssen, und höchstens 5000 Funktionäre und Betreuer dürfen teilnehmen. Doch darf jeder Staat, der ein NOK (Nationales Olympisches Komitee) hat, sich zumindest mit sechs Sportlern und zwei Funktionären an den Spielen beteiligen.

Q4 Olympischer Waffenstillstand heute?

Aus einer Internet-Mitteilung der griechischen Botschaft in Berlin:

Fast 3000 Jahre nach den ersten Olympischen Spielen, wo für sieben Tage vor und sieben Tage nach den Spielen in der gesamten griechischen Welt die Waffen schwiegen, ist Griechenland darum bemüht, den olympischen Waffenstillstand wiederaufleben zu lassen. (…) Zusammen mit der Stiftung für den olympischen Waffenstillstand, mit Sitz in Lausanne, bemüht sich das neu geschaffene Zentrum (des olympischen Waffenstillstands) um die weltweite Einhaltung des Friedens für sieben Tage vor und sieben Tage nach den Olympischen Spielen. (…) Der griechische Staat investiert 775 Millionen Dollar in die olympische Sicherheitsarchitektur und stellt 40000 Einsatzkräfte zum Schutz der Sportstätten und der Stadt bereit. Darüber hinaus wurde ein 200 Mann starkes Spezialteam aus Teilen der Armee und der Polizei geschaffen (…).

Zit. nach: www.griechische-botschaft.de/olympia_2004/olympia2004_301103b.htm (8. 12. 03)

Olympiastadion in München Q5
Es wurde 1972 fertig gestellt und bietet etwa 80000 Zuschauern Platz.

Fragen und Anregungen

1. Vergleiche die drei Stadien (Q2–Q3, Q5). Wie erklärst du dir die Ähnlichkeiten und Unterschiede?
2. Stelle die Sportarten zusammen, die im alten Olympia betrieben wurden (Seite 85–87). Welche gehören heute noch zum olympischen Programm? Wie erklärst du dir, dass es heute so viele Sportarten gibt und viele Sportverbände ihren Sport „olympisch" werden lassen wollen?
3. Finde heraus, welche Bedeutung die olympischen Ringe haben, seit wann es sie gibt und wer sie eingeführt hat (Q1).
4. Markiere auf einer Weltkarte die Orte, an denen moderne Olympische Spiele stattgefunden haben (D1). Wie erklärst du dir die Verteilung? Warum haben wohl 1916, 1940 und 1944 keine Olympischen Spiele stattgefunden?
5. Was hältst du von den Teilnahmeregelungen von 1996 (D2)? Vergleiche sie mit den im alten Olympia geltenden Regeln (Seite 85–87).
6. Nimm Stellung zu der Mitteilung der griechischen Botschaft. Schreibe deine Meinung in einem Brief an die Botschaft nieder (Q4).

4. Athen auf dem Weg zur Polisgemeinschaft

Das Leben der Adligen Q1
Das Vasenbild zeigt oben ein Trinkgelage (Symposion) der Aristokraten. Weinmischkrug (46 cm hoch), um 600 v. Chr.

um 620 v. Chr.	Drakon setzt Gerichte bei Tötungsfällen ein.
594/93 v. Chr.	Solon versucht durch Gesetze und Aufrufe den Zusammenhalt der Athener zu stärken.
565–510 v. Chr.	Adlige Alleinherrscher (Tyrannen) regieren Athen.
510–507 v. Chr.	Kleisthenes setzt durch, dass alle Bürger in der Volksversammlung mitentscheiden können.

Ungewisse Anfänge

Vom Beginn der Geschichte Athens gibt es keine verlässlichen Nachrichten. Die Athener selbst erzählten sich Sagen über die Gründung ihrer Polis, in denen der Held Theseus und Athene, die Schutzgöttin der Stadt, eine wichtige Rolle spielen.

Adelsrivalität und Bauernnot

Die ersten Bruchstücke glaubwürdiger Überlieferung zeigen Athen seit etwa 700 v. Chr. in den gleichen Schwierigkeiten wie andere griechische Gemeinden. Die Bevölkerung wuchs, und das Land auf der Halbinsel Attika wurde knapp. Dürrezeiten und die geringe Größe ihrer Felder machten den Kleinbauern schwer zu schaffen.

Die Adligen hingegen bereicherten sich, indem sie Handel und Seeräuberei trieben. Sie zeigten ihre Überlegenheit durch eine aufwändige Lebensführung: Pferdezucht, teure Waffen und gutes Essen mit ihren Freunden. Ihre Vorbilder waren die Helden Homers: Jeder, der sich zum Adel zählte, also zu den Reichsten und Kriegstüchtigsten, wollte die anderen übertrumpfen. Dazu musste er seinen Landbesitz vermehren und benötigte deshalb immer mehr Arbeitskräfte.

Diese kamen aus den Reihen armer Bauern. Sie waren auf den Schutz durch die Adligen angewiesen und baten diese in schlechten Erntejahren um Hilfe, Werkzeuge und Saatgut. Da sie meist keine Gegenleistung erbringen konnten, arbeiteten sie längere Zeit oder für immer auf den Feldern und Höfen der Adligen (Schuldknechtschaft). Viele wurden gar als Sklaven verkauft oder flohen aus Attika. Hilfe konnten sie nirgendwo finden, denn es gab weder eine unabhängige Macht noch Gerichte.

Q2 **Bauern ernten Oliven**
Vasenmalerei, 6./5. Jh. v. Chr.

Erste Streitregelungen

Aber auch die Adligen litten zunehmend unter den gesetzlosen Zuständen, da ihre Rivalitäten oft zu Mord, Totschlag und Blutrache führten. Um 620 v. Chr. konnte der Adlige Drakon durchsetzen, dass Angehörige von Getöteten vor Gericht zu gehen hatten, anstatt in Blutrache selbst zurückzuschlagen. Die angedrohten Strafen waren überaus hart und so spricht man noch heute von „drakonischen" Strafen. Dies waren die ersten Gesetze, die schriftlich festgehalten und für jedermann sichtbar aufgestellt wurden. Ein erster Schritt zu einer öffentlichen Ordnung war getan.

Die Reformen Solons

Die Not der Bauern war damit aber nicht behoben. Vielleicht fürchteten die Adligen, einer von ihnen könnte reich und mächtig genug werden, um die anderen im Bunde mit unzufriedenen Bauern beiseite zu schieben und sich zum Alleinherrscher aufzuschwingen. So bestellten sie 594 v. Chr. den angesehenen Adligen Solon zum Schiedsrichter. Er schaffte die Schuldknechtschaft ab und bemühte sich, die verkauften oder geflohenen Athener zurückzuholen. Reiche und Ärmere gab es natürlich auch weiterhin, aber wenigstens als freie Bürger der Polis waren nun alle gleich.

Ein Rückfall? Die Tyrannis

Allerdings konnte wenig später ein einzelner Adliger, Peisistratos, eine Alleinherrschaft (Tyrannis) errichten. Vermutlich hatte der Tyrann Anhänger gewonnen, indem er das Bauernland gleichmäßiger verteilte. Ämter und Gesetze blieben bestehen, aber nichts geschah mehr gegen den Willen des Tyrannen. Wie Alleinherrscher das häufig tun, verschönerten Peisistratos und seine Söhne die Stadt durch Bauten und ließen eine Wasserleitung anlegen.

Die Volksversammlung wird aufgewertet

Nach dem Sturz der Tyrannis im Jahre 510 v. Chr. flammten die Adelskämpfe wieder auf. Aber die Athener wollten sich damit nun nicht mehr abfinden. Sie folgten daher dem Adligen Kleisthenes, der eine grundlegende Neuordnung der Polis vorschlug. Die Versammlung aller erwachsenen freien Männer, die unter den Tyrannen verkümmert war, gewann an Macht. Neu eingerichtet wurde ein Rat aus 500 Bürgern. Sie waren jeweils für ein Jahr im Amt und sollten die Volksversammlungen vorbereiten sowie die laufenden Geschäfte führen. Durch ein ausgeklügeltes System wurde sichergestellt, dass alle Teile Attikas, auch die weit entfernten Siedlungen, in diesem Rat vertreten waren. Dadurch wuchs im Laufe der Zeit ein Gemeinschaftsgefühl. Persönliche Bindungen an einzelne Adlige spielten dagegen keine so große Rolle mehr. Athen war dabei, zum Staat seiner Bürger zu werden, die sich an gemeinsame Regeln hielten. Deshalb war hier kein Platz mehr für einen Tyrannen oder einen Pharao wie in Ägypten, der als Gott verehrt wurde.

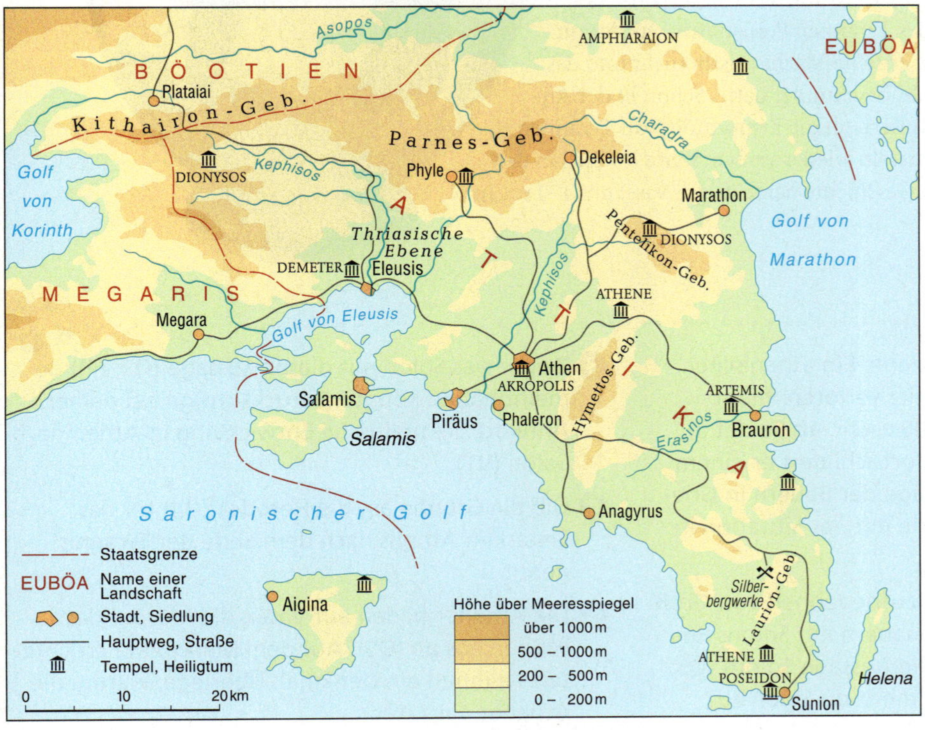

D1 **Die Halbinsel Attika** bildete das Gebiet der Polis Athen. Mit 2250 Quadratkilometern war sie etwa so groß wie das Saarland heute. Im 5. Jahrhundert v. Chr. lebten hier etwa 250 000 Menschen.

Q3 Solon rechtfertigt sich

Nach seiner Gesetzgebungstätigkeit 594/93 v. Chr. verzichtete Solon auf seine Machtstellung in Athen und zog sich ins Privatleben zurück. Aus dieser Zeit sind von ihm Dichtungen überliefert, in denen er auf Vorwürfe eingeht, die ihm nach seinen Reformen von Adligen einerseits und Bauern andererseits gemacht wurden. Hier zwei Auszüge aus diesen Gedichten:

(I)

Das Volk, wenn ich denn gradheraus es schelten muss,
Hätt selbst im Traum mit eignen Augen nie erschaut,
Was ihm jetzt eigen;
Die Herrn jedoch, in deren Hand die Herrschaft liegt,
Die sollten wohl mir dankbar sein wie einem Freund.

Und er denkt auch darüber nach, wie ein anderer an seiner Stelle gehandelt hätte:

(II)

Gebändigt hätt er nicht das Volk und nicht geruht,
Bevor er selbst den fetten Rahm der Milch geschöpft.
Doch ich stand wie ein Grenzpfahl auf umkämpftem
Feld in ihrer Mitte.

Aristoteles, Staat der Athener, 12, Zit. nach: Geschichte in Quellen, Bd. I, München 1975, S. 155.

Q4 Freiheit macht stark

Der Geschichtsschreiber Herodot (ca. 480–420 v. Chr.) berichtet über die ersten Kämpfe Athens nach dem Sturz der Tyrannen und urteilt dann:

Das Mitspracherecht ist in jeder Hinsicht eine wichtige Sache. Denn solange die Athener von ihren Tyrannen regiert wurden, waren sie keinem ihrer Nachbarn im Krieg überlegen. Als sie die Tyrannen aber los waren, wurden sie weitaus die Ersten. Das zeigt, dass sie sich als Untertanen absichtlich nicht anstrengten, da sie ja für einen Herrscher arbeiteten. Nachdem sie aber befreit worden waren, war jeder einzelne Bürger darauf bedacht, sich ganz einzusetzen, da es für ihn selber war.

Herodot, Historien V, 78, übers. v. W. Marg. Bd. 1, München 1991, S. 440, Bearb. d. Verf.

Die Ermordung des Hipparchos Q5

Hipparchos, der jüngere Sohn des Tyrannen Peisistratos, wurde von zwei Athenern ermordet, weil er seine Macht missbraucht und das Ansehen der beiden in der Polis beschmutzt hatte. Schon in der Antike wurde immer wieder diskutiert, ob die Ermordung von Tyrannen zulässig sei. Auf diese Frage wirst du wieder stoßen, wenn du dich in der 7. Klasse mit der römischen Geschichte beschäftigst. Vase, um 470 v. Chr.

Fragen und Anregungen

1. Spielt eine kleine Dialogszene: Ein athenischer Kleinbauer hat seinen Besitz verloren, flieht aus Attika und tritt um 600 v. Chr. als Soldat in den Dienst des Pharaos. Dort schildert er einem ägyptischen Bauern die Lage der Bauern in Griechenland und vergleicht sie mit der Situation in Ägypten.
2. Wie erklärst du dir die Unzufriedenheit von Großgrundbesitzern und Kleinbauern mit Solons Reform (VT)? – Formuliere die Aussage Solons (Q3, [I]) in eigenen Worten. Stimmst du Solon zu?
3. Zeige, was Solon mit dieser Aussage (Q3, (II)) gemeint haben könnte. Berücksichtige bei deiner Antwort die politische Entwicklung in Athen nach Solon (VT).
4. Gib die Gründe an, die Herodot (Q4) für das Erstarken Athens nach dem Ende der Tyrannis nennt.
5. Die Athener bilden auf Vasen die Mörder des Hipparchos ab (Q5). Auf dem Marktplatz errichteten sie ihnen ein Denkmal. Überlege, warum die Athener das taten.

5. Griechen vereint im Kampf gegen die Perser

Griechen und Perser im Kampf Q1
Schale, 5. Jahrhundert v. Chr.

seit 550 v. Chr.	Die Perser erobern Teile Asiens sowie Ägypten.
490 und 480/479 v. Chr.	Persische Angriffe auf Griechenland scheitern.

Das persische Weltreich

Die meisten griechischen Poleis haben eine ähnliche Entwicklung genommen wie Athen. Um das Jahr 500 fühlte sich nun ganz Griechenland von außen bedroht, von einem mächtigem Feind im Osten, dem Perserreich. Die Perser waren ein Reitervolk, das aus dem kargen Hochland des heutigen Iran stammte. Sie beherrschten ein Reich, das von Indien bis zur Mittelmeerküste reichte und mit Mesopotamien, Palästina und Ägypten alte Hochkulturen umfasste. Man kann von einem Weltreich sprechen.
Der persische Großkönig beließ den unterworfenen Völkern ihre Religionen und Sitten, aber sie mussten regelmäßig Abgaben zahlen und Krieger stellen, wenn sie der Perserkönig dazu aufforderte. Im versammelten Heeresaufgebot wurde das Reich in seiner Größe sichtbar, im erfolgreichen Kriegszug zeigte sich die Unbesiegbarkeit des Königs. Wegen der großen Entfernungen und der begrenzten Möglichkeiten zur direkten Kontrolle setzte der Großkönig für die einzelnen Gebiete Stellvertreter ein; sie wurden Satrapen genannt.

Der Konflikt zwischen Griechen und Persern

Natürlich konnte es der Perserkönig nicht dulden, wenn sich Teile seines Reiches selbständig machten. Genau dies aber taten die Griechenstädte in Kleinasien seiner Meinung nach, als sie im Jahre 500 v. Chr. unter der Führung Milets einen Aufstand unternahmen. Im Jahr 494 v. Chr. wurde Milet auf seinen Befehl zerstört.
Die Athener hatten den Aufstand unterstützt. Der Perserkönig Dareios ließ deshalb 490 v. Chr. ein nicht sehr großes Heer übers Meer in Richtung Griechenland setzen. Die Athener wollten sich nicht unterwerfen und entschlossen sich zu kämpfen.

Q2 **Felsrelief von König Dareios**
Bisutun, ca. 520 v. Chr.
An der alten Karawanenstraße von Mesopotamien nach Ekbatana ließ König Dareios ein Bild nach einem Sieg über aufständische Fürsten in den Felsen hauen. Das Flügelwesen in der Mitte stellt den höchsten iranischen Gott, Ahura Mazda, dar.

Verlauf der Perserkriege

In der Schlacht von Marathon besiegte ein athenisches Heer die Perser. Dabei spielte eine von den Persern nicht praktizierte Kampfesweise eine wichtige Rolle: Die Athener kämpften als schwer bewaffnete Fußsoldaten, als „Hopliten", und traten dabei in geschlossener Reihe, der „Phalanx" (Walze), an. Die in mehreren Reihen hintereinander aufgestellten Hopliten wurden durch Musik angefeuert und gehorchten einem einheitlichen Kommando. Wenn der Vordermann fiel, musste der Hintermann sofort aufrücken. Jeder musste sich auf den anderen verlassen können.

Die Perser fanden sich mit der Niederlage bei Marathon nicht ab. Dareios' Sohn Xerxes unternahm daher 480 v. Chr. einen besser vorbereiteten Angriff auf ganz Griechenland mit vielleicht 100 000 Soldaten und etwa 1000 Schiffen.

Viele Staaten in Nord- und Mittelgriechenland unterwarfen sich notgedrungen oder freiwillig, nicht aber ein von Sparta geführtes Bündnis, zu dem auch Athen mit seiner Flotte von 200 neuen Kriegsschiffen gehörte. Sparta war damals die mächtigste Polis in Griechenland und zum äußersten Widerstand entschlossen.

Ein erster Versuch, die Perser an den Thermopylen, einem Engpaß zwischen Gebirge und Meer aufzuhalten, brachte 300 Spartanern zwar einen ruhmvollen Tod, misslang aber. Der Weg nach Athen war für die Perser nun frei. Dort brachte man die Bevölkerung aus der Stadt und hoffte auf einen Sieg der Flotte. Die Perser rückten in Athen ein, plünderten es und zerstörten die wichtigsten Tempel. Dies gaben sie als Rache für eine ähnliche Tat der aufständischen Griechen in Kleinasien aus.

Doch entschieden wurde der Krieg in zwei großen Schlachten. Zuerst besiegten die Griechen mit Glück und Geschick die zahlenmäßig überlegene persische Flotte in der Meerenge bei der Insel Salamis. Und 479 v. Chr wurde das persische Landheer bei Plataiai von den Spartanern und einigen Verbündeten vernichtend geschlagen. Ein Bündnis griechischer Stadtstaaten hatte damit gegen ein übermächtig scheinendes Reich die eigene Unabhängigkeit verteidigt.

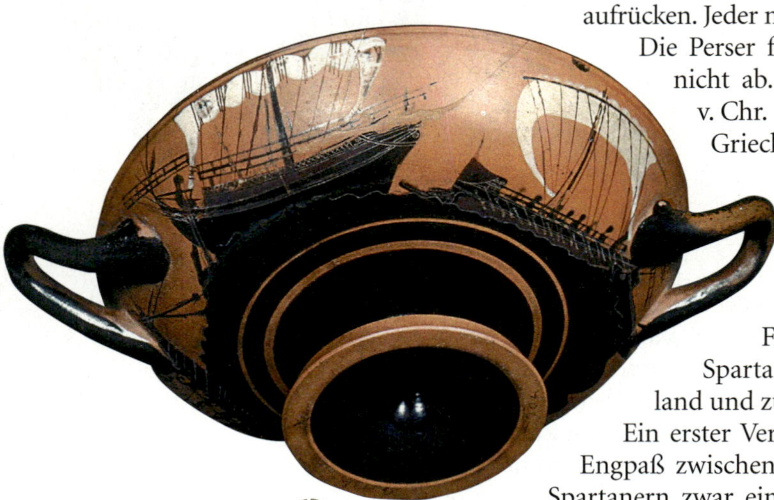

Griechische Schiffe Q3
Trinkschale, 5. Jh. v. Chr.

Die Perser als „Barbaren"?

Über die Perser verbreitete sich in Griechenland jetzt die Ansicht, sie seien nicht nur anders als die Griechen, sondern von Natur aus minderwertige Menschen. Diese „Barbaren" wurden als Feinde angesehen, die man zugleich verachtete und fürchtete. Das griechische Wort „Barbar" hatte bis dahin jemanden bezeichnet, der nicht griechisch und damit unverständlich sprach. Seit es die Griechen auf die Perser anwandten, nahm es die herabsetzende Bedeutung an, die es heute noch hat.

Q4 **Schlachtenreihe (Phalanx)**
mit schwer bewaffneten Fußsoldaten (Hopliten), Ausschnitt einer Kanne (26 cm hoch), um 650 v. Chr.

D1 **Die Schlacht von Salamis**
Rekonstruktionszeichnung einer möglichen Kriegsszene mit so genannten Trieren (Dreiruderern).

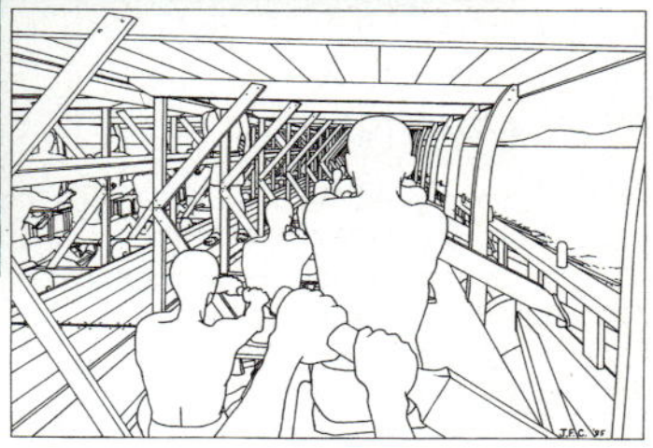

Blick in eine Triere D2

Q5 Athens Anteil am Sieg der Griechen

Die Griechen stritten darüber, wer am meisten zum Sieg über die Perser beigetragen habe. Herodot stellte dazu die folgenden Überlegungen an:

Hätten die Athener in Angst und Schrecken vor der nahenden Gefahr ihre Heimat verlassen oder wären sie dageblieben und hätten sich dem Xerxes ergeben, dann hätte zur See niemand versucht, dem König Widerstand zu leisten. Hätte nun niemand Xerxes zur See Widerstand geleistet, dann wäre es auf dem Land gewiss etwa so gekommen: Mochten die Spartaner sich bei Korinth mit noch so vielen Mauern gepanzert haben, so wären sie doch von den Bundesgenossen im Stich gelassen worden, nicht aus freien Stücken, sondern aus Zwang, da eine Stadt nach der andern der Seemacht der Perser zum Opfer gefallen wäre, und so wären sie schließlich allein übrig geblieben. Verlassen und allein hätten sie zwar bestimmt Großes vollbracht und einen ehrenvollen Tod gefunden. Oder aber sie wären schon vorher, als sie sahen, wie auch die anderen Hellenen zum Feind übergingen, zu einer Übereinkunft mit Xerxes gekommen. Und so wäre in beiden Fällen Griechenland unter persische Herrschaft gekommen. (...) Recht hat also, wer sagt, die Athener seien die Retter von ganz Griechenland gewesen. Denn auf welche Seite sie sich schlugen, da musste die Waage sinken. Sie aber wählten Griechenlands Überleben in Freiheit.

Herodot, Historien VII,139, übers. v. W. Marg. Bd. 2, München 1991, S. 131, Bearb. d. Verf.

Fragen und Anregungen

1. Beschreibe den Aufbau des persischen Reichs und vergleiche ihn mit den politischen Verhältnissen in Griechenland (Q2, VT). Überlege, was die Darstellung in dem Felsrelief über die politischen Zustände im Perserreich aussagt.
2. Vergleiche die Schiffe auf der Vase (Q3) mit der Rekonstruktionszeichnung (D1). Beschreibe ihren Aufbau und den Einsatz im Kampf.
3. Es gibt die Meinung, die Griechen hätten die Perser nur besiegen können, weil sie in größerer Freiheit lebten als die Untertanen der Perser. Also hätten sie mit mehr Einsatz gekämpft. Welche Auffassung zu der Frage kann man bei Herodot vermuten (Q5)? Was meinst du selbst dazu?

Orientierung in der Geschichte

Karten helfen nicht nur zur Orientierung im Alltag, sondern erleichtern auch das Verständnis der Geschichte. Aus einer Geschichtskarte kann man schnell und anschaulich Informationen darüber bekommen, in welchem Raum der Welt, an welchem Ort und zu welcher Zeit sich Ereignisse, Entwicklungen und Beziehungen abspielten.

Genauso wie eine geographische Karte lässt die Geschichtskarte viele Einzelheiten weg und sie informiert nur über einen bestimmten Zeitabschnitt. Aus der Vielfalt der Geschehnisse wählt sie Informationen zu einem bestimmten Thema aus. Deshalb vereinfacht eine Geschichtskarte immer auch.

Am Beispiel des Verlaufs des Krieges zwischen Griechen und dem Perserreich 480/479 v. Chr. kannst du lernen, wie man eine Karte schnell erschließen und welche Informationen man daraus gewinnen kann.

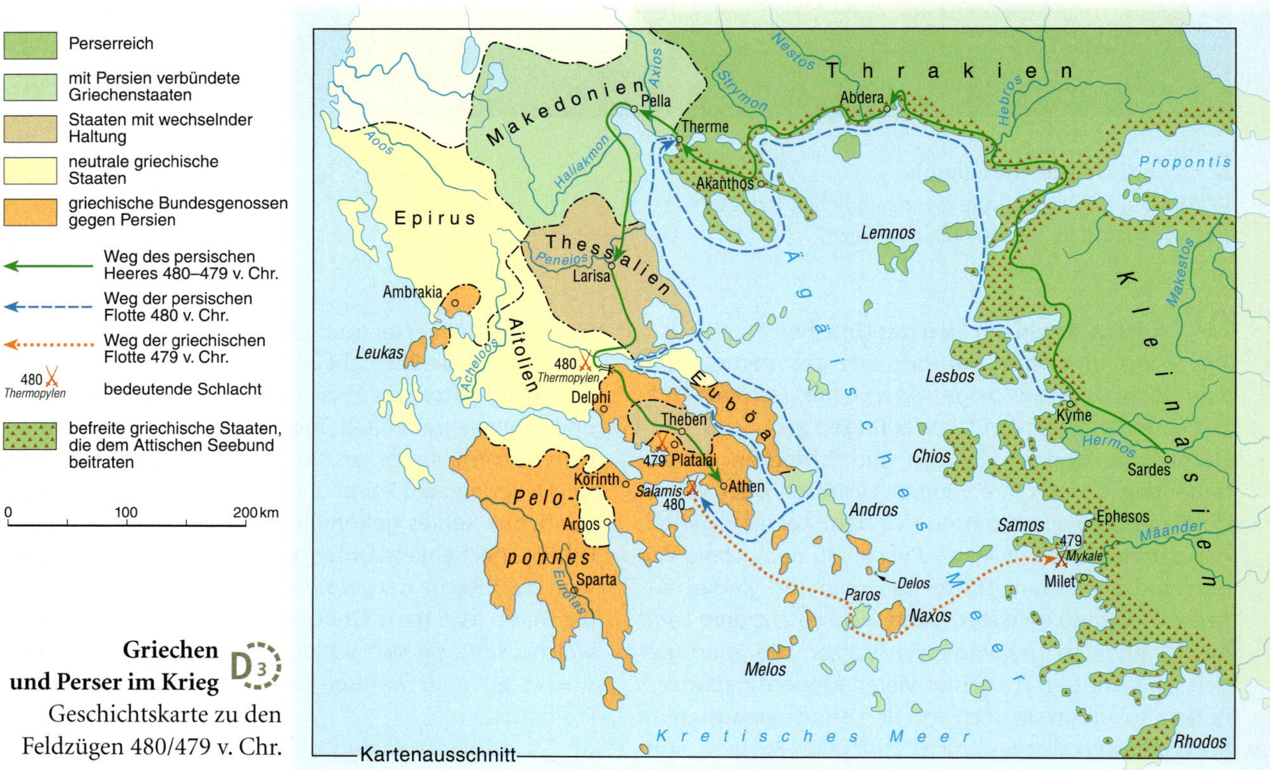

Griechen und Perser im Krieg D3

Geschichtskarte zu den Feldzügen 480/479 v. Chr.

Methodische Arbeitsschritte:

1. Über welches Thema informiert die Karte? Beachte dabei die Unterschrift und die Legende.
2. Welcher Raum wird dargestellt? Welche Orte werden hervorgehoben? Vergleiche mit dem Geographie-Atlas, um welches heutige Gebiet es sich handelt.
3. Stelle fest, wie die Karte zeitlich eingeordnet ist. Bezieht sie sich auf ein bestimmtes Jahr, auf einen kurzen oder langen Zeitabschnitt? Werden unterschiedliche Zeitstufen dargestellt?
4. Mache dich sorgfältig mit der Legende vertraut. Welche besonderen Bedeutungen haben die Farben und Zeichen der Karte?
5. Suche einige der Zeichen auf der Karte und stelle fest, welche Informationen du zur historischen Situation erhalten kannst.

Hinweise zur Arbeit mit Geschichtskarten

Geschichtskarten sind leichter verständlich, wenn man ihre besondere Zeichensprache kennt. Diese muss entschlüsselt werden, damit man die Karte lesen kann. Hierzu dient die Legende. Sie erläutert die Bedeutung der in der Karte verwendeten Farben und Zeichen sowie den Maßstab.

Abbildung Maßstab

0 100 200 km

Mithilfe des Maßstabes kannst du die Entfernung zwischen Orten, die Ausdehnung von Ländern und Gebieten oder die Wegstrecke von Handelslinien, Wanderungen und Kriegszügen bestimmen. Gib einmal die Entfernung auf dem Landweg von Sardes zu den Thermopylen an.

Ausschnitt oder Ganzes

Die Karte, die auf dieser Doppelseite abgebildet ist, zeigt nur den Ausschnitt des riesigen Perserreiches, wo die Kriege von 480/479 v. Chr. stattfanden. Die gesamte Größe des Perserreiches kannst du der Karte auf Seite 121 entnehmen.

Perserreich

neutrale griechische Staaten

griechische Bundesgenossen gegen Persien

Verschiedene Farben und Namen kennzeichnen Gebiete oder Staaten. Hier sind die einzelnen griechischen Staaten nicht gekennzeichnet, sondern nur die für dieses Thema wichtigen. Die Farben geben an, in welchem Verhältnis die Staaten zueinander standen. Gib die zu einer Farbe gehörenden Gebiete an.

Weg des persischen Heeres 480–479 v. Chr.

Weg der persischen Flotte 480 v. Chr.

Weg der griechischen Flotte 479 v. Chr.

Farbige Linien und Pfeile zeigen die Wege von Heeren und Flotten zu unterschiedlichen Zeiten. Wenn du die Vormarschwege der Perser betrachtest, kannst du vermuten, wie ihre militärische Planung (Strategie) aussah.

480 Thermopylen — bedeutende Schlacht

Symbole kennzeichnen bedeutende Städte und die Orte, an denen sich Land- und Seeschlachten ereignet haben. Warum die Schlacht gerade bei den Thermopylen stattgefunden hat, kann man nur erkennen, wenn man auf einer geographischen Karte sieht, dass dort der Vormarsch der Perser durch einen Engpass zwischen Meeresküste und Gebirge verlief. Über den Verlauf und den Ausgang der anderen Schlachten gibt die Karte keine Auskunft. Informiere dich darüber im Verfassertext.

Thrakien

Die Namen auf der Karte sind nicht so neutral, wie man meinen sollte, sondern legen oft schon eine bestimmte Sichtweise (Perspektive) fest. So könnte „Kleinasien" auch mit dem Namen der persischen Provinz (Satrapie) „Sparda" bezeichnet werden. Statt des griechischen Namens „Thrakien" könnte das persische „Skudra" auf der Karte stehen.

Fragen und Anregungen

1. Bereitet in einer Kleingruppe einen Vortrag zur Karte vor. Wendet dabei die „Methodischen Arbeitsschritte" an und nehmt auch die „Hinweise zur Arbeit mit Geschichtskarten" hinzu.
   Stellt sicher, dass die Zuhörer Antworten auf folgende Punkte erhalten:
   – die politische Lage vor dem Feldzug
   – Verlauf und Orte des Krieges
   – Ergebnis der Auseinandersetzung.

2. Ordnet nun die Karte in den historischen Zusammenhang ein. Dazu müsst ihr euch über das Verhältnis der Griechen und Perser im Verfassertext erkundigen: Erläutert die Ursachen und die Folgen der Perserkriege.

6. Athen – ein erstes Modell der Demokratie

462 v. Chr. In Athen hat sich die Demokratie herausgebildet.

Münzen aus Athen Q1
trugen den Kopf der Göttin Athene und ihr „Wappentier", die Eule. Die Buchstaben „Athe" stehen kurz für „(Münze der) Athe(ner)". Die Athener sorgten dafür, dass ihre Münzen im ganzen Gebiet des Seebundes verwendet wurden.

Athen wird Großmacht

Nach den Siegen bei Salamis und Plataiai wollten die kleinasiatischen Griechenstädte dauerhaft von der persischen Herrschaft befreit werden und baten die Athener um Hilfe. Diese fühlten sich stark und verbündeten sich 478 v. Chr. mit vielen Städten der Ägäis zum Attischen Seebund, um den Krieg gegen die Perser fortzuführen. Athen stellte die meisten Schiffe, und die Perser wurden tatsächlich immer weiter zurückgedrängt.
Doch bald zeigte sich, dass der Seebund Athen in erster Linie dazu diente, seine Interessen auch in Griechenland durchzusetzen. Im Seebund traf Athen allein die Entscheidungen, und mit den jährlichen Zahlungen der Verbündeten finanzierten die Athener nicht nur ihre Flotte. Die Gelder flossen auch in prächtige Bauten, die im 5. Jahrhundert v. Chr. in Athen entstanden. Athen war Großmacht geworden. Abtrünnige Bündnispartner bekämpfte es.

Wirtschaftliche Vorteile für die Athener

Fast alle freien Einwohner Athens zogen Nutzen aus der neuen Machtstellung ihrer Stadt. Bauern, die in Attika nur kleine Höfe besaßen, konnten nun auswärts ein größeres Stück Land bekommen. Händler und Handwerker hatten reichlich zu tun, denn über den neuen Hafen Piräus führte Athen von überall her Nahrungsmittel, Sklaven und Bauholz ein, während Wein, Olivenöl, Tongefäße und Waffen ausgeführt wurden. Die reichen Bürger mussten zwar mit ihrem Vermögen die Schiffe ausstatten oder Theateraufführungen finanzieren. Dafür hatten sie im Wirtschaftsraum des Seebundes viele Möglichkeiten Geld zu verdienen. Die Ärmeren, die kein eigenes Land oder Geschäft besaßen, fanden immer Arbeit, oft auch bei den großen Bauprojekten: Schiffshäuser, Tempel und andere öffentliche Gebäude wurden errichtet.

Demokratie – damals und heute

In Athen gab es eine direkte Demokratie: Alle männlichen Bürger fassten in der Volksversammlung Beschlüsse und konnten eines der zahlreichen Ämter bekleiden. Sie waren, wie man damals sagte, Herrscher und Beherrschte zugleich. Allerdings bildeten nur „Vollbürger" die Volksversammlung, nämlich die als Freie geborenen Athener. Die zahlreichen in Athen lebenden freien Ausländer (Metöken) galten nicht als Bürger und waren nicht zugelassen.

Heute haben wir eine andere Form von Demokratie. Die vielen Millionen Bürger, Männer und Frauen, können nicht immerzu in einer Volksversammlung über die zahlreichen und komplizierten Gesetze und Beschlüsse abstimmen. Sie wählen daher Abgeordnete als ihre Vertreter in ein Parlament; bei uns ist das der Deutsche Bundestag. Politiker ist heute ein Beruf, der viel Spezialwissen erfordert, anders als in Athen.

D1 Bürger und Politik in Athen
Schaubild zur politischen Mitwirkung eines Bürgers und zu seinen Pflichten

Herrschaft des Volkes

Außerdem gewannen die Ärmeren an politischem Einfluss. Denn sie ruderten die Kriegsschiffe, welche die Schlacht gegen die Perser bei Salamis entschieden hatten. Auch ihnen verdankte Athen letzten Endes Macht und Wohlstand. Nun vertraten sie in der Volksversammlung selbstbewusst ihre Meinung. Ihre Stimmen waren zahlreich und hatten dadurch Gewicht. Im Jahr 462 v. Chr. übernahm die Volksversammlung die Aufsicht über alle Amtsträger. Seither bezeichneten die Athener ihre Staatform als Demokratie, als „Herrschaft des Volkes“.
Die Demokratie zeigte sich auch darin, dass die Amtsträger nicht mehr gewählt, sondern ausgelost wurden. Jeder Bürger sollte die gleichen Chancen haben. Und damit sich nicht nur reiche Leute, die nicht arbeiten mussten, der Auslosung stellten, wurde den Amtsträgern ihr Verdienstausfall durch eine kleine Geldsumme ersetzt.

Die Adligen in der Demokratie

Auch den Adligen bot die Demokratie Chancen. Sie konnten zeigen, dass sie zu den Besten, den „aristoi“, gehörten, indem sie sich um das Amt des Heerführers, des „Strategen“, bewarben. Dies war das einzige Amt, in das man gewählt und nicht gelost wurde. Denn hier kam es auf militärische Fähigkeiten an, über die nicht jeder verfügte. Außerdem mussten die Bewerber gut reden können, um die versammelte Menge von ihren Fähigkeiten und Plänen zu überzeugen. Erfolgreiche Strategen erlangten Ehre und Ruhm, aber wenn sie das Vertrauen des Volkes verloren, stürzten sie tief. Die Athener verurteilten einige Strategen sogar zum Tode, weil sie leichtfertig waren oder angeblich den Feind unterstützt hatten.
Unliebsame Politiker konnte die Volksversammlung außerdem durch das Scherbengericht (Ostrakismos) verbannen. Damit wollten sich die Athener davor schützen, dass sich mächtige Einzelne zu Tyrannen aufschwangen. Denn einige Politiker sammelten auch in der Demokratie viel Macht und Einfluss, obwohl sie für ihre Politik immer wieder die Zustimmung der Volksversammlung benötigten. Der bekannteste von ihnen war Perikles, der von 443 bis 429 v. Chr. ohne Unterbrechung Stratege war. Zu seiner Zeit sei Athen nur dem Namen nach eine Demokratie gewesen, urteilt der Geschichtsschreiber Thukydides – in Wirklichkeit habe Perikles alleine geherrscht.

Q2 Bildnis des Perikles

D2 Agora (Marktplatz) von Athen, um 400 v. Chr.
Modell. Unterhalb des Tempels des Gottes Hephaistos (1), standen wichtige Bauten der Demokratie. In der Stoa (Säulenhalle) (2) wurde Gericht gehalten, im Rathaus (Buleuterion) (3) tagte der aus den Bürgern ausgeloste Rat der 500, im Rundbau (Tholos) (4) trat ein aus dem Rat gebildeter Ausschuss zusammen, der die ständigen Geschäfte führte.

Q3 Liste von Gefallenen

Die Bürgerschaft Athens war in zehn Unterabteilungen gegliedert, die so genannten Phylen. Mitglieder einer Phyle arbeiteten im Rat der 500 zusammen und sie leisteten auch gemeinsam Militärdienst. Die folgende, hier nur in Auszügen wiedergegebene, zudem nicht vollständig überlieferte Liste verzeichnet in drei Spalten mit Namen die Gefallenen der Phyle Erechtheis aus einem einzigen Kriegsjahr, wahrscheinlich 459/58 v. Chr.:

Von (der Phyle) Erechtheis fanden Folgende den Tod im Krieg in Zypern, in Ägypten, in Phönikien, bei Halieis, bei Aigina und bei Megara im Verlauf desselben Jahres: Von den Heerführern Phrynichos. Pantatelon, Polystratos, Drakontides (es folgen 52 weitere Namen). (Der) Stratege Hippodamas, Euthymachos, Eumelos, Androsthenes; Bogenschützen: Phynos, Tauros, Theodoros, Aleximachos. Phanyllos (es folgen 55 weitere Namen). In Ägypten: Telenikos (der) Seher. Akryptos, Timokrates, Archelas (es folgen 53 weitere Namen).

Zit. nach: Kai Brodersen/Wolfgang Günther/Hatto Schmitt, Historische Griechische Inschriften in Übersetzung, Bd. I, Darmstadt 1992, Nr. 53.

Q4 Scherbengericht

Ein griechischer Historiker schreibt dazu:

Das Volk stimmt jedes Jahr ab, ob das Scherbengericht überhaupt stattfinden soll. Wenn das beschlossen ist, wird der Versammlungsplatz mit einer Schranke eingezäunt und es werden zehn Eingänge gelassen, durch welche man, nach Phylen geordnet, hineingeht und die Scherben abgibt, und zwar mit verdeckter Aufschrift. Den Vorsitz führen die neun Archonten (Amtsträger) und der Rat. Nur wenn mehr als 6000 Stimmen abgegeben wurden, zählen sie aus, wer die meisten Stimmen erhalten hat. Dieser muss seine privaten Angelegenheiten innerhalb von zehn Tagen regeln und die Stadt für zehn Jahre verlassen (später waren es fünf), darf sein Vermögen weiter nutzen, jedoch die Höhe von Geraistos auf Euboia nicht überschreiten.

Philochorus Fragment 30, in: F. Jacoby (Hg.), Die Fragmente der griechischen Historiker, Bd. III B, Leiden 1950, Nr. 328. Übers. u. bearb. v. U. Walter.

Tonscherbe als Stimmzettel, 5. Jahrhundert v. Chr. Q5
Die Scherbe nennt einen Mann, der Sohn des Xanthippos war (2. Zeile). Wenn du die letzten vier Buchstaben der ersten Zeile entzifferst, kommst du sicherlich auf den Namen.

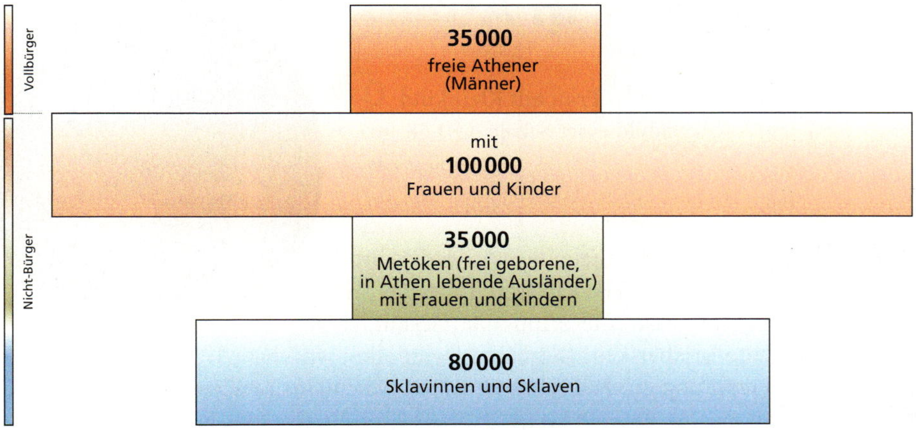

D3 Die Bevölkerung Athens
Zusammensetzung um 450 v. Chr. Die Zahlen sind geschätzt und beziehen sich auf Attika, das gesamte Gebiet der Polis Athen.

Q6 Was ist die beste Staatsform und wer soll im Staat entscheiden?

Die Philosophen lehrten ihre Schüler, in Rede und Gegenrede für und gegen eine Sache zu sprechen. Der Geschichtsschreiber Herodot hat in diesem Sinn ein Gespräch persischer Adliger über Staatsformen erfunden:

Otanes setzte sich für die Herrschaft des ganzen Volkes, für die Demokratie, ein und sagte: „Auch der Edelste wird, wenn er zur Herrschaft gelangt, überheblich, aber auch neidisch auf das Gut der anderen werden. Er verlangt Schmeichelei und setzt das Recht außer Kraft. Die Herrschaft des Volkes aber bringt erstens gleiches Recht für alle. Zweitens aber tut sie nichts von all dem, was ein Alleinherrscher tut. Sie bestimmt die Regierung durch das Los, und diese Regierung ist dem Volke verantwortlich."

Ein zweiter, Megabyzos, spricht für die Herrschaft der Adligen, für die Oligarchie [eigentlich: „Herrschaft weniger"; steht hier für Aristokratie]: „Woher sollte vom Volk Vernunft kommen? Ohne Sinn und Verstand, wie ein Strom im Frühling, stürzt es sich auf die Staatslenkung. (...) Wir sollten vielmehr einem Ausschuss von Männern des höchsten Adels die Regierung übertragen. Es ist doch klar, dass von den Edelsten auch die edelsten Entschlüsse ausgehen."

Dareios dagegen wünscht die Herrschaft eines Einzelnen, die Monarchie: „Es gibt nichts Besseres, als wenn der Beste regiert. Er wird untadelig für sein Volk sorgen und Beschlüsse gegen Feinde des Volkes werden am besten geheim gehalten werden. In der Oligarchie (...) will jeder der Erste sein und seine Meinung durchsetzen. Daher pflegt es zu heftigen Kämpfen der Adligen untereinander zu kommen. Herrscht dagegen das Volk, so kann es nicht ausbleiben, dass Schlechtigkeit und Gemeinheit sich einstellen!"

Zit. nach: Herodot, Historien III, 80 ff. Bearb. d. Verf.

Fragen und Anregungen

1. Entwickelt, vielleicht mithilfe Eures Lehrers, ein Schaubild, das zeigt, wie die Athener sich regierten und wie sie Beschlüsse fassten. Berücksichtigt die Bevölkerung, die Volksversammlung, die Amtsträger, den Rat der 500 und die Gerichte.
2. Diskutiert, ob ihr den Ostrakismos für ein sinnvolles Verfahren zur Sicherung der Demokratie haltet (Q4, Q5, VT). Berücksichtigt dabei auch die Bedeutung weiterer Einrichtungen in Athen, die die Demokratie verwirklichen und schützen sollten.
3. Findet ihr es richtig, dass die Athener ihre Staatsform „Demokratie" nannten? Überlegt, wie sie die Verwendung dieses Begriffs wohl begründet haben (VT, D1, D3).
4. Eine Phyle umfasste ungefähr 4000 Bürger. Zähle die Toten auf der Gefallenenliste (Q3) und berechne aus beiden Zahlen den Anteil der Gefallenen an der Gesamtzahl der Phylenmitglieder in diesem Jahr.
5. Schaue auf einer Geschichtskarte nach, wo überall die Athener im Jahr 459/58 v. Chr. kämpften (Q3). Aus welchen Gründen haben sie in dieser Zeit Kriege geführt (VT)? In welchem Verhältnis steht deiner Ansicht nach das kriegerische Verhalten der Athener zur Demokratie im Innern ihres Stadtstaates?
6. Vergleiche die Vor- und Nachteile der Staatsformen in einer Tabelle (Q6). Welche Argumente überzeugen dich?

7. Sosibros – ein Hausherr in Athen

Frau mit Kleinkind Q1
Innenbild einer Schale (Ø 4,38 cm), um 450 v. Chr.

Haus und Familie von Sosibros

In den folgenden drei Kapiteln lernst du Sosibros kennen und mit ihm das Leben in Athen um das Jahr 450 v. Chr. Sosibros ist eine erfundene Gestalt, seine Geschichte ist aber kein Märchen. Denn alles, was in der Erzählung geschildert wird, haben Geschichtsforscher herausgefunden.

Q2 **Frauen am Brunnen**
Da in Athen die einzelnen Häuser keinen Wasseranschluss hatten, mussten die Frauen das gesamte Trinkwasser für den Haushalt von den öffentlichen Brunnen nach Hause schleppen. Wasserkrug (45,9 cm hoch), um 500 v. Chr.

Sosibros wohnt am Stadtrand von Athen, an der Straße nach Marathon, in einem einfachen, hübschen Haus. Um einen kleinen Innenhof liegen in zwei Stockwerken die verschiedenen Räume. Am wichtigsten für Sosibros ist der einfach eingerichtete Speiseraum, wo er sich öfter am Abend mit seinen Freunden trifft, Wein trinkt, sich unterhält und Lieder singt. Ansonsten ist er nur selten zu Hause. Wenn er nicht gerade arbeitet oder zur Volksversammlung geht, treibt er Sport oder steht mit Bekannten zusammen, um zu diskutieren. Sosibros hat ziemlich spät geheiratet. Seine Frau Kalliope war damals erst 16 Jahre alt, er schon 33. Aber das war nicht ungewöhnlich. Kalliopes Vater hatte ihr seinerzeit Geld, Kleidung und eine Dienerin als Mitgift gegeben, die sie in den Besitz des Sosibros einbrachte. Mittlerweile ist er Vater von zwei kleinen Kindern, die meist im Haus spielen.

Kalliope verlässt das Haus selten. Sie bewohnt einen Raum im zweiten Stock, wo kein männlicher Besucher zugelassen ist. Wenn sie zum Einkaufen geht, Verwandte besucht oder an einem religiösen Fest teilnimmt, wird sie meist von einer Dienerin begleitet. Im Haus bestimmt sie die täglichen Abläufe. Sie überwacht die Arbeit der Sklaven, sorgt für das Essen, achtet auf die Vorräte und erzieht die Kinder. Viel Zeit verbringt sie damit, Stoffe und Kleidungsstücke herzustellen.

Sosibros ist froh, dass er seiner Frau ein so zurückgezogenes und behütetes Leben zu Hause ermöglichen kann. In vielen anderen Familien müssen die Frauen auf dem Feld mitarbeiten oder auf dem Markt Waren verkaufen. Kalliope hat ihm zwei prächtige Kinder geboren, geht sparsam mit dem Geld um und hält den Haushalt in Ordnung. Das ist, wie Sosibros weiß, eine schwierige Aufgabe, die viel Zeit und Umsicht erfordert. Vor allem aber steht Kalliope in einem tadellosen Ruf. Selten nur wird über sie gesprochen, und wenn doch, dann nur Gutes.

Lebender Hausrat – die Sklaven

Außer seiner Frau und den beiden Kindern leben noch der Sklave Skythos und die Sklavin Hermione im Haus. Sie sind das Eigentum von Sosibros, er hat sie gekauft wie das Haus und die Möbel. Mit ihnen spricht er nicht viel, außer wenn er ihnen etwas befiehlt oder sie tadelt. Beide wurden schon als Sklaven geboren; ihre Eltern waren vor langer Zeit als Kriegsbeute nach Athen gekommen. Im Haus verrichten beide die anfallenden Arbeiten. Wenn wenig zu tun ist, nimmt Skythos eine Arbeit auf dem Markt oder im Hafen an. Was er verdient, muss er bei Sosibros abgeben, manchmal aber darf er einen kleinen Teil behalten.

Q3 **Frauen bei der Arbeit im Haus**
Vasenmalerei, 6. Jh v. Chr.

Skythos kann sich nicht beklagen. Weil er geschickt mit den Händen ist, fällt ihm jede Arbeit leicht. Andere Sklaven haben es, das weiß er, sehr viel schwerer. Unter der sengenden Sonne auf dem Feld arbeiten zu müssen, das würde ihm gar nicht gefallen. Viel schlechter aber noch ergeht es den Sklaven, die in den Silberbergwerken schuften müssen. In niedrigen Gängen bauen sie bei flackerndem Lampenlicht das wertvolle Erz ab, ständig bedroht vom Einsturz der Decke des Stollens. Zehn Stunden am Tag, bei 35 Grad Hitze und feuchter Luft. Im Gegensatz zu diesen armen Teufeln hat Skythos wenigstens die Aussicht alt zu werden und vielleicht sogar von Sosibros freigelassen zu werden. Dann könnte er für sich selbst arbeiten, eine Familie gründen und hätte die gleichen Rechte wie die in Athen ansässigen Ausländer (Metöken).

Viele Ausländer wohnen in Athen

Von ihnen kennt Skythos viele. Sie arbeiten als Händler und Handwerker oder verrichten einfache Dienstleistungen. Athen führt über seinen Hafen Piräus viele Waren ein und aus und mit den Abgaben der Verbündeten kommt viel Geld in die Stadt. So gibt es immer viel Arbeit. Regelmäßig müssen die Metöken eine Steuer zahlen und manchmal auch Militärdienst leisten; zur Volksversammlung sind sie aber nicht zugelassen.

D1 **Rekonstruktionszeichnung eines athenischen Hauses**

Q4 Frauen arbeiten außerhalb ihres Hauses

Vor Gericht in Athen musste ein Angeklagter auch seine Herkunft und seine Lebensweise in einem möglichst guten Licht erscheinen lassen. Hier spricht der Athener Euxitheos, dem unter anderem vorgeworfen worden war, dass seine Mutter früher auf dem Markt Schnüre verkauft habe:

Außerdem hat der Ankläger meine Mutter beschuldigt, sie habe früher als Amme in Diensten gestanden. Ich bestreite nicht, dass das so war, in einer Zeit, als sich wegen des Krieges der Staat im Unglück und jedermann in Not befand. Aber denkt dabei nichts Schlimmes, ihr Bürger von Athen: Auch jetzt noch gibt es genug Bürgerfrauen, die solche Ammendienste tun und die ich euch mit Namen nennen kann. Wenn wir alle reich wären, würden wir weder mit Schnüren handeln noch so kümmerlich leben. Aber was hat das alles mit unserer Herkunft zu tun? Nichts, meiner Meinung nach.

Demosthenes, Rede gegen Euboulides 57, Kap. 36. Übers. u. bearb. v. U. Walter.

Q5 Die Ehe, wie sie sein sollte?

Ein griechischer Autor sagt im 4. oder 3. Jh. v. Chr., wie Mann und Frau im Haus am besten zusammenwirken:

Was wäre wohl heiliger und erstrebenswerter, als mit der besten und wertvollsten Frau Kinder zu haben? Diese stützen die Eltern im Alter am besten, beschützen sie und erhalten das Haus. (...) Deshalb muss man der Ehefrau sagen, wie sie die Kinder zu erziehen hat, damit beide Eltern eng zusammenwirken und so die besten Kinder hinterlassen. (...)

Die größte Ehre für eine tüchtige Frau ist es zu wissen, dass der Mann ihr die Treue hält, an keine andere Frau denkt und immer weiß, dass die eigene Frau seine beste und treueste Freundin ist. Und auf nichts hat die Frau so sehr Anspruch wie auf treue Gemeinschaft mit ihrem Mann. (...) Er soll sie mit Respekt, Mäßigung und Zurückhaltung behandeln, soll sie loben, wenn sie etwas recht und ordentlich gemacht hat, soll Freundlichkeit und Vertrauen zeigen und kleine Fehler übersehen. Er soll weder gleichgültig noch übermäßig streng sein.

[Aristoteles], Über Haushaltung 3,69 ff., 94 ff. Übers. u. bearb. v. U. Walter.

Q6 Eine Frau beurteilt ihr Leben

In seinem Theaterstück „Medea" lässt der Dichter Euripides (etwa 480–406 v. Chr.) die Hauptperson über das Leben einer Frau klagen. Obwohl Medea eine mythische Figur und keine Griechin ist, waren die Verhältnisse, von denen sie spricht, den athenischen Zuschauern aus ihrem Alltag vertraut. In dem 431 v. Chr. erstmals aufgeführten Stück ist Medea von ihrem Mann Jason, für den sie alles aufgegeben hatte, sitzen gelassen worden.

Denn er, in dem ich all mein Glück erkennen durfte,
mein Ehemann, wurde zum schändlichsten Verbrecher.
Von allem, was beseelt ist und Verstand besitzt,
sind doch wir Frauen das unglücklichste Geschöpf.
Erst müssen durch ein Übermaß an Geld den Mann
wir kaufen – und den Herrn gewinnen über Leben
und Leib. Der Kernpunkt dann: Ist schlecht, ist gut, den
wir bekommen?
Sich scheiden lassen, bringt ja einer Frau nur Schande,
und einen Gatten abzulehnen, ist nicht möglich.
In eine neue Lebensführung tritt die Frau.
Gelingt uns das und lebt der Mann mit uns zusammen
und trägt das Ehejoch geduldig, spricht man von
beneidenswertem Leben. Sonst bleibt uns der Tod!
Und fällt dem Manne lästig das Familienleben,
geht er hinaus und macht sein Herz vom Kummer frei.
Wir aber dürfen nur auf eine Seele schauen.
Sie sagen, ein gefahrloses Leben führten wir
im Hause, sie dagegen kämpften mit der Waffe.
Diese Dummköpfe! Dreimal möchte ich mich lieber
stellen
in Reih und Glied als einmal nur ein Kind zu gebären!

Euripides, Medea, Vers 228–251, aus: Euripides: Werke in drei Bänden. Aus dem Griechischen übertragen und herausgegeben von Dietrich Ebener. 2. durchgesehene und ergänzte Auflage. Berlin, Weimar 1979, Bd. 1, S. 5 4–55. Bearb. d. Verf.

Q7 Frauen beim Brotbacken

Tonfiguren.

Auf einfachen Herden wurde das Essen für die Familie zubereitet. Die Athener nahmen ihre tägliche Hauptmahlzeit am Abend ein; sie bestand aus Getreidebrei und Brot, Oliven, Knoblauch und Zwiebeln, Feigen oder anderem Obst. Auch Käse wurde gern gegessen. Guter Fisch galt als besonderer Leckerbissen. Fleisch gab es selten und meist nur dann, wenn ein Tier als Opfer für die Götter geschlachtet worden war. Den Durst löschte man mit Wein, der mit Wasser vermischt war.

Q8 Junges Mädchen als Dienerin
Gut gekleidete junge Frauen, so genannte Hetären („Gefährtinnen“), hatten sich darauf spezialisiert, Männer bei Festgelagen durch Musizieren, Tanzen und kluge Bemerkungen zu unterhalten. Oft lebten sie auch über längere Zeit mit einem Mann zusammen und waren so etwas wie dessen zweite Frau. Für ihre Dienste erhielten sie Geld und Geschenke, aber sie achteten darauf, nicht als Prostituierte (Frauen, die körperliche Liebe für Geld anbieten) betrachtet zu werden. – Auf dem Bild könnte auch eine Sklavin dargestellt sein, die ihrem betrunkenen Herrn behilflich ist. Sklavinnen mussten alles tun, was von ihnen verlangt wurde. Trinkschale (Ø 32 cm), um 480 v. Chr.

Q9 Arbeit im Bergwerk
Zu sehen sind Sklaven oder Tagelöhner, die möglicherweise in Tongruben arbeiten. Terrakotta, um 650 v. Chr.

Sklaven

In fast allen Staaten der Antike gab es Menschen, die persönlich unfrei und Eigentum eines anderen Menschen waren. Im 5. Jahrhundert v. Chr. kamen griechische Sklaven vor allem aus Ländern außerhalb Griechenlands; sie wurden auf Märkten wie Waren verkauft. Auch die Bewohner einer eroberten Stadt konnten in die Sklaverei verkauft werden. Die Kinder von Sklaven waren wiederum Sklaven. Sklaven hatten nur sehr wenige Rechte und mussten tun, was ihnen befohlen wurde. Sie wurden überall eingesetzt: im Haus, in der Landwirtschaft, im Handwerk und im Handel.

Fragen und Anregungen

1. Beschreibe das griechische Haus und seine Einrichtung (D1) mithilfe der Informationen aus dem Verfassertext.
2. Lege eine Tabelle an und trage in die einzelnen Spalten die Bewohner ein, die im Haushalt des Sosibros leben (VT). Liste dort die genannten Tätigkeiten auf. Stelle Unterschiede zu heutigen Verhältnissen zusammen und suche nach Gründen.
3. Untersuche, wie sich der griechische Autor das Zusammenleben von Mann und Frau in der Ehe vorstellt (Q5). Nimm Stellung. Vergleiche diese Aussage mit den Äußerungen Medeas in dem Theaterstück des Euripides (Q6).
4. Beschreibt das Aussehen des Brunnens (Q2). Überlegt dann, warum die athenischen Frauen gern zum Brunnen gingen, obwohl das Schleppen der vollen Wasserkrüge schwere Arbeit war. Spielt eine kleine Szene: Kalliope geht zum Brunnen um Wasser zu holen. Dort trifft sie auf eine Bekannte, die gerade von ihrem Mann verlassen wurde. Benutzt dazu die Informationen aus Q4–8.
5. Ein Verwandter von Skythos arbeitet in einem Bergwerk (VT). Er schlägt vor, gemeinsam wegzulaufen. Was antwortet Skythos? Spielt eine Szene.

8. Sosibros – vom Stolz des Handwerkers

Auf dem Weg zur Arbeit

Früh am Morgen bricht Sosibros mit Stock und Lederranzen zur Arbeit auf. Sosibros ist Handwerker, aber anders als viele seiner Kollegen arbeitet er nicht in einer Werkstatt, die sich in seinem Haus befindet. Vielmehr muss er ein ganzes Stück gehen, um zur Erzgießerei von Lysias zu kommen.

In der Bronzegießerei

Morgens ist es in der Werkstatt noch angenehm. Aber wenn der Schmelzofen erst einmal richtig angeheizt ist, wenn die Blasebälge Luft in die Glut drücken, um sie noch heißer zu machen, und wenn das Metall flüssig genug ist, um es zu gießen, dann herrscht eine mörderische Hitze, trotz der großen Öffnungen ins Freie. Die Luft ist von Qualm und stinkenden Gasen erfüllt, und die Wände hallen wider von den Rufen und dem Keuchen der schwitzenden Männer. Alle müssen sehr aufpassen, denn mit flüssigem Metall umzugehen ist nicht ungefährlich. Sosibros begrüßt die anderen Männer, die schon in der Werkstatt sind. Sie sind zu sechst: Sosibros ist Gießmeister und der „zweite Chef" im Betrieb; Laches ist Formenmacher, Kallikles ist für das Zusammensetzen und die Endfertigung der Figuren verantwortlich. Sie alle werden für ihre Arbeit bezahlt. Zwei Sklaven sind für den Schmelzofen zuständig, ein Gehilfe hat die Aufgabe, die fertigen Figuren auf Hochglanz zu polieren. Mit den Sklaven würde Sosibros nie über seine Familie sprechen oder über politische Fragen. Sie sind eben doch nur Sklaven, Arbeitsgeräte mit Händen und Füßen und einer Stimme. Aber von ihrer Arbeit verstehen sie etwas, das erkennt er an. Lysias, der Besitzer der Gießerei, kommt oft vorbei, um die Arbeit zu kontrollieren. Manchmal bringt er auch Kunden mit, die eine fertige Figur ansehen wollen oder eine neue bestellen. Bei großen Aufträgen mietet Lysias noch zusätzliche Sklaven für ein paar Tage.

„Wir schaffen großartige Figuren!"

In diesen Tagen freut sich Sosibros noch mehr als sonst auf seine Arbeit. Lysias hat nämlich einen besonderen Auftrag hereingeholt: Im Auftrag der Volksversammlung von Athen soll er eine große Figur aus Bronze herstellen. Zwei Meter groß

Q1 Bronzegießerei
Die beiden Abbildungen zeigen die Außenseiten einer Trinkschale (Ø 30,5 cm), 490–480 v. Chr. Auf ihr sind verschiedene Arbeitsschritte in einer Bronzegießerei zu sehen.

soll sie sein und den Gott Apollon darstellen. Es ist vorgesehen, die Lippen und Brustwarzen aus Kupfer, den Bogen aus Silber, die Augen aber aus edlen Steinen zu machen. Schon seit Tagen ist Laches mit den Sklaven dabei, Gießformen aus Ton für die einzelnen Teile der Figur zu bauen. Heute sind die Beine dran. Die Form steht bereit: Um einen Kern aus Holz und Ton ist eine Schicht aus Wachs aufgetragen und so geformt, wie später das Bein außen aussehen soll. Lange hat Laches an den Muskeln, Sehnen und der Kniescheibe herumgeknetet. Schließlich wurde auf die Wachsschicht wieder eine dicke Tonschicht aufgelegt und durch Stege mit der inneren Tonschicht verbunden. Der Ton musste trocknen und wurde dann gebrannt. Dabei schmolz das Wachs und floss heraus. Übrig blieb ein Hohlraum, in den nun die Bronze gegossen wird.
Sosibros ist ganz bei der Sache. Die flüssige Bronze muss genau die richtige Temperatur haben und in der richtigen Geschwindigkeit aus dem Schmelztiegel in die Form fließen. Zu schnell oder zu langsam – und der Guss misslingt. Viel Zeit wäre dann verloren und viel teure Holzkohle umsonst verfeuert. Doch Sosibros ist zuversichtlich, denn er hat viel Erfahrung.

Der Guss der beiden Beine ist Sosibros gleich gelungen. Nachdem das Metall abgekühlt ist, brechen die Sklaven vorsichtig die äußere Tonschicht ab. Das Metall kommt zum Vorschein. Noch ist es unansehnlich und mit einigen Löchern von den Stegen versehen. Aber wenn es nachbehandelt und poliert ist, wird es wie Gold in der Sonne funkeln. Schon sucht Kallikles sein Werkzeug und das Material zusammen, um die einzelnen Teile zusammenzufügen. Später wird niemand mehr sehen, dass die Figur aus einzelnen Teilen gefertigt ist. Sosibros hat gehört, dass der Apollon ein Geschenk der Athener an die Götter sein und auf der Akropolis aufgestellt werden soll. Griechen aus vielen Städten werden kommen und ihn bestaunen und bewundern. Sie werden voller Neid sagen: „Die Athener machen eben doch die schönsten Bronzefiguren. Niemand kann das so gut wie sie.“ Sosibros freut sich und ist stolz auf seine Arbeit, obwohl sie sehr hart und ziemlich schmutzig ist. Denn es gibt nichts Schöneres, als auf seinem Gebiet der Beste zu sein und von vielen Menschen geachtet zu werden.

Q2 Der fertige Apollon
Die meisten antiken Bronzefiguren kennen wir nur durch Kopien in Stein aus der Römerzeit, so auch den „Kasseler Apollon“, um 450 v. Chr. Diese Nachbildung in Originalgröße (ca. 1,90 m) zeigt, wie die werkstattfrische Figur ausgesehen hat.

Q3 Vorbau eines Tempels auf der Akropolis

Q4 Bei dem athenischen Schriftsteller Xenophon (etwa 430–355 v. Chr.) lesen wir:

Die Handwerksarbeit hat einen schlechten Ruf und wird in den Städten mit Recht verachtet. Sie fügt den Arbeitern und Aufsehern körperliche Schäden zu, weil sie dazu zwingt, zu sitzen und ohne Tageslicht zu arbeiten. Einige Handwerker müssen sogar den ganzen Tag vor dem Feuer zubringen. Wenn aber die Körper dadurch geschwächt worden sind, dann nimmt auch die Seele Schaden. Außerdem haben solche Leute keine Zeit mehr sich um ihre Freunde und ihre Stadt zu kümmern. Man sagt deshalb, sie sind nicht fähig Freunde zu haben und für ihre Vaterstadt einzutreten.

Xenophon, Von der guten Führung eines Haushaltes 4, 2–3. Übers. v. U. Walter.

Warum sind einige Figuren nackt?

Wenn du das Bild der Figur unten betrachtest, fällt dir sicher als Erstes auf, dass sie ganz nackt ist. Wahrscheinlich findest du das seltsam oder du lachst darüber. Die Griechen fanden das aber ganz normal und lachten auch nicht. Zunächst einmal: Die Götter besaßen natürlich Kleidung. Auch die Handwerker in der Gießerei trugen mindestens einen Lendenschurz, sahen also nicht wirklich so aus wie die Männer, die du auf dem Vasenbild (Q1) siehst. Aber die Figur und das Vasenbild sind deshalb doch nicht „falsch“. Die Griechen wollten einfach den Menschen oder auch einen jungen Gott (in Gestalt eines Menschen) in seiner schönsten Form. Ihn so zu zeigen bedeutete so viel wie: ihn zu rühmen. Er sollte den Leuten gefallen. Sie sollten wissen: Diese Figur stellt einen vollkommenen Unsterblichen oder einen sehr tüchtigen Krieger dar, oder: Diese Handwerker verstehen ihr Geschäft besonders gut. Ihre Klasse wird durch die Nacktheit hervorgehoben. Göttinnen und „normale“ Frauen wurden übrigens fast immer bekleidet dargestellt. Nackt waren auf Vasenbildern meist nur Frauen, die dem Vergnügen von Männern dienten.

Krieger von Riace Q5
Bronzestatue (ca. 2 m hoch), um 460/50 v. Chr.

Fragen und Anregungen

1. Sosibros erklärt einem Bekannten mithilfe der Trinkschale (Q1), wie Bronzestatuen gegossen werden. Versuche es ebenfalls.
2. Erkläre, warum Sosibros die ganze Figur nicht allein macht (VT).
3. Kläre, welche Einstellung Xenophon zur Handarbeit hat (Q4) und wie er sie begründet. Was könnte Sosibros ihm entgegenhalten (VT, Kap. 7, 8, 9)?
4. Liste heutige Berufe auf, in denen körperlich hart gearbeitet werden muss. Stelle ihnen entsprechende Berufe aus der griechischen Antike und dem Alten Ägypten gegenüber.
5. Erkundige dich bei Verwandten, Freunden und Bekannten nach deren Ansicht über körperliche Arbeit in heutigen Berufen und berichte.

9. Sosibros – Bürger und Soldat

In der Volksversammlung

An diesem Morgen geht Sosibros nicht zur Arbeit. Denn heute findet eine Volksversammlung statt. Sosibros weiß, dass eine wichtige Entscheidung gefällt werden soll. Deshalb verzichtet er für diesen Tag auf seinen Arbeitslohn und nimmt als Bürger an der Volksversammlung teil. Sosibros geht natürlich nicht zu jeder der mehr als 40 Versammlungen im Jahr; manchmal lässt er sich auch von seinen Freunden und Nachbarn berichten, worum es ging, und er spricht vorher mit ihnen darüber, wie sie wohl am besten abstimmen. Es fällt ihm leicht, öfter zur Versammlung zu gehen, denn er wohnt in der Stadt und muss nicht wie viele Bauern in Attika 30 oder 40 Kilometer zurücklegen, um teilnehmen zu können.

Eine Flotte nach Ägypten?

Aber das Thema heute ist wichtig: Soll Athen einen großen Teil seiner mächtigen Flotte nach Ägypten schicken oder nicht? Seit über 30 Jahren führt Athen Krieg gegen das Perserreich. Nun ist in Ägypten, das auch zum Perserreich gehört, ein Aufstand ausgebrochen. Es erscheint möglich, den verhassten Feind endlich entscheidend besiegen zu können. Dazu müsste Athen die Aufständischen unterstützen. Auf dem Versammlungsplatz, der Pnyx, ist es schon ziemlich voll. Sosibros erwartet, dass heute mindestens 7000 Bürger zusammenkommen. Für Ruhe und Ordnung sorgen Polizeisklaven aus dem fernen Skythenland. An ihren typischen Bogen sind sie leicht zu erkennen. Wie alle anderen Sklaven in Athen dürfen sie an der Versammlung selbst natürlich nicht teilnehmen.

Q2 **Heutiger Zustand der Rednerbühne**

Q1 **Foto des Versammlungsplatzes,** der so genannten Pnyx.
Die halbrunde Fläche der Pnyx war im 5. Jh. v. Chr. etwa 2500 Quadratmeter groß. Das Foto zeigt den Ausbauzustand des 4. Jahrhunderts v. Chr. Kläre, wie viele Personen auf einem Quadratmeter Platz finden. Rechne aus, wie viele Athener auf die Pnyx ungefähr passten, und vergleiche dein Ergebnis mit der Gesamtzahl der attischen Bürger (Seite 101).

Sosibros sieht viele Freunde und Bekannte und begrüßt sie herzlich. Dann geht es los. Nach dem üblichen Tieropfer trägt der Sprecher des Rates den Antrag vor, den der Rat kurz zuvor besprochen hat: Die Strategen sollten rasch eine schlagkräftige Flotte mit vielen Kämpfern ausrüsten und sie nach Ägypten führen. Die versammelten Männer hören aufmerksam dem Sprecher des Rates zu. Oft, vor allem bei weniger wichtigen Angelegenheiten, wird gleich abgestimmt. Heute ist das anders, heute wird lange und heftig diskutiert, obwohl es sehr heiß ist und es unter freiem Himmel keinen Schutz vor der Sonne gibt. Einige sprechen leidenschaftlich für das große Unternehmen und schwärmen vom sagenhaften Reichtum Ägyptens, andere malen die Gefahren in düsteren Farben aus. Sosibros findet das gut. Er ist stolz auf die demokratische Art, wie die Athener wichtige Entscheidungen treffen. Die Diskussion wird zeigen, welche Seite die besseren Argumente hat. Denn das Leben vieler Athener steht auf dem Spiel. Sosibros hat vor Jahren einen Bruder im Krieg verloren und einer seiner Neffen verrichtet Ruderdienst auf einem Kriegsschiff. Auch Sosibros hat zu Hause eine Hoplitenrüstung, und wenn er seinen Namen auf der großen Tafel des militärischen Aufgebots liest, legt er sie an und zieht zusammen mit seinen Mitbürgern in den Kampf. Für Sosibros ist das ganz selbstverständlich: Alle freien und erwachsenen Männer müssen, wenn es nötig ist, für ihre Stadt in den Krieg ziehen. Ebenso selbstverständlich ist für ihn, dass die Athener sich selbst regieren und alle ihre politischen Entscheidungen gemeinsam treffen. Auch diejenigen, die von der Mehrheit überstimmt werden, tragen die Entscheidung mit, denn sie können hoffen, das nächste Mal zur Mehrheit zu gehören.

Q3 Der Abschied des Kriegers
Das Bild auf einem Krug (44 cm hoch) aus der Zeit um 430 v. Chr. zeigt den Moment, in dem ein Krieger Haus und Familie verlässt, um in den Krieg zu ziehen. Aus der flachen Schale wurde kurz zuvor ein Trankopfer gespendet: Verbunden mit einem Gebet wurde eine kleine Menge Wein für die Götter auf den Boden gegossen.

Schließlich stimmt die große Mehrheit dafür, den Ägyptern mit einer Flotte zu helfen. Auch Sosibros hat so gestimmt. War den Athenern bisher nicht alles gelungen, was sie angefangen hatten? Fürchtete man ihre große Flotte nicht überall? Musste man nicht gerade jetzt Mut und Stärke zeigen? Mithilfe der Götter wird es schon gelingen, wird Athen erneut großen Ruhm erwerben. Sosibros ist bereit, seinen Beitrag zu leisten.

Nachbemerkung: 454 v. Chr. scheiterte die Ägyptenexpedition. Etwa 20 000 Kämpfer aus Athen und anderen Seebundstädten kehrten nicht nach Hause zurück.

Fragen und Anregungen

1. Versetze dich in die Lage eines ausländischen Besuchers. Berichte nach deiner Heimkehr, wie die Athener politische Entscheidungen treffen (VT).
2. Bestimme die Personen auf dem Krug (Q3). Betrachte auch die Gesichter der Figuren genau und überlege, in welcher Stimmung sie sich befinden. Welche anderen Gefühlsregungen wären in diesem Moment auch möglich?
3. Du warst auf der Volksversammlung vor der Ägypterexpedition anwesend und hast zu jener Minderheit gehört, die anders als Sosibros gegen die Entsendung der Flotte gestimmt hat.
Notiere deine Argumente und trage sie dann in einer Rede vor. Berücksichtige dabei den Verfassertext und Q3 sowie Q3 auf Seite 100.

10. Griechenland – Wiege europäischer Kultur

Q1 Schulszene mit Lehrer, Schüler und Unterrichtsmaterialien für einzelne Schulfächer
Schale aus Athen (Ø 29 cm), um 480 v. Chr.

Erklären mit dem Verstand

Am 28. Mai 585 v. Chr. gab es eine Sonnenfinsternis. Sie machte den Gelehrten Thales von Milet (ca. 624–545 v. Chr.) mit einem Schlag berühmt. Denn er hatte sie exakt berechnet und vorhergesagt. Was war ausschlaggebend für seinen Erfolg? Anders als seine Zeitgenossen führte Thales Naturereignisse nicht einfach auf das Wirken der Götter zurück. Mit „Zeus regnet" als Erklärung für einen Wolkenbruch konnte man ihm nicht kommen. Er suchte nach Ursachen für Naturereignisse, die man mit dem Verstand begreifen konnte, und bediente sich dabei der Mathematik. Ein solches Herangehen an die Welt, planmäßig, mit dem Verstand, prägt noch die heutige Wissenschaft. Es wird auf dem „Gymnasium" vermittelt – diese Bezeichnung kommt aus dem Griechischen. Und es ist kein Zufall, dass auf manchen Gymnasien heute noch Altgriechisch, die Sprache des Thales von Milet, gelehrt wird.

Nachdenken und Fragen – die Philosophie

Man hat Thales den ersten griechischen „Philosophen" genannt. Die „Philosophen" (wörtlich: Freunde der Weisheit) versuchten Antworten auf grundlegende Fragen zu geben, die alle Menschen betreffen. Sie wollten nicht nur Naturerscheinungen erklären, sondern sie fragten auch nach der Entstehung der Welt. Oder: Hat das Leben der Menschen einen bestimmten Sinn? Wie sollten die Menschen leben? Was ist die beste Staatsform? Solche Fragen werden auch heute noch gestellt, und die Überlegungen der alten Griechen werden immer noch gelesen.
Der bekannteste Philosoph Athens war Sokrates (470–399 v. Chr.). Er verwickelte die Menschen in Diskussionen, um sie zum gründlichen Nachdenken anzuregen. Besonders Jugendliche wollte er dazu bringen, sich auf die Suche nach der Wahrheit und nach dem guten Leben zu begeben.
Allerdings wurde Sokrates in hohem Alter angeklagt und zum Tode verurteilt, weil er die Jugend durch seine Fragerei verunsichert und „verführt" habe. Hinter dem Vorwurf stand die Angst, dass der Glaube an die Götter und Traditionen erschüttert würde. Obwohl er hätte fliehen können, blieb Sokrates und trank den Giftbecher, den man ihm reichte, gelassen aus. Es sei richtig, den Gesetzen des Staates zu gehorchen, in dem man freiwillig gelebt habe, meinte er.

Q2 Büste des Sokrates

Das griechische Theater

Q3 Büste des Sophokles

Das Interesse der Griechen am Fragen und Nachdenken prägte auch das Theater. In den Stücken wurde die Frage diskutiert und „durchgespielt", wie sich der Mensch in schwierigen Situationen verhalten solle. Er wird als ein Wesen gezeigt, das freie Entscheidungen in eigener Verantwortung treffen kann, auch wenn in diesen Stücken die Götter und das Schicksal häufig noch „mitspielen". Oft wurde auf Konflikte in der Stadt Athen angespielt. So half das Theater den Athenern, ihre eigenen Probleme besser zu bewältigen.

Theater war aber für die Athener auch eine wunderbare Unterhaltung. Es fand nur einmal im Jahr zum Fest des Gottes Dionysos statt. Die Bürger fieberten dem Ereignis schon lange vorher entgegen. Schließlich bekamen sie einen wahren Aufführungsmarathon geboten, der mehrere Tage von früh bis spät dauerte. Das riesige Theater fasste etwa 14 000 Zuschauer. Frauen waren wahrscheinlich nicht zugelassen. Alle Schauspieler waren männlich, auch Frauenrollen wurden von Männern gespielt. Die Schauspieler trugen Masken, die einen bestimmten Gesichtsausdruck zeigten, z. B. „Zorn und Wut". Bei der Größe des Theaters konnte man so vermutlich besser sehen, was geschah. Man sah ernste Stücke (Tragödien) und Werke zur Aufheiterung und Entspannung (Komödien). Der Dichter der besten Tragödie wurde mit einem Preis geehrt. Die hohen Kosten für das Theaterfest übernahmen reiche Athener Bürger. Die Zuschauer zahlten keinen Eintritt – wenn sie arm waren, bekamen sie sogar ein Tagegeld.

Erziehung und Schulbildung

Wer in Athen mitreden wollte, musste über eine gewisse Bildung verfügen. Daher legten die Athener auf eine gute Erziehung viel wert.

Nach der Geburt eines Kindes entschied der Vater, ob er es überhaupt aufziehen will. Wurde es nicht ausgesetzt, verbrachte es die ersten sechs Lebensjahre wohlbehütet zu Hause. Vom siebten Lebensjahr an besuchten die Jungen den Unterricht bei Privatlehrern in deren Häusern. Dafür mussten die Eltern natürlich bezahlen. Auf die Söhne der Reichen achtete ein Erzieher, ein „Paidagogos", der sie z. B. zum Schulunterricht brachte. Meistens war dieser Erzieher ein Sklave. Der einfache Unterricht im Lesen, Schreiben und Rechnen zog sich über drei, vier Jahre hin; als Lehrtexte dienten die Erzählungen Homers. Wahrscheinlich konnten am Ende des 5. Jahrhunderts die meisten Athener lesen und schreiben. Zum Unterricht in Lesen und Schreiben kamen dann noch die den Griechen sehr wichtige gymnastische Ausbildung (daher der Begriff „Gymnasium": Sportstätte) und Musikunterricht, bevor der Heranwachsende mit 18 Jahren Bürger wurde. Mädchen gingen nicht zur Schule, aber manche lernten Lesen und Schreiben zu Hause, wo sie hauptsächlich auf ein Leben als Ehefrau und Mutter vorbereitet wurden.

Höhere Bildung konnten junge Männer erwerben, wenn sie sich gegen Bezahlung von herumreisenden Philosophen, so genannten „Sophisten", unterrichten ließen: in Philosophie, Geometrie, Physik, Astronomie – vor allem aber in Rhetorik, das heißt: Redekunst. Sie war in der Volksversammlung gut zu gebrauchen. Wahrheitssuchende Philosophen wie Sokrates warnten allerdings vor den Sophisten. Warum?

Tragödie – Komödie

In den Theatern der Griechen spielte man ernste Stücke, so genannte *Tragödien*. Behandelt werden Stoffe aus den griechischen Sagen. Helden und Heldinnen, aber auch Götter treten auf und greifen in das Geschehen ein. Häufig verstoßen Menschen gegen die göttliche oder allgemeine Ordnung und erleiden ein schreckliches Schicksal. Die Stücke dienten nicht nur der Unterhaltung, sie regten auch zum Nachdenken an. *Komödien* sind dagegen heitere Spiele, in denen man sich über die Schwäche der Mitmenschen lustig macht. Kritik an den Mächtigen wird auch geübt, indem man sie der Lächerlichkeit preisgibt.

Das Dionysostheater in Athen wurde im 4. Jahrhundert v. Chr. in den Hang der Akropolis gebaut Q4

Später gestalteten die Römer es um:
1) Marmorsitze für die Vornehmen; 2) Platz für den Chor;
3) Bühne für die Schauspieler; 4) Bühnenwand.
Foto des heutigen Zustands.

Q5 **Die Antigone des Sophokles (497–406 v. Chr.)**

In der Tragödie „Antigone" verbietet Kreon, der König von Theben, bei Todesstrafe, dass die Leiche seines Neffen Polyneikes, der einen Aufstand gegen ihn angezettelt hat, beerdigt wird. So aber kann die Seele des Toten keinen Frieden finden. Antigone, Polyneikes' Schwester, begräbt ihren Bruder trotz des Verbotes, wird dabei gefasst und soll sterben. Hier wird die gefangene Antigone vor Kreon geführt:

Kreon (zu Antigone): Dich frag ich nun, du senkst den
Blick zu Boden: Gestehst du oder leugnest du die Tat?
Antigone: Ich sage, dass ich's tat, und leugne nicht.
Kreon: Du aber sag mir – ohne Umschweif, kurz:
Hast du gewusst, dass es verboten war?
Antigone: Ich wusst es, allerdings, es war doch klar!
Kreon: Und wagtest, mein Gesetz zu übertreten?
Antigone: Der das verkündete, war ja nicht Zeus! (...)
So groß schien dein Befehl mir nicht, der sterbliche,
dass er die ungeschriebnen Gottgebote,
die wandellosen, konnte übertreffen.
Sie stammen nicht von heute oder gestern,
sie leben immer, keiner weiß, seit wann.
An ihnen wollt ich nicht, weil Menschenstolz
mich schreckte, schuldig werden vor den Göttern.

Sophokles, Antigone. Tragödie, übersetzt von Wilhelm Kuchenmüller, Stuttgart 1955, Ausg. 2000, Verse 446–450, 453–460.

Q6 **Schauspieler bereiten eine Aufführung vor**
Vasenmalerei (75 cm hoch), um 400 v. Chr.

Fragen und Anregungen

1. Finde heraus, welche der Fächer, die an deiner Schule unterrichtet werden, auf die griechische Antike zurückgeführt werden können (VT).
2. Zeichne den Grundriss oder beschaffe dir Abbildungen eines heutigen Theaters und vergleiche mit Q4 (VT).
3. Stelle aus heutigen Theaterprogrammen eine Liste von Stücken griechischer Autoren zusammen oder von Stücken, die antike griechische Stoffe, z. B. aus den Erzählungen Homers, behandeln. Ein Tipp: Große überregionale Tageszeitungen oder Wochenzeitungen enthalten häufig Theaterprogramme; auch im Internet kannst du suchen.
4. Erkläre, welche Entscheidung Antigone zu treffen hat (Q5). Wie begründet sie ihr Verhalten? Diskutiere, ob Antigone richtig gehandelt hat. Überlege, ob es auch heute noch Entscheidungen gibt, die uns vor ein vergleichbares Problem stellen.
5. Erkundige dich, welcher Anteil der erwachsenen Bevölkerung in Deutschland und in anderen heutigen Staaten lesen und schreiben kann, und vergleiche mit Athen (VT).

11. Der Militärstaat Sparta

ca. 730–710 v. Chr.	Sparta erobert Messenien.
ca. 620 v. Chr.	Sieg Spartas über die aufständischen Messenier; endgültige Einrichtung des Militärstaats
371 v. Chr.	Niederlage Spartas gegen Theben; Sparta verliert den Ruf der Unbesiegbarkeit.

Die Eroberung von Messenien und die Folgen

Sparta war neben Athen die bekannteste und mächtigste Polis in Griechenland. Beide Städte waren in den Perserkriegen verbündet, Sparta hat aber eine ganz andere Entwicklung genommen als Athen. Vollbürger und Nichtbürger gab es hier wie dort, doch deren Rechte und Aufgaben waren jeweils sehr unterschiedlich.
An der griechischen Kolonisation waren die Spartaner kaum beteiligt. Stattdessen unterwarfen sie im 8. Jahrhundert ihre Nachbarn auf der Peloponnes, die Messenier. Dabei führten die Spartaner die Hoplitenphalanx ein, die später in den Perserkriegen eine entscheidende Rolle spielte. Die Eroberungspolitik hatte Folgen für die Spartaner. Sie mussten vor den Unterworfenen auf der Hut sein. Daher richteten sie die gesamte Ordnung ihres Staates und ihr alltägliches Leben darauf ein, anderen militärisch überlegen zu sein.

Die Spartiaten

Wenn ein spartanisches Kind nach der Geburt auf Beschluss einer Kommission nicht ausgesetzt wurde, verbrachte es die ersten sechs Lebensjahre zu Hause. Vom siebten Lebensjahr an übernahm der Staat die Erziehung der Jungen. Von nun an lebten sie in Kasernen und wurden für ihren Kriegerberuf gedrillt. Dieses Leben dauerte auch an, wenn der Spartaner mit 20 Jahren Vollbürger (Spartiat) geworden war. Erst mit 30 Jahren konnte er an Ehe und Familie denken. Doch auch dann hielt er sich meistens noch in der Kaserne auf. Da war die Ordnung, in der er groß geworden war, und hier traf er die Männer, die so dachten und fühlten wie er. Gemeinschaftsgefühl zu wecken war ein wichtiges Ziel der spartanischen Erziehung. Keiner sollte sich vor den anderen hervortun können. Und „spartanisch leben", wie man heute noch sagt, hieß und heißt vor allem: Verzicht auf Luxus und jede andere Form von Verweichlichung. Bei den gemeinsamen Mahlzeiten in den Kasernen, an denen alle ein Leben lang teilnahmen, gab es einfache Speisen. Eisengeld, für das man keine Luxusartikel kaufen konnte, war Hauptwährung in Sparta. Auch hatte jeder aus den Eroberungen einen gleich großen Landanteil erhalten. Auf Gleichheit in jeder Hinsicht kam es an, der Einzelne galt nur etwas mit Blick auf die Gemeinschaft. Daher erhielten nur im Kampf gefallene Spartiaten Grabsteine mit Namen, allen anderen setzte man unbeschriftete Steine. Damit niemand am Sinn dieses Lebens zweifelte, sah man Auslandsreisen von Spartanern nicht gern – und Fremde in Sparta auch nicht.
Die Gemeinschaft der Spartiaten bestimmte auch die Politik. Sie bildeten die Volksversammlung, die den Rat der Alten und die fünf Aufseher des Staates (Ephoren) aus ihren Reihen wählte. Nur die beiden Könige verdankten ihre Ämter als Oberpriester und Feldherren ihrer vornehmen Abstammung. Mitunter konnten sie ihre politischen Vorstellungen auch gegen die Ephoren durchsetzen.

Q1 Spartanischer Krieger
Bronzefigur, 6. Jahrhundert v. Chr.

Q2 Sparta
liegt in der fruchtbaren Landschaft Lakonien auf der Peloponnes. Das Taygetosgebirge trennt Lakonien von Messenien.

Periöken und Heloten

Die Periöken und Heloten besorgten jene Geschäfte und Arbeiten in der Polis Sparta, für die die ca. 8000 Spartiaten nichts übrig hatten. Die 40 000–60 000 Periöken („Umwohner") waren frei, hatten aber keine politischen Rechte. Sie lebten in den um Sparta herumliegenden Dörfern. Meist betätigten sie sich als Handwerker und Händler und stellten im Krieg Hilfstruppen. Sie standen unter dem Schutz der Spartaner.
Zu den Heloten (Kriegsgefangene), ca. 200 000 Menschen, gehörten vor allem die besiegten Messenier. Sie wurden wie Sklaven behandelt. Ihr Land, das die Spartaner als ihr Eigentum betrachteten, durften sie zwar weiter selbst bewohnen und bearbeiten, aber die Hälfte der Ente mussten sie den Spartanern abliefern. Den Heloten erklärten die Spartaner jedes Jahr aufs Neue den Krieg: Damit verschafften sie sich das Recht, Heloten zu töten, ohne eine Strafe befürchten zu müssen.

Spartanische Mädchen und Frauen

Die Erziehung der spartanischen Mädchen war zwar nicht ganz so streng geregelt wie die der Jungen, aber auch sie wurden durch Laufen, Ringen, Diskus- und Speerwurf fit gemacht. Denn sie sollten dem Staat viele gesunde Kinder gebären. Das galt für die Frauen als höchste Ehre. Eine Frau, die bei der Geburt eines Kindes starb, bekam wie gefallene Krieger einen Grabstein mit ihrem Namen.
Wegen der häufigen Abwesenheit ihrer Männer mussten sich die Spartanerinnen ausgiebig um die Alltagsgeschäfte kümmern, besonders um die Verwaltung des Familienvermögens. Das unterschied sie von den Frauen in den anderen Poleis. Sie galten darum als selbständiger und einflussreicher als andere griechische Frauen.

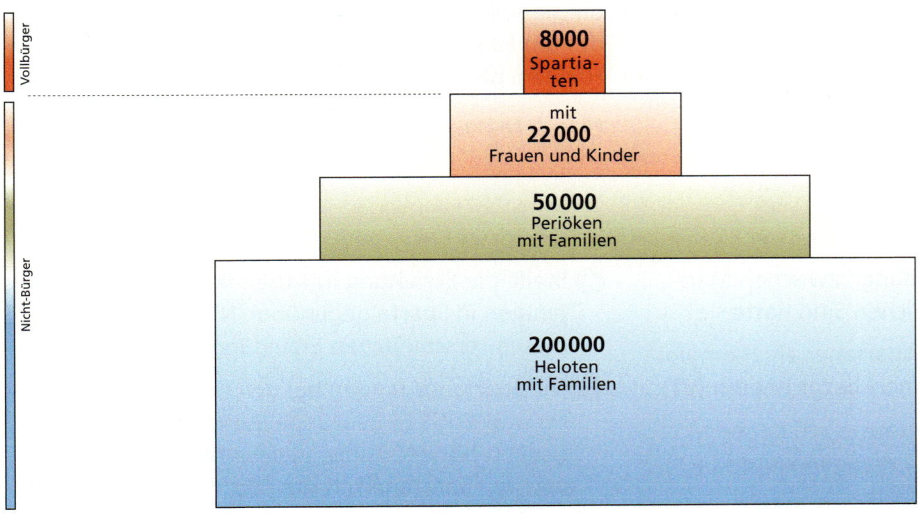

D1 Die Bevölkerung Spartas
Zusammensetzung im 5. Jahrhundert. Die Zahlen sind geschätzt und beziehen sich auf das gesamte Gebiet der Polis Sparta.

Q3 Eine junge Spartanerin
Bronzefigur, um 530 v. Chr.

Q4 „Spartanische" Erziehung für Mädchen

Der griechische Gelehrte Plutarch (ca. 46–120 n. Chr.) erzählt über den sagenhaften Gesetzgeber Lykurg:

Lykurg hat auch die Lebensführung der Frauen sorgfältig geregelt. Er sorgte dafür, dass die Körper der Mädchen durch Laufen, Ringen und Speerwerfen gekräftigt wurden. Denn er sagte sich, dass Frauen mit kräftigen Körpern auch kräftige Kinder gebären würden. Und auch bei der Geburt selbst hätten sie keine Schwierigkeiten. Weichlichkeit, Verzärtelung und alles, was er abfällig „weibisch" nannte, verbannte er. Er gewöhnte die Mädchen daran, wie die Knaben nackt ihre Aufzüge zu halten und bei bestimmten Festen zu tanzen und zu singen, und das vor den Augen junger Männer. Dass die Mädchen sich entblößten, hatte übrigens nichts Peinliches an sich. Denn es war Scham dabei und keine ungehörige Schaulust. So gewöhnten sie sich an Einfachheit und strebten nach wohl gestalteter Körperbeschaffenheit. Auch gab das der Frau Sinn und Geschmack für das stolze Selbstgefühl, dass auch sie nicht weniger als der Mann Anteil haben sollte am Streben nach Tapferkeit und Ruhm.
Zuweilen griffen die Mädchen bei ihren Umzügen durch Spottverse Leute an, die sich etwas hatten zu Schulden kommen lassen, oder sie sangen Loblieder auf würdige Personen und erweckten so den Ehrgeiz und Wetteifer unter den jungen Männern.

Plutarch, Lykurg, 14, Bearb. d. Verf. nach: Plutarch, Große Griechen und Römer, Bd. 1, übertragen, eingeleitet und erläutert von Konrad Ziegler, München 1979, S. 142.

Q5 „Spartanische" Erziehung für die Jungen nach Plutarch:

Der Vater durfte nicht entscheiden, ob er ein neugeborenes Kind aufziehen konnte. Er musste es zu der Sprechhalle bringen, dem Ort, wo die Ältesten saßen und das Kind untersuchten. Wenn es wohl gebaut und kräftig war, ordneten sie seine Erziehung an. War es aber schwächlich und missgestaltet, so ließen sie es zur so genannten „Ablage" bringen, einem Felsabgrund am Taÿgetosgebirge. Sie meinten, für einen Menschen, der nicht von Anfang an gesund und kräftig heranwachsen könne, sei es besser nicht zu leben, sowohl um seiner selbst wie um des Staates willen.
Die Ammen erzogen die Säuglinge dazu, das vorgesetzte Essen zu sich zu nehmen, alleine oder im Dunkeln keine Angst zu haben, nicht zu weinen und nicht launisch zu sein. (...) Niemand durfte seinen Sohn bei sich behalten und nach seinem Willen erziehen, sondern man teilte die Jungen, sobald sie sieben Jahre alt waren, in Gruppen ein, in denen sie miteinander aufwuchsen. So wurden sie erzogen und daran gewöhnt, dass sie beim Spiel und bei ernster Beschäftigung immer beisammen waren. Zum Führer der Horde wählten sie denjenigen, der sich durch Klugheit und Mut im Kampf auszeichnete. Ihn bewunderten sie, hörten auf seine Befehle und unterwarfen sich seinen Strafen. So bestand die Erziehung vor allem darin, Gehorsam einzuüben. Lesen und Schreiben lernten sie nur so viel, wie sie brauchten. Die übrige Erziehung war darauf gerichtet, dass sie lernten eifrig zu gehorchen, Anstrengungen zu ertragen und im Kampf zu siegen.
Sobald sie zwölf Jahre alt waren, gingen sie stets ohne Unterkleidung, bekamen nur einen Mantel im Jahr, waren am ganzen Körper schmutzbedeckt und durften weder baden noch sich salben. Sie schliefen zusammen in Gruppen auf aufgeschütteten Strohstückchen, die sie selbst zusammentrugen, indem sie die Spitzen des am Flusse Eurotas wachsenden Schilfs mit bloßen Händen, ohne Messer, abbrachen.

Plutarch, Lykurg, 14 und 16. Übers. u. bearb. v. P. Offergeld.

Fragen und Anregungen

1. Beschreibe die „Arbeitsteilung" zwischen Männern und Frauen (VT). Welchen Sinn hatte sie?
2. Erläutere, warum sich die Spartaner als „homoioi" (die sich gleichenden Männer) bezeichneten (VT).
3. Arbeite die Grundsätze heraus, nach denen Mädchen und Jungen in Sparta erzogen wurden (Q4, Q5).
4. Stelle die Erziehung in Athen (Kap. 10, VT) derjenigen in Sparta gegenüber. Nimm Stellung zu diesen verschiedenen Erziehungsprogrammen.
5. Die Spartaner fanden bei den Griechen Bewunderer und Kritiker. Begründe, zu welcher Gruppe du gezählt hättest. Zeige, welche Meinung Plutarch von den Spartanern hatte (Q4, Q5).

12. Der Krieg zwischen Athen und Sparta

Ursachen des Peloponnesischen Kriegs

Die Unterschiede zwischen Sparta und Athen hatten einem Bündnis nicht im Wege gestanden, als das persische Weltreich sie bedrohte. Aber nach den Siegen bei Salamis und Plataiai trat Sparta dem Attischen Seebund nicht bei. Zu sehr waren die spartanischen Krieger darauf bedacht, ihre Machtstellung auf der Peloponnes nicht zu gefährden. Dort hatten sie nicht nur die Messenier unterworfen, sondern auch die meisten anderen Poleis zur Gefolgschaft gezwungen: im Peloponnesischen Bund. Sparta und Athen hatten nun beide eine große Anzahl von Poleis hinter sich gebracht und konkurrierten um die Hegemonie (Vormachtstellung) in Griechenland.

Verlauf und Ergebnisse des Kriegs

Seit 431 v. Chr. führten die beiden Mächte gegeneinander Krieg. Weil Athen die starke Flotte und viel Geld hatte, glaubten Perikles und die meisten Athener die endgültige Vorherrschaft in Griechenland erringen zu können. Die Spartaner hatten weder eine Flotte noch Geld, verkündeten aber ein zündendes Kriegsziel: Alle Griechen sollten frei und unabhängig sein – nämlich von der drückenden athenischen Herrschaft im Seebund. Weil beide Seiten viele Verbündete hatten und unbedingt siegen wollten, waren bald fast alle Griechen in ein langes und blutiges Ringen verwickelt. Schließlich taten sich die Spartaner sogar mit den Persern zusammen, um nun auch eine Flotte zu bauen. Athen wurde geschwächt, als kurz nach Kriegsbeginn viele Menschen einer Seuche zum Opfer fielen. Danach wechselten sich Siege und Niederlagen ab. Schließlich besiegte Sparta Athen zur See. Die Stadt wurde ausgehungert und musste sich im Jahre 404 v. Chr. ergeben.
Aber es zeigte sich im folgenden Jahrhundert, dass eigentlich beide Mächte verloren hatten. Sparta konnte seine neue Vormachtstellung in Griechenland nur mit Gewalt und nicht auf Dauer behaupten. Zu sehr schwächte die Spartaner die andauernde Unterdrückung der Bevölkerungsmehrheit in ihrem Staat. Und auch das demokratische Athen gewann die alte Macht nicht mehr zurück.

D1 Athen und Sparta als Großmächte
Geschichtskarte zu Bündnissen nach 477 v. Chr.

Kontro vers

Wie kam es zum Peloponnesischen Krieg?

Der Ausbruch des Krieges zwischen Athen und Sparta (431–404 v. Chr.) ließ die Zeitgenossen nach den Ursachen fragen. Sie kamen zu verschiedenen Antworten:

Q1 *Der athenische Dichter Aristophanes spielt in diesem Abschnitt aus seinem Bühnenstück „Die Acharner" auf einen Volksbeschluss der Athener vor dem großen Krieg an, der sich gegen die benachbarte Polis Megara richtete. Das Stück wurde 425 v. Chr. aufgeführt. Es spricht Dikaiopolis („die gerechte Polis"), ein Athener vom Lande, der den Krieg satt hat:*

Perikles, als wäre er Zeus, warf im Zorn mit Blitz und Donner Griechenland durcheinander, erließ Gesetze, die sich wie Trinklieder lesen: „Die Megarer sollen ausgeschlossen sein vom Land und vom Markt, vom Meer und vom Himmel." Die Megarer schwanden nun hungernd Stück um Stück dahin und suchten Hilfe in Sparta gegen dieses Verbot. Man bat uns oft, aber wir hörten nicht. Kein Wunder, gab's am Ende Schildgerassel. (...) Dreihundert Schiffe stachen schnell ins Meer, und welch Getümmel in der Stadt, Matrosen und Soldaten, Rufe nach den Schiffskapitänen. Man hörte nichts als: (...) Löhnung! Zur Halle! Korn gemessen, Schläuche, Gefäße, Tonnen, Ruderriemen, Körbe, Knoblauch, Oliven, Netze voller Zwiebeln, Sardellen, Kränze, Flötenmädchen, Prügel. Die Schiffswerft dröhnte vom Konzert der Säge, des Bohrers, Hobels, Hammers, Beils, vom Fluchen, Befehlen, Pfeifen, Trällern, Flötenblasen! So würdet ihr es immer wieder machen!

Aristophanes, Die Acharner 530–540, 544–554. Übers. u. bearb. v. U. Walter.

Q2 *Zu den Ursachen des Krieges äußert sich der Geschichtsschreiber Thukydides (ca. 460–400 v. Chr.). Er war in Athen Stratege, wurde aber wegen eines fehlgeschlagenen Feldzuges vom Volk verbannt:*

Warum die Athener und die Spartaner den dreißigjährigen Friedensvertrag (von 446 v. Chr.) aufhoben und was sie sich gegenseitig öffentlich vorwarfen, darüber schreibe ich vorweg, damit nicht später einer fragt, woher denn ein solcher Krieg in Griechenland ausbrach. Den wahrsten Grund aber, zugleich den am meisten verschwiegenen, sehe ich im Wachstum von Athens Macht. Das zwang die erschreckten Spartaner zum Kriege.

Thukydides, Geschichte des Peloponnesischen Krieges, 1,23,4–6; Übers. u. bearb. v. U. Walter.

Thukydides Q3
Römische Kopie einer griechischen Porträtsäule, 5. Jh. v. Chr.

Hegemonie

(griech.: „hegemonía", d. h. Führerschaft) meint die politische, militärische und oft auch wirtschaftliche Vormachtstellung eines Staates über andere. Meist wird dieses Verhältnis durch Verträge festgeschrieben. Bei den Griechen stand ein solches ungleiches Bündnisverhältnis in einem starken Gegensatz zur Autonomie einer jeden Polis, d. h. ihrer Selbstbestimmung und Unabhängigkeit. Das galt zumal dann, wenn die Vormacht direkt in innere Angelegenheiten der Verbündeten eingriff und ihnen z. B. eine bestimmte Regierungsform vorschrieb.

Fragen und Anregungen

1. Erläutere die Ansicht des Thukydides über den Kriegsausbruch mithilfe der Karte (D1) und dem Verfassertext.
2. Thukydides gilt als der Geschichtsschreiber, der als Erster zwischen dem „Anlass" eines wichtigen historischen Ereignisses und seiner „Ursache" unterschied. Zeige an Beispielen aus deinem Alltag, wodurch sich „Anlass" und „Ursache" eines Vorgangs unterscheiden. Kläre, ob diese Unterscheidung im vorliegenden Text (Q2) gefunden werden kann.
3. Zeige, warum es dieser Quelle (Q1) zufolge zum Krieg zwischen Athen und Sparta kam. Stelle dem die Meinung des Thukydides (Q2) gegenüber.

13. Alexander der Große erobert ein Weltreich

Q1 **Alexander siegreich zu Pferd**
Kampfszene mit Alexander auf einem steinernen Sarg aus Sidon (Fries ca. 60 cm hoch).
Beschreibe das Bild. Was soll es wohl ausdrücken?

Die Zähmung des Pferdes Bukephalos

Eines Tages wollte König Philipp von Makedonien ein prachtvolles Pferd erwerben. Leider warf es jeden ab, der es zu reiten versuchte. Da sagte sein Sohn Alexander: „Schade, dass ein so schönes Pferd verloren geht, weil deine Reiter alle zusammen ängstlich und unfähig sind." Er nahm das Pferd beim Zügel und drehte es mit den Augen zur Sonne. Als Einziger hatte er nämlich bemerkt, dass das Pferd vor seinem eigenen Schatten scheute. Er streichelte es, schwang sich auf seinen Rücken, ließ es galoppieren und brachte das gebändigte Tier bald zurück. Sein Vater schenkte ihm das Tier, das Bukephalos hieß und Alexanders Lieblingspferd wurde. Und Philipp soll zu Alexander gesagt haben: „Mein Reich ist für dich zu klein, mein Sohn. Gehe hinaus und erobere dir ein größeres!"
Dies ist eine Geschichte über Alexander den Großen, die man sich im Nachhinein ausgedacht hat. Denn Alexanders Taten erstaunten die Menschen. Er eroberte tatsächlich in nur dreizehn Jahren ein Reich, das sich von Griechenland im Westen bis zum Indus im Osten streckte. Es war das größte Reich, das die Welt bis dahin gesehen hatte.

Der Befreier der kleinasiatischen Griechenstädte

Alexander bestieg 336 v. Chr. schon als Zwanzigjähriger den Thron, nachdem sein Vater Philipp ermordet worden war. Dieser hatte die nach dem Peloponnesischen Krieg geschwächten griechischen Poleis besiegt und sie in einen Bund unter seinem Oberbefehl gezwungen. Als Feldherr dieses Bundes betrat Alexander 334 v. Chr. den Boden Kleinasiens. Das Unternehmen galt als Rachefeldzug für die Zerstörung der Tempel Athens während der Perserkriege – die Tat lag 146 Jahre zurück. Die kleinasiatischen Griechenstädte befreite Alexander von der persischen Herrschaft. Zweimal besiegte er die Perser in großen Schlachten: 334 v. Chr. am Fluss Granikos und 333 v. Chr. bei Issos, wo der Großkönig Dareios III. selbst das persische Heer anführte.

Alexander in Ägypten

Im folgenden Jahr zog Alexander die Mittelmeerküste entlang nach Ägypten und schnitt so die Perser von ihrer Flotte ab. In Ägypten nahm er den mühsamen Weg durch die Wüste zu dem Orakel in der Oase Siwa auf sich. Er eiferte damit dem Helden Perseus und dem Halbgott Herakles nach, beide Gestalten aus den Erzählungen Homers. Vom Priester des Orakels soll Alexander als „Sohn des Zeus" be-

D1 Das Weltbild der Griechen nach dem Alexanderzug
Im 3. Jh. v. Chr. schrieb der Gelehrte Eratosthenes ein Buch mit dem Titel „Erdbeschreibung". Darin waren die Erkenntnisse aus dem Alexanderzug berücksichtigt. Die Skizze zeigt, wie er sich die Welt in etwa vorstellte. Ob es im Altertum Landkarten nach Art der heutigen gab, ist umstritten.

grüßt worden sein. Als Herrscher über Ägypten war Alexander nun Pharao und galt so wie alle Pharaonen als Sohn des Gottes Ammon. Dies war der ägyptische Name für Zeus. Alexander konnte von nun an als Gott verehrt werden.

Alexander als persischer Großkönig

331 v. Chr. drang Alexander mit seinem Heer in das Innere des Perserreiches vor. In Persepolis ließ er den Königspalast in Flammen aufgehen. Das Perserreich war besiegt. Nun hätte der Rachefeldzug für die Zerstörung der Heiligtümer Athens zu Ende sein können. Aber Alexander betrachtete sich jetzt als Nachfolger des persischen Großkönigs und bestieg dessen Thron. Er verlangte von nun an, dass sich seine Untertanen zur Begrüßung vor ihm auf den Boden warfen (fußfällige Begrüßung), wie es in Persien üblich war. Gegen Offiziere, die diese Geste verweigerten, ging Alexander brutal vor.

Aufbruch zum Ende der bewohnten Welt

Sein Ehrgeiz trieb ihn immer weiter voran, zu immer neuen Eroberungen, zu den äußersten Grenzen der Welt. Aber nach fast zehn Jahren Krieg, nach unmenschlichen Mühen und Gefahren auf dem fast 20 000 Kilometer langen Marsch durch weite Ebenen, Wüsten und Gebirge verweigerten die Soldaten im Jahre 326 v. Chr. am Fluss Indus den Gehorsam. Auf dem Rückweg verloren Zehntausende von Soldaten ihr Leben.

Für einen kurzen Moment waren Griechen, Perser und viele andere Völker unter einem König in einem riesigen Reich vereint. Doch Alexander starb im Jahre 323 v. Chr. in Babylon an einem Fieber, noch nicht 33 Jahre alt. Sein Reich hatte nicht lange Bestand und zerfiel in mehrere Staaten, die von Feldherren und Freunden Alexanders regiert und später zu selbstständigen Königreichen erhoben wurden. Dennoch blieb von Alexanders Eroberungszug mehr als die Erinnerung an eine fast übermenschliche Leistung. Griechische Kultur breitete sich überall dort aus, wo Alexander mit seinen Soldaten hingelangt war.

Münze Alexanders des Großen Q2
Dargestellt ist der Halbgott Herakles mit den Gesichtszügen Alexanders. Herakles war ein Sohn des Zeus.

D2 Geschichtskarte zum Alexanderreich

Der asiatische Teil des Alexanderreiches reichte im Norden und Osten noch etwas über das alte Perserreich hinaus. Beschreibe anhand der Karte den Alexanderfeldzug. Finde heraus, durch welche heutigen Länder Alexander mit seinem Heer gezogen ist.

LITERATURTIPP

Alexander der Große

Das anschaulich geschriebene Buch informiert über Alexanders Leben und den großen Eroberungszug. Dieses Buch ist vergriffen, suche es in einer Bibliothek.

Pierre Briant, Alexander der Große, Ravensburg 1985.

Q3 Der Gordische Knoten

Als Alexander die Stadt Gordion erobert hatte, die angeblich einst Sitz des Königs Midas war, sah er den viel beredeten Wagen und hörte die mit diesem verbundene, von den Einwohnern fest geglaubte Sage: Derjenige, der den Knoten löse, werde König der ganzen bewohnten Welt sein. Die meisten Autoren sagen nun dies: Da die Enden des Knotens nicht sichtbar, sondern mehrfach in vielfältigen Windungen ineinander verschlungen waren, habe Alexander, weil er die Verknotung nicht lösen konnte, sie mit seinem Schwert durchhauen, und dadurch seien viele Enden zum Vorschein gekommen. Der Geschichtsschreiber Aristobul dagegen sagt, die Auflösung sei ihm ganz leicht geworden dadurch, dass er den Pflock, mit dem der Jochriemen festgehalten wurde, aus der Deichsel herauszog und so das Joch von dem Wagen löste.

Plutarch, Alexander 18. Übers. u. bearb. v. U. Walter.

Fragen und Anregungen

1. Rechne mithilfe der Karte (D2) aus, welche Entfernungen Alexander mit seinem Heer auf seinem Zug ungefähr zurücklegte.
2. „Alexander der Große erobert ein Weltreich" heißt dieses Kapitel. Vergleiche die beiden Karten (D1 und 2) und beurteile, inwiefern diese Aussage stimmt.
3. Erkundige dich in einem Buch über griechische Sagen oder einem Lexikon, wer Herakles war und was er getan hat. Erkläre dann, warum sich Alexander als Herakles abbilden ließ (Q2).
4. Schreibe heraus, mit welchen Worten oder Wendungen der Autor Plutarch einzelne Aussagen in der Gordion-Geschichte als nicht sicher oder strittig bezeichnet (Q3). Kläre dann, was das Zerhauen des Gordischen Knotens im Unterschied zu der von Aristobul geschilderten Lösung über Alexander aussagt.

14. Hellenismus – wird die Welt griechisch?

Das versunkene Alexandria entdeckt Q1
3600 Stücke – viele davon tonnenschwer – hat man in den Jahren 1995 bis 2000 bereits gefunden: Statuen, Säulenteile und ein antikes Schiff. Hier sieht man eine Sphinx. Foto, 1995.

Suche nach Alexandria

Alexandria, eine der schönsten Städte der Antike, ist buchstäblich versunken. Es war eine Stadt der Superlative, aber von ihren prachtvollen Bauwerken ist nichts mehr zu sehen. Alexandria, am Meer gelegen, wurde durch Erdbeben zerstört und verschwand unter Wasser, Sand und Schlick. Mit modernsten Methoden erforschen Meeresarchäologen seit einigen Jahren die ägyptische Küste auf der Suche nach dem antiken Alexandria. Wie müssen wir uns diese Stadt in ihrer Blütezeit vorstellen?

Hellenismus

Die Makedonen und Griechen, die mit Alexander durch Asien und Ägypten gezogen waren, hatten zahlreiche Städte gegründet und sich dort angesiedelt, so auch in Alexandria. Dort lebten sie gemeinsam mit den Einheimischen, mit Syrern, Ägyptern oder Persern. Gleichberechtigt waren die Menschen unterschiedlicher Kulturen allerdings nicht: Die Könige und die Mitglieder der Oberschicht waren fast ausschließlich Griechen oder Makedonen. Trotzdem lebte man recht friedlich und tolerant zusammen; jeder durfte seine Religion frei ausüben und seine Traditionen beibehalten. Die griechische Lebensart aber galt als besonders vornehm und modern. Das Griechische wurde zur Weltsprache, die jeder Gebildete oder Händler beherrschen musste. Neben der Sprache setzten sich auch die griechische Kunst, die Wissenschaft und die Philosophie durch. Wir nennen daher die ersten drei Jahrhunderte nach Alexanders Tod die Zeit des Hellenismus, weil sie stark von der Kultur der Griechen, der „Hellenen“, beeinflusst war. Die griechische Kultur setzte sich aber nicht völlig durch, denn die anderen Völker prägten wiederum die Griechen: Sie übernahmen den Glauben an ägyptische Götter und Göttinnen. Von den Babyloniern lernten sie die Astronomie, die erstaunlich genaue Berechnung der Sternenbahnen, und die Astrologie, die Deutung der Sterne.

Q2 **Ein Fund wird vermessen**

Die Bildung macht den Griechen

Durch das alltägliche Mit- und Nebeneinander unterschiedlicher Völker begannen einige Gelehrte die Unterscheidung von Hellenen und Barbaren aufzugeben. Wichtig sollte nicht mehr die Herkunft der Menschen sein, sondern ihre Bildung, ihre Tüchtigkeit und Anständigkeit. Auch kam der Gedanke auf, dass die ganze Welt, der „Kosmos“, eigentlich eine einzige Polis sei. Der einzelne Mensch sei damit nicht mehr nur Bürger einer einzigen Stadt, sondern Weltbürger (Kosmopolit).

Alexandria als Zentrum der Wissenschaften

Als Treffpunkt zwischen Ost und West spielte Alexandria, die Hauptstadt des Königreiches Ägypten, eine Schlüsselrolle. Alexandria war eine reiche Weltstadt mit einer halben Million Einwohner: vor allem Ägyptern, Griechen und Juden. Berühmt war die Stadt für ihren Leuchtturm, den höchsten, der wohl jemals gebaut wurde, und

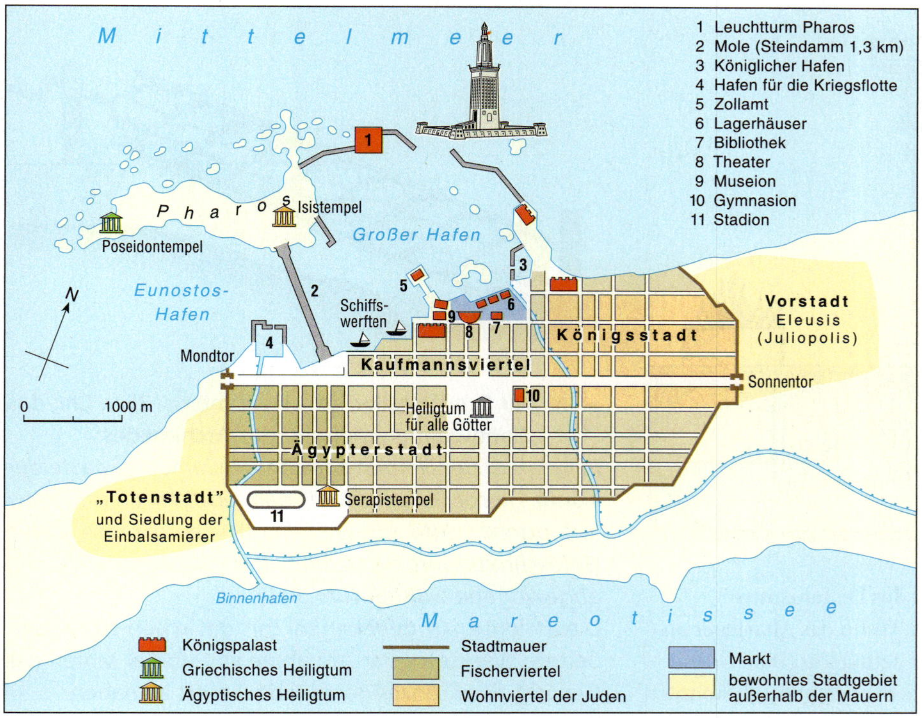

D1 Alexandria, 331 v. Chr. von Alexander gegründet. Der große Hafen machte die Stadt zum wichtigsten Handelsplatz der damaligen Welt. Zeige, woran man erkennen kann, dass Alexandria planmäßig gegründet wurde und nicht nach und nach entstanden ist. Überlege, was die Lage der verschiedenen Stadtviertel und der im Stadtplan genannten Bauten über das Zusammenleben der Bewohner Alexandrias aussagen.

für ihr Museion, ihre Hochschule. Sie hatte die größte Bibliothek der damaligen Zeit: Über 700 000 Bände hatte man gesammelt. Durch das Museion wurde Alexandria zum Zentrum für Bildung und Wissenschaft; hier forschten die besten Mediziner, Geografen, Astronomen und Mathematiker. Die Geografen rechneten bereits sehr genau den Erdumfang aus und diskutierten über die Frage, ob sich die Erde um die Sonne dreht. Der bekannteste Mathematiker und Ingenieur, der am Museion studierte, war Archimedes (282–212 v. Chr.). Er hat viele Gesetze der Mathematik und Physik entdeckt, so z. B. die Methode, Umfang und Inhalt eines Kreises zu errechnen. Eines aber ist erstaunlich: Obwohl es der Stand der Technik erlaubt hätte, wurden kaum Arbeit sparende Maschinen gebaut. Wahrscheinlich gab es gar keinen Grund dafür, denn die Arbeit wurde ja von Sklaven erledigt.

Der Leuchtturm von Pharos, D2 vor Alexandria gelegen, wurde zu den „sieben Weltwundern" gezählt. Er war 120 m hoch und konnte aus 50 km Entfernung gesehen werden. Vermutlich brachte ein Aufzug das Brennmaterial für das Leuchtfeuer nach oben. Ob es sich dabei um eine Brennflüssigkeit oder um harzgetränktes Holz handelte, ist ungewiss. Wir kennen den Leuchtturm nur aus alten Berichten; er wurde vollständig zerstört. Das Bild ist eine Rekonstruktion.

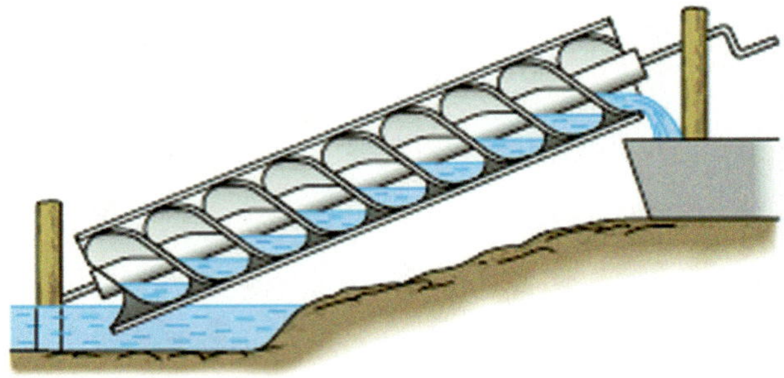

D3 Erfindungen aus der Zeit des Hellenismus

Links: „Wunderaltar“ des Heron. Wenn das Altarfeuer angezündet wurde, öffnete sich die Tempeltür: Eine Göttin zeigte sich. Das Brennmaterial (z. B. „heiliges“ Öl) konnten die Gläubigen von den Priestern kaufen.
Rechts: die „archimedische Schraube“.

Q3 Das Menschenbild des Geografen Eratosthenes

Strabon um Christi Geburt über dessen Ansichten:

Am Ende seines Werkes hat Eratosthenes kein Wort der Billigung für jene, die die ganze Menschheit in zwei Teile, Hellenen und Barbaren, teilen, noch auch für jene anderen, die Alexander rieten, die Griechen als Freunde zu behandeln und die Barbaren als Feinde. Es sei besser, so sagte er, die Trennung nach Tüchtigkeit und Schlechtigkeit zu vollziehen; es gebe nämlich auch unter den Griechen viele Schlechte und unter den Barbaren sehr anständige Leute, wie etwa die Inder und die Arier (Perser) und auch die Römer und Karthager, die so bewunderswerte Staatswesen hätten.

Strabon, Geographie 1, 4, 9. Übers. d. Verf.

Q4 Der Schriftsteller Vitruv erzählt ca. 25 v. Chr. das „Badewannenerlebnis“ des Archimedes:

In Syrakus, der Heimatstadt des Archimedes, hatte der König Hieron beschlossen, den Göttern einen Kranz aus purem Gold zu weihen. Er beauftragte einen Goldschmied mit der Arbeit und gab ihm das genau abgewogene Gold dafür:

Dieser legte zur gegebenen Zeit das schön handgearbeitete Werkstück zur Abnahme vor, und er schien das Gewicht des Kranzes genau abgeliefert zu haben.
Später wurde Anzeige erstattet, es sei Gold weggenommen und dem Kranz ebenso viel Silber beigemischt worden. Da Hieron, erbost über den Betrug, nicht herausbekam, wie er die Unterschlagung nachweisen konnte, bat er Archimedes, den Fall zu übernehmen. Während dieser darüber nachdachte, ging er zufällig in eine Badestube und als er dort in die Badewanne stieg, bemerkte er, dass ebenso viel wie er von seinem Körper in die Wanne eintauchte, an Wasser aus der Wanne herausfloss. Weil dieser Vorgang einen Weg für die Lösung der Aufgabe gezeigt hatte, hielt er sich daher nicht weiter auf, sondern sprang voller Freude aus der Badewanne, lief nackt nach Hause und rief mit lauter Stimme, er habe das gefunden, was er suche. Im Laufen rief er nämlich immer wieder griechisch: „Heureka! Heureka!“ [Ich hab´s gefunden! Ich hab´s gefunden!]

Zit nach: Vitruv, De architectura 9, 9–10, Übers. v. C. Fensterbusch, Darmstadt 1964, Bearb. d. Verf.

Fragen und Anregungen

1. Stell dir vor, du arbeitest als Taucher oder Taucherin bei der Erforschung Alexandrias. Sieh dir dazu den Stadtplan an (D1). Welcher Fund würde dich besonders reizen?
2. Erkläre, weshalb Archimedes nach seinem Erlebnis nun den Goldschmied überführen kann (Q4). Dazu musst du wissen, dass Silber viel leichter ist als Gold, d. h. man braucht eine größere Menge Silber, um das gleiche Gewicht zu erzielen. Wenn der Kranz also einen Kern aus Silber hätte und bloß vergoldet wäre, müsste sie größer sein als ein reiner Goldkranz. Hältst du die Geschichte für glaubwürdig oder ist sie eher eine Legende?
3. Erläutere, welches Menschenbild Eratosthenes hat (Q3). Was ist daran neu? Auf welchen Erfahrungen beruht seine Meinung?

Gemeinsam lernen im Rollenspiel

Ein geschichtliches Rollenspiel kann euch helfen, die Vergangenheit besser zu verstehen. Ihr versetzt euch in die Lage von Menschen, die vor vielen Jahrzehnten oder Jahrhunderten gelebt haben, und überlegt euch: Wie hätten wir damals gehandelt? Wie hätten wir uns gefühlt?

Auf dieser Seite findet ihr einen Vorschlag für ein geschichtliches Rollenspiel: das Scherbengericht der Athener. Damit das Spiel der geschichtlichen Wirklichkeit möglichst nahe kommt, solltet ihr euch vorher über die Funktionsweise und den Sinn dieses Gerichts informieren. Benutzt dazu die Materialien Q4 und Q5 im Kapitel „Athen – ein erstes Modell der Demokratie".

Nun könnt ihr an einem konkreten Fall selbst ausprobieren, wie ein griechisches Scherbengericht ablief.

1. Lest den Bericht von Plutarch über die Ereignisse in Athen (Q1).
2. Eure Klasse übernimmt die Rolle des Volkes von Athen im Jahr 415 v. Chr. Gemeinsam entscheidet ihr darüber, welcher der in Q1 genannten Politiker verbannt werden soll. Ihr könnt versuche, eure „Mitbürger" durch Reden zu beeinflussen.
3. Jeder schreibt einen Namen aus Q1 auf einen Zettel oder auf eine Tonscherbe mit stumpfen Bruchkanten (z. B. von einem Blumentopf). Wenn es ganz echt aussehen soll, könnt ihr griechische Buchstaben verwenden (s. ADS): ΑΛΚΙΒΙΑΔΗΣ (Alkibiades), ΝΙΚΙΑΣ (Nikias) oder ΥΠΕΡΒΟΛΟΣ (Hyperbolos). Die Scherben oder Zettel werden dann eingesammelt und ausgezählt.
4. Vergleicht nun euer Abstimmungsergebnis mit der Fortsetzung von Q1, die unten abgedruckt ist. Erklärt, wie es zu eurem Ergebnis kam.
5. Zum Schluss wertet ihr das Rollenspiel in der Klasse aus: Was habt ihr über die Personen und das Scherbengericht erfahren? Welchen Sinn hatte dieses Gericht wohl innerhalb der Demokratie?

Wenn ihr euch gut vorbereitet und in die Situationen der Personen hineinversetzt, macht ein Rollenspiel richtig Spaß!

Q1 Ein Fallbeispiel: Wenn zwei sich streiten…

415 v. Chr. kam es zwischen den Adligen Alkibiades und Nikias zum Streit. Alkibiades wollte, dass die Athener die Stadt Syrakus angreifen. Nikias sprach sich dagegen aus, weil er den geplanten Feldzug für zu gefährlich hielt. Die Stadt Athen spaltete sich in zwei Gruppen. Der Schriftsteller Plutarch berichtete über die Ereignisse:

Als der Streit zwischen Alkibiades und Nikias seinen Höhepunkt erreicht hatte, sollte ein Scherbengericht stattfinden. Das Volk führte solche Scherbengerichte von Zeit zu Zeit durch, um einen verdächtigen, wohlhabenden oder zu einflussreichen Mitbürger für zehn Jahre aus der Stadt zu entfernen. Bei Alkibiades nahm man Anstoß an seinem Lebenswandel (rauschende Feste und Luxus) und fürchtete seine Kühnheit; Nikias dagegen wurde wegen seines Reichtums beneidet. Außerdem war er unbeliebt, weil er sich als stolzer Adliger nicht gern mit den einfachen Leuten unterhielt. Das Volk ärgerte sich auch deshalb über ihn, weil er den Wünschen der Masse oft zuwiderhandelte und sie zu ihrem Besten zwingen wollte. Wenn das Volk zerstritten war, kamen meist sehr verantwortungslose und schlechte Menschen zu Macht und Geltung. Einer von diesen Leuten war Hyperbolos, der mit seiner frechen Art als Redner das Volk beeinflusste. Dieser Mann hoffte nun Alkibiades oder Nikias durch ein Scherbengericht aus Athen zu verbannen. Er dachte sich: Wenn nur noch einer von beiden in der Stadt übrig bleibt, kann ich mich gegen ihn durchsetzen. Deshalb hetzte er das Volk gegen beide auf.

Plutarch, Nikias 11, Bearb. d. Verf.

Wie endete das Scherbengericht im Jahr 415?
Als Nikias und Alkibiades das Vorhaben des Hyperbolos erkannten, verbündeten sie sich heimlich. Sie forderten ihre Anhänger auf, seinen Namen auf die Scherben zu schreiben. So wurde nicht Nikias oder Alkibiades, sondern Hyperbolos aus der Stadt verbannt. Zunächst erregte das im Volk großes Gelächter. Später aber ärgerten sich die Leute, weil sie das Verfahren auf einen Unwürdigen angewandt hatten. Sie betrachteten das Scherbengericht nämlich als ehrenvolle Strafe oder als eine Machtbeschneidung.

Die Frühzeit des Menschen

- **vor 8 Mio. Jahren** Die Vorfahren der Menschen beginnen sich zu entwickeln.
- **2 Mio. – ca. 10 000 v. Chr.** Altsteinzeit: Die Menschen jagen, sammeln und nutzen das Feuer.
- **vor 35 000 Jahren** Der Homo sapiens breitet sich in Europa aus.
- **um 9 000 v. Chr.** Beginn der Jungsteinzeit: Die Menschen erlernen den Ackerbau und werden sesshaft.
- **um 4000 v. Chr.** Beginn der Metallzeit

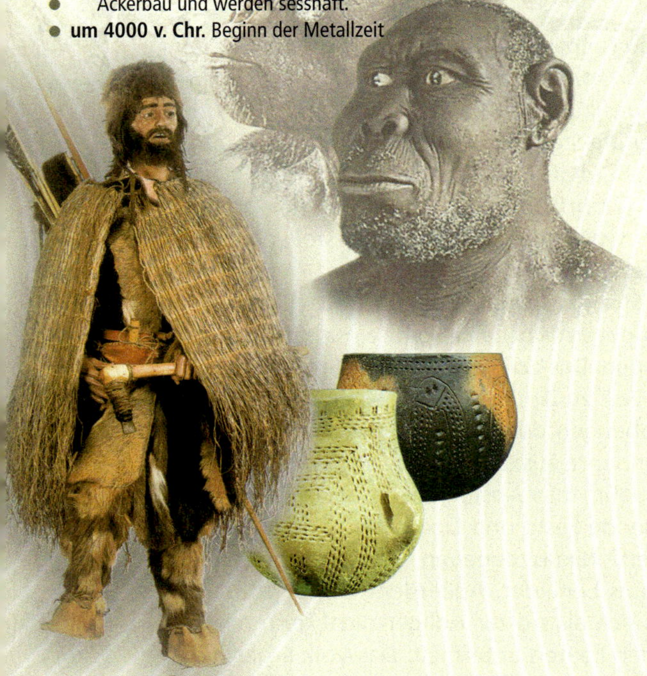

Frühe Hochkulturen

- **um 5000 v. Chr.** Nomaden wandern in die Tiefebene des Nils ein.
- **um 3000 v. Chr.** Die Ägypter entwickeln die Hieroglyphenschrift und einen Kalender.
- **2700–2100 v. Chr.** Im „Alten Reich" regieren u.a. die Pharaonen Cheops und Chefren. Die großen ägyptischen Pyramiden werden gebaut.
- **ca. 1600–1000 v. Chr.** Im „Neuen Reich" regieren die Pharaonen Hatschepsut, Echnaton, Tutanchamun und Ramses II.

- **30 v. Chr.** Nach einem Sieg über Kleopatra VII. machen die Römer Ägypten zu einer Provinz des Römischen Reiches.

ZEITTAFEL

GESCHICHTE GESCHEHEN

Archäologie – Out-of-Africa-Theorie – Altsteinzeit – neolithische Revolution – Bronze- und Eisenzeit

Hochkultur – Herrschaft – Monarchie – Hierarchie – Monotheismus – Polytheismus

Die Welt der Griechen

- **um 800 v. Chr.** Erste Stadtstaaten (Poleis) entstehen.
- **776 v. Chr.** Angeblicher Beginn der Olympischen Spiele
- **750–550 v. Chr.** Die Griechen besiedeln die Küsten des Schwarzen Meeres und des Mittelmeeres („griechische Kolonisation")
- **um 700 v. Chr.** Homer verfasst die Werke „Ilias" und „Odyssee".
- **um 620 v. Chr.** Die Spartaner unterwerfen die Messenier und richten einen Militärstaat ein.

- **490/479 v. Chr.** In den Perserkriegen besiegen die Griechen die Perser.
- **um 450 v. Chr.** Demokratie in Athen: Die Volksversammlung trifft alle Entscheidungen und kontrolliert die Amtsträger. Athen ist Führungsmacht in Griechenland und erlebt eine kulturelle Blütezeit.
- **431–404 v. Chr.** Athen und Sparta kämpfen im Peloponnesischen Krieg um die Vorherrschaft in Griechenland. Sparta besiegt Athen.
- **336–323 v. Chr.** Alexander der Große begründet ein Weltreich.
- **nach 323 v. Chr.** Im Zeitalter des Hellenismus verbreitet sich die griechische Kultur.

- **bis 133 v. Chr.** Die Römer machen Griechenland zur römischen Provinz.

Polis – Kolonisation – Aristokratie – Sagen/Mythen – Demokratie – Sklaven – Theater – Hegemonie

Das römische Weltreich

- **753 v. Chr.** Nach der Sage gründen Romulus und Remus Rom.
- **um 500 v. Chr.** Römische Adlige vertreiben den etruskischen König und gründen die Republik.
- **272 v. Chr.** Rom hat Mittel- und Süditalien unterworfen. Die Ständekämpfe enden.
- **264–146 v. Chr.** Rom gewinnt nach drei Kriegen mit den Karthagern die Vorherrschaft im westlichen Mittelmeergebiet (Punische Kriege).
- **200–133 v. Chr.** Rom wird Vormacht im östlichen Mittelmeergebiet.
- **88–31 v. Chr.** Machtkämpfe im Staat führen zu blutigen Bürgerkriegen.
- **44 v. Chr.** Caesar lässt sich zum Diktator auf Lebenszeit ernennen und wird im März ermordet.
- **31 v. Chr.–14 n. Chr.** Augustus regiert das Römische Reich als „Princeps". Die Kaiserzeit beginnt.
- **9 n. Chr.** Drei Legionen werden von Germanen vernichtend geschlagen. Rom verzichtet darauf, ganz Germanien zu erobern.
- **um 85 n. Chr.** Die Provinz Obergermanien wird angelegt. Die Römer beginnen den Limes zwischen Rhein und Donau zu bauen.
- **117 n. Chr.** Unter Kaiser Trajan erreicht das Römische Reich die größte Ausdehnung.
- **um 260 n. Chr.** Alamannen dringen über den Limes ins Römische Reich ein: Die römische Herrschaft in Südwestdeutschland endet.
- **375 n. Chr.** Die Hunnen dringen nach Europa vor und lösen die Völkerwanderung aus.
- **391 n. Chr.** Kaiser Theodosius macht das Christentum zur Staatsreligion.
- **395 n. Chr.** Kaiser Theodosius teilt das Römische Reich in eine östliche und eine westliche Hälfte.
- **476 n. Chr.** Der letzte weströmische Kaiser wird von einem germanischen Heerführer abgesetzt.

Republik – Provinz – Proletarier – Diktatur – Prinzipat/ Kaiser – Zivilisation – Romanisierung – Staatsreligion

In den einzelnen Kapiteln dieses Buches wurden dir Methoden vorgestellt, die dir helfen, in Geschichte selbstständig und erfolgreich zu arbeiten.

Alle methodischen Arbeitsschritte sind auf den nächsten Seiten noch einmal zusammengestellt, damit du sie übersichtlich und auf einen Blick jederzeit nachschlagen kannst. So ein Verzeichnis zum Nachschlagen nennt man Glossar.

Zunächst findest du die Methoden zur Untersuchung von Text- und Bildquellen. Im hinteren Teil des Glossars sind die Methoden aufgeführt, mit denen du verschiedene Darstellungen von Geschichte (Schaubilder, Geschichtskarten u. a.) auswerten kannst.

Eine Textquelle auswerten

(Seite 78/79)

Texte, die die Menschen im Lauf der Geschichte hinterlassen haben, sind wichtige Quellen, aus denen du viel über die Geschichte „herausholen“ kannst.

1. Lies den Text sehr genau, am besten auch einmal laut, und stelle fest, worum es überhaupt geht. Beachte, welche Orte, Personen oder Gruppen genannt werden.
2. Kläre alle dir unbekannten oder nicht verständlichen Wörter und Wendungen. Benutze dafür ein Wörterbuch oder frage deine Lehrerin/deinen Lehrer.
3. Unterteile den Text in Sinnabschnitte, die jeweils einen einzelnen Gedanken ausdrücken. Schreibe für jeden Abschnitt eine kurze Überschrift.
4. Fasse mit deinen eigenen Worten zusammen, was in dem Text mitgeteilt wird.
5. Stelle fest, wer den Text verfasst hat (Autor) und an wen er sich damit wandte (Publikum). Ist erkennbar, warum er geschrieben hat?
6. Kläre, mit welchem zeitlichen Abstand vom Geschehen der Autor schrieb und woher er seine Kenntnisse darüber hatte.
7. Suche im Text selbst und in deinem Wissen über den Autor nach Hinweisen dafür, ob dieser sehr einseitig schrieb oder persönliche Wertungen deutlich zur Geltung brachte. Hilfreich ist es, den Text mit anderen Quellen zu vergleichen.
8. Abschließend muss die Quelle in den größeren Zusammenhang eingeordnet werden. Dafür solltest du dich im Verfassertext oder in anderen Darstellungen informieren.

Ein Bild zum Sprechen bringen

(Seite 64/65)

Bilder liefern wertvolle Informationen über historische Ereignisse oder Personen. Du kannst auch Hinweise erhalten, wie diejenigen, die die Bilder hergestellt haben, gedacht oder was sie mit ihrem Bild beabsichtigt haben.

Einzelheiten beschreiben

1. Welche Personen, Tiere und Gegenstände sind zu sehen? Wie sind die Figuren gekleidet, was halten sie in den Händen? Beschreibe ihre Körperhaltungen und Gesten.
2. Wo spielt die Szene?

Zusammenhänge untersuchen

3. Welche Verbindungen gibt es zwischen einzelnen Figuren?
4. Gibt es besonders wichtige Szenen; was steht im Mittelpunkt des Bildes? Stelle dar, woraus du das schließen kannst (Farben, Größe usw.).
5. Erkennst du einen Ablauf oder eine Aktion in der Darstellung?

Erklären, warum es so dargestellt ist

Wenn das Bild eine Legende hat, lies sie genau durch. Kläre dann folgende Fragen:

6. Für wen ist das Bild gemalt worden? Wann und zu welcher Gelegenheit ist es entstanden?
7. Überlege, was mit dem Bild erreicht werden sollte.

Zeitzeugen befragen

(Seite 14/15)

Um etwas über den Alltag in einem geschichtlichen Zeitraum zu erfahren, der noch nicht so lange zurückliegt, kann man Menschen befragen, die damals schon gelebt haben. Allerdings solltest du bei einem Zeitzeugeninterview einige Punkte beachten.

Vorbereitung

1. Überlege, welche Person etwas über ein von dir gewähltes Thema berichten kann.
2. Formuliere deine Fragen und überlege, in welcher Reihenfolge du sie stellen willst.
3. Sollen Tonband oder Kamera mitlaufen oder reichen Stichwortnotizen? Wer soll mitschreiben?

Tipps zur Gesprächsführung

4. Bleibe während des Interviews freundlich und ruhig. Ihr könnt das Gespräch auch zu zweit oder zu dritt führen; mit einer größeren Gruppe solltet ihr einen Zeitzeugen aber nicht „überfallen".
5. Auf viele Fragen kann man nur „Ja" oder „Nein" antworten. Formuliere darum lieber offene Fragen, z.B.: „Wie waren die Aufgaben in Ihrer Familie früher verteilt?"
6. Manchmal kommen Zeitzeugen „ins Erzählen". Oft sind „Abschweifungen" interessant. Versuche jedoch immer die Erzählenden durch deine Fragen zum Thema zurückzuführen.
7. Wenn du die Reihenfolge deiner Fragen ändern musst oder nicht alle Fragen stellen kannst: Überlege, welche Fragen am wichtigsten sind.

Das Gespräch auswerten

8. Ordne deine Aufzeichnungen und ergänze, was du nicht mitschreiben konntest und welche neuen Fragen sich aus dem Gespräch ergeben haben.
9. Vergleiche die Interviewaussagen mit Darstellungen in Geschichtsbüchern oder auf alten Fotos.
10. Nun solltest du die Ergebnisse deinen Mitschülern präsentieren. Finde dafür eine geeignete Form.

Jugendbücher kritisch lesen

(Seite 38/39)

Historische Romane vermitteln lebendige Vorstellungen über das Leben der Menschen früher. Beim Lesen ist aber wichtig, die ausgedachte Handlung und historische Informationen auseinanderzuhalten.

1. Wer sind die Hauptfiguren? Charakterisiere sie mit passenden Adjektiven. Lassen sie sich bestimmten gesellschaftlichen Gruppen zuordnen?
2. Aus wessen Sicht wird die Handlung geschildert? Warum hat der Autor diese Figur(en) gewählt?
3. Welche Konflikte stehen im Mittelpunkt der Handlung? Was scheinen die Ursachen dieser Konflikte zu sein? Liegen sie eher im Charakter der Figuren begründet oder in den unterschiedlichen Lebensweisen?
4. Wird die Geschichte zeitlich genau eingeordnet? Welche Informationen geben Hinweise auf die historische Zeit, in der sie spielt?
5. Woher hat der Autor seine Informationen über die Epoche? Belegt er seine historischen Kenntnisse? Dazu findest du häufig auch Informationen in den Texten auf dem Umschlag, im Vorwort, Nachwort oder der Einleitung.
6. Was sagt die Erzählung über die Zeit aus, in der sie spielt? Was für ein Bild will der Autor von dieser Zeit vermitteln?

Ein Schaubild erklären

(Seite 54/55)

Schaubilder stellen geschichtliche Informationen übersichtlich und auf einen Blick dar. Hier ein paar Tipps, wie du ein Schaubild auswerten kannst:

Das Thema feststellen

1. Stelle fest, welches Thema das Schaubild behandelt. Die Legende gibt dazu Informationen.

Die Form der Darstellung untersuchen

2. Untersuche, warum einzelne Teile des Schaubildes in verschiedenen Farben bzw. größer oder kleiner dargestellt werden.
3. Arbeite heraus, an welchen Stellen Pfeile/Linien verwendet werden. Was sagen sie über die Beziehungen zwischen Personen und Gruppen aus?
4. Welche Form wurde gewählt? Überlege, welchen Zusammenhang es zwischen dem Thema und der Form des Schaubildes gibt.

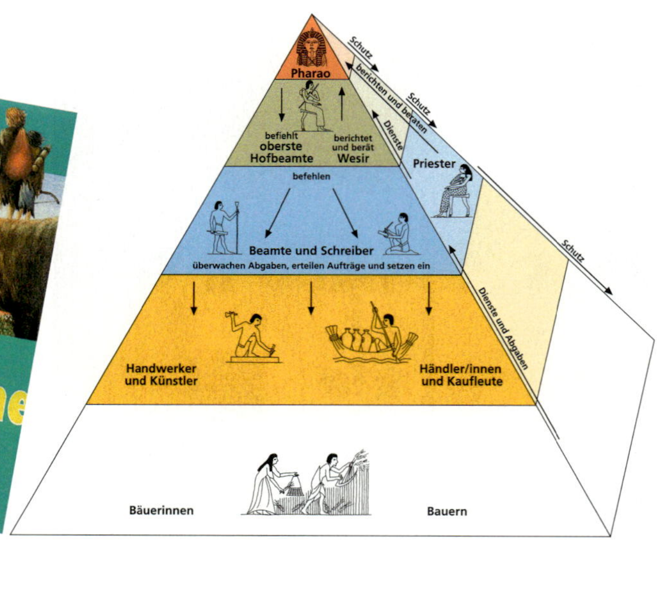

Geschichtskarten verstehen

(Seite 96/97)

Aus einer Geschichtskarte kannst du schnell und anschaulich Informationen darüber bekommen, in welchem Raum der Welt, an welchem Ort und zu welcher Zeit sich Ereignisse, Entwicklungen und Beziehungen abspielten.

1. Über welches Thema informiert die Karte? Beachte dabei die Unterschrift und die Legende.
2. Welcher Raum wird dargestellt? Welche Orte werden hervorgehoben? Vergleiche mit dem Geografie-Atlas, um welches heutige Gebiet es sich handelt.
3. Stelle fest, wie die Karte zeitlich eingeordnet ist. Bezieht sie sich auf ein bestimmtes Jahr, auf einen kurzen oder langen Zeitabschnitt? Werden unterschiedliche Zeitstufen dargestellt?
4. Mache dich sorgfältig mit der Legende vertraut. Welche besonderen Bedeutungen haben die Farben und Zeichen der Karte?
5. Suche einige der Zeichen auf der Karte und stelle fest, welche Informationen du zur historischen Situation erhalten kannst.

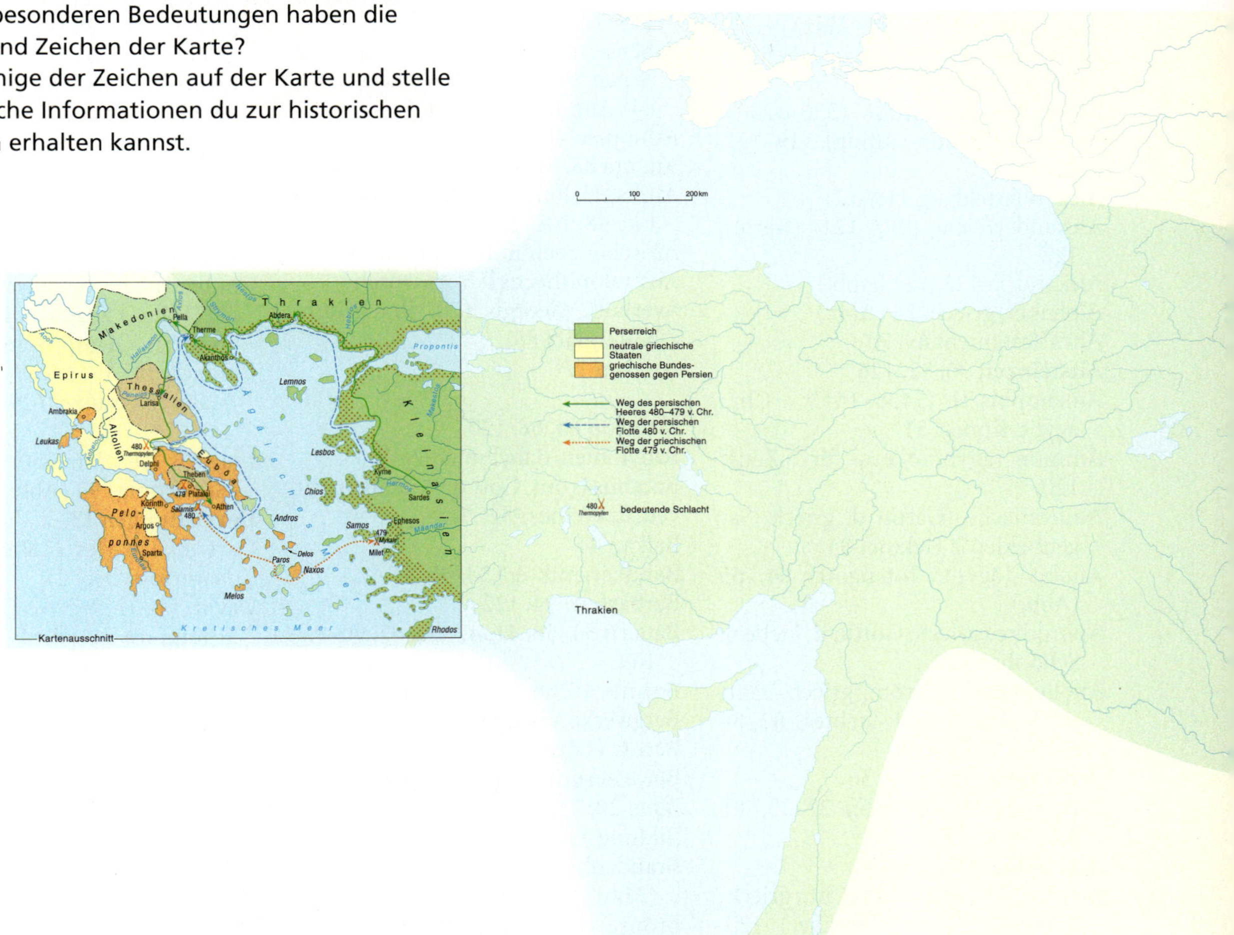

Verzeichnis der Namen, Sachen und Begriffe

Verwendete Abkürzungen
Abb. = Abbildung; ägypt. = ägyptisch; athen. = athenisch; babylon. = babylonisch; chin. = chinesisch; dt. = deutsch; frz. = französisch; griech. = griechisch; hellenist. = hellenistisch; islam. = islamisch; israel. = israelisch; israelit. = israelitisch; ital. = italienisch; Jh. = Jahrhundert; jüd. = jüdisch; jungsteinzeitl. = jungsteinzeitlich; makedon. = makedonisch; paläst. = palästinensisch; pers. = persisch; relig. = religiös; röm. = römisch; sagenh. = sagenhaft(er)

▷ Verweis auf ein Stichwort – ersetzt das Stichwort bei Wiederholung

Halbfett gesetzt sind historische Grundbegriffe, die im Buch in einem Kasten erläutert werden. Die halbfette Seitenzahl gibt den Fundort an.
Bei Herrschern und kirchlichen Amtsträgern werden soweit möglich die Regierungs-/Amtsdaten, bei allen anderen Personen die Lebensdaten angegeben.

Bildnachweis

Umschlagbild: BPK (Berlin);
AKG, Berlin: **17**, Q1li, (Werner Forman); **42**, (Erich Lessing); **62**, Q2; **68**, Q4; **71**, Q2; **83**, Q1; **95**, D1 (Peter Connolly); **129**, 2 (Erich Lessing);
American School of Classical Studies at Athens, Athen: **100**, D2; **100**, Q5 (Agora Excavations); **109**, Q1 (Alison Frantz Collection); **127**, 6 Agora Excavations);
Ancient Art & Architecture Collection, PINNER, Middx.: **3**, 5; **5**, 1; **74**, 1; **98**, Q1; **127**, 3;
Archäologische Staatssammlung, München: **42**, Q3;
Arena Verlag GmbH, Würzburg: **39** ((C) 1988 by Arena Verlag GmbH, Würzburg); **130**;
art archive, London: **65**, Q6 (Art Archive/British Museum); **129**, 1 (Art Archive/British Museum);
Artothek, Weilheim: **29**, Q4;
Badisches Landesmuseum, Karlsruhe: **86**, Q2; **127**, 4;
Bevilacqua, C.: **116**, Q3; **127**, 2;
Bibliothèque nationale de France, Paris: **79**, Q4;
BPK, Berlin: **17**, Q1 re (K. Petersen 1973); **47**, Q2; **47**, Q3; **50**, Q3 (Jürgen Liepe); **52**, Q1; **62**, Q3; **78**, Q3; **85**, Q1; **87**, Q7 (Jürgen Liepe); **99**, Q2; **105**, Q9; **106**, Q1; **107**, Q1; **111**, Q1; **111**, Q2; **127**, 1; **127**, 5 (Jürgen Liepe); **127**, 10; **129**, 3;
The Bridgeman Art Library, London: **58**, Q1; **84**, Q2; **112**, Q3;
British Museum, London: **55**, D3; **61**, Q1; **63**, Q5; **90**, Q2; **94**, Q3; **126**, 6;
C M Dixon, Kingston Canterbury CT4 6JH: **20**, 3;
Ciganovic, J.: **113**, Q4;
Corbis, Düsseldorf: **45**, 3 (Hulton-Deutsch Colle); **53**, Q3 (Roger Wood); **88**, Q2; **89**, Q5; **93**, Q2 (Roger Wood);
Corbis UK Limited, London: **123**, D2 (Sygma/ex machine/Ged);
Deutsches Filmmuseum, Frankfurt: **13**, 5;
Dr. Angela Steinmeyer-Schareika, Gau-Algesheim: **13**, 4;
Dr. Helge Schröder, Hamburg: **11**, Q1;
Dr. Rudolf Kuper, Köln-Ehrenfeld: **34**, Q1 li; **126**, 3;
Edizioni Arte e Moneta SA, Savosa (Lugano): **55**, D4; **55**, D6;
Elektro-Thermit GmbH, Berlin: **3**, 4; **4**, 6;
Erwin Neumayer, Wien: **20**, 7;
Eye Ubiquitous, Shoreham, West Sussex, BN43 6RE: **20**, 5 (John Miles);
FOCUS, Hamburg: **20**, 6 (John Reader/SPL); **26**, Q1 (Focus/Science Photo Library/John Reader);
Foto-Geuther, Rötha: **14**, Q4;
Foto Marburg, Marburg: **86**, Q3; **86**, Q5;
Georg Langen, Köln: **19**;
Germanisches Nationalmuseum, Nürnberg: **4**, 1; **129**, 4;
Getty Images, München: **72**, Q3 (Getty Images/PhotoDisc);
Global Pictures, München: **31**, Q2 (Pandis Media);
Hansmann Bildarchiv, München: **68**, Q5;
Hellenic Republic, Ministry of Cultur, Athens: **85**, D1 ((c) Archaeological Receipts Fund/Olympia Museum);
Henry Zeidler, Leipzig: **15**, D1;
Hessisches Landesmuseum, Darmstadt: **3**, 2; **3**, 3; **4**, 4; **4**, 5; **20**, 1; **20**, 2; **28**, D8 – D11; **126**, 1; **126**, 2;
Hirmer Verlag, München: **66**, Q1; **94**, Q4;
Interfoto, München: **12**, 1;
Klaus-Ulrich Meier, Petersberg: **14**, Q2;
Klett-Archiv, Stuttgart: **3**, 1; **4**, 3; **4**, 7; **5**, 2; **8**; **9**; **12**, 3 (Rudolf Hungreder); **54**, D1; **65**, D2 (Lutz-Erich Müller);
82, D1; **124**, D3;
Kultur- und Stadthistorisches Museum, Duisburg: **12**, 2;
Kunsthistorisches Museum, Wien: **69**, Q1;
(c) Landesamt für Denkmalpflege Hessen, Wiesbaden: **25**, Q10 (Otto Braasch Luftbild); **41**, Q1 (Ursula Seitz-Gray); **41**, Q2 (Ursula Seitz-Gray);
Landesamt für Archäologie Sachsen-Anhalt, Halle: **34**, Q1 re; **126**, 4;
Landesgendarmeriekommando für Tirol, Innsbruck: **22**, Q1 (Anton Koler, Sölden);
Landesmedienzentrum/Regierungskasse, Koblenz: **10**, Q1 (Petra Camnitzer);
Lotos Film, Hamminkeln: **44**, 2 (E. Thiem, LOTOS-FILM Kaufbeuren); **45**, 2 (E. Thiem, LOTOS-FILM Kaufbeuren); **49**, Q2 (E. Thiem, LOTOS-FILM Kaufbeuren); **119**, Q1 (E. Thiem); **126**, 9 (E. Thiem, LOTOS-FILM Kaufbeuren);
Martin-von-Wagner-Museum der Universität, Würzburg: **86**, Q4; **92**, Q5; **102**, Q2 (Photo: K. Öhrlein);
105, Q8 (Photo: K. Öhrlein);
Matthias Isecke-Vogelsang, Süsel: **40**, D10;
MEV, Augsburg: **28**, D7; **44**, 1; **61**, D1 mi; **75**, 2; **126**, 7;
Musées Royaux d'Art et d'Histoire, Bruxelles: **102**, Q1;
Nationales Olympisches Komitee, Frankfurt am Main: **88**, Q1;
National Museums of Scotland, Edinburgh: **93**, Q1;
Neanderthal Museum Mettmann, Mettmann: **27**, D1;
PA - Photo Archive Ancient Art/Jürg, Berlin: **44**, 4; **55**, D5; **56**, Q1; **56**, Q2; **57**, Q4 (Jürgen Liepe); **57**, Q6 (Jürgen Liepe); **60**, Q4;
Picture-Alliance, Frankfurt: **24**, Q9 (Werner Baum); **88**, Q3 (dpa);
Picture Press, Hamburg: **20**, 4 (Corbis/Sakamoto Photo); **21** (Picture Press/Corbis/Warren Morgan, Hamburg); **45**, 1 (Corbis/Bonfils); **46**, Q1 (Corbis/Eye Ubiquitou);
Prof. Dr. Dr. h.c. I. Eibl-Eibesfeld, Andechs: **30**, Q1; **32**, Q3;
Prof. Dr. Ernst Kuper, Göttingen: **109**, Q2;
Prof. Dr. Karlheinz Kessler, Emskirchen: **67**, Q2;
Rainer Hackenberg, Köln: **115**, Q2;
RMN, Paris: **49**, Q1; **90**, Q1 (Louvre); **126**, 8;
Römer- und Pelizaeus-Museum, Hildesheim: **44**, 3 (Claudio Fragasso); **55**, D2; **55**, D7; **57**, Q3;
Royal Collection Enterprises Ltd., Berkshire: **80**, Q6 (aus: G. Mann/A. Heuß (Hrsg.): Propyläen Weltgeschichte Bd. 3, Ullstein, Berlin 1962, S.116);
Rudolf Hungreder, Leinfelden-Echterdingen: **36**; **37**, D6; **61**, D1; **71**, D2; **75**, 1; **99**, D1; **103**, D1;
Scala, Antella (Firenze): **50**, Q4; **74**, 2; **79**, Q5; **87**, Q10; **108**, Q3; **108**, Q5; **113**, Q6; **118**, Q3; **127**, 8; **127**, 9;
128;
Staatliche Antikensammlung und Glyptothek, München: **104**, Q7; **110**, Q3 (Koppermann);
Staatliche Münzsammlung, München: **120**, Q2;
Staatliche Museen, Kassel: **107**, Q2;
Süddeutscher Verlag, München: **14**, Q3;
(c) Südtiroler Archäologiemuseum, Bozen, Italien, www.iceman.it: **4**, 2 (Augustin Ochsenreite); **23**, D1 (Augustin Ochsenreite); **23**, Q2-Q9 (Augustin Ochsenreite); **25**; **126**, 5 (Augustin Ochsenreite);
aus: Arne Eggebrecht, Das Alte Ägypten, München, C. Bertelsmann, S. 207): **59**, Q2;
aus: John Morrison, John Coates, The Athenian Trireme, The History an Reconstruction of an Ancient Greek Warship, Cambridge University Press, 1986, S. 235: **95**, D2;
Wadsworth Atheneum Museum of Art, Hartford: **114**, Q1;
Werner Janssen, Meppen: **40**, D9;
Witnessview, Saint-Ouen: **122**, Q1 (Stéphane Compoint); **122**, Q2 (Stéphane Compoint);

Nicht in allen Fällen war es uns möglich, den Rechteinhaber der Abbildungen ausfindig zu machen. Berechtigte Ansprüche werden selbstverständlich im Rahmen der üblichen Vereinbarungen abgegolten.